U0855549

期货·冷兵器

交易冠军的精招绝技集 1

——投机高手的交易宝典

目不丁　老　纪　著

地震出版社
Seismological Press

图书在版编目（CIP）数据

交易冠军的精招绝技集．1，投机高手的交易宝典/目不丁，老纪著．
—北京：地震出版社，2013.11（2015.4 重印）
（期货·冷兵器）
ISBN 978-7-5028-4332-8

Ⅰ.①交…　Ⅱ.①目…　②老…　Ⅲ.①期货交易—基本知识
Ⅳ.①F830.9

中国版本图书馆 CIP 数据核字（2013）第 195710 号

地震版　XM3537

交易冠军的精招绝技集 1
——投机高手的交易宝典
目不丁　老　纪　著
责任编辑：刘素剑
责任校对：孔景宽

出版发行：地 震 出 版 社
北京民族学院南路 9 号　　邮编：100081
发行部：68423031　68467993　　传真：88421706
门市部：68467991　　传真：68467991
总编室：68462709　68423029　　传真：68455221
证券图书事业部：68426052　68470332
http：//www.dzpress.com.cn
E-mail：zqbj68426052@163.com
经销：全国各地新华书店
印刷：廊坊市华北石油华星印务有限公司

版（印）次：2013 年 11 月第一版　2015 年 4 月第二次印刷
开本：787×1092　1/16
字数：252 千字
印张：15.5
书号：ISBN 978-7-5028-4332-8/F（5021）
定价：42.00 元

前言一
期货投机冷兵器时代

期货交易就如同战争，而短线投机形如近身搏战，残酷而焦灼。

作为投机交易者，我始终坚信技术分析可以囊括所有市场信息，涵盖所有价格波动因果。由于诸多原因，对于我们这样的期货交易者来说，市场消息面可以说是不对等的，宏观政策面的掌控度是相对较差的。但是，市场的交易平台却是相对公平的，在实战中，我们可以用最直接、最快速的近身肉搏技法快进快出，直接杀伤敌人，保全自己，获取看得见摸得着的短线投机利润。

有人说我是市场实时波动的预测者，我认为自己是技术分析的追随者，是市场博弈的求生者。各种操作模式、指标工具就如同刀、矛、弓弩，各类技巧方法、策略心得就如同搏战中的攻、守、劈、杀，在这个冰冷的交易市场，运用所掌握的交易技巧谋取生机。

一个偶然的机会，我接触到了投资时代网站这个平台，网友热衷与我交流让我受宠若惊。近日，在老纪的策划下，几名网友又将我与他们的交流内容汇集整理，准备编著成书更让我感激不尽。

在与网友的交流中，我发现不少网友缺少短线投机的基础知识和风险交易的成熟心态，急于求成、患得患失，所以与网友的交流内容在侧重技术方法的同时，兼顾了良好交易心态的培养和成熟交易模式的搭建。

承蒙网友厚爱，执意要将交流内容以精招绝技命名，我感到有愧。由于同我交流的对象不同，交谈时所处的环境不同，所以内容有的偏于基础，有的不够系统，也有的显得有些凌乱，不能满足所有读者的偏好，深表歉意。再加之每个人的交易风格不尽相同，所讲述的方法技巧不一定能与所有交易者产生共鸣也属情理之中，请广大读者理解。

如果大家对其中的内容感兴趣，想进一步探讨，我会尽最大能力抽出时间通过网络平台与大家交流，共同学习、共同进步。

最后祝愿广大读者朋友们能够在期货投机的道路上越走越顺，实现长期获利、持续获利，成为真正的投机高手。

目不丁（独狼）

2013 年 7 月 8 日

前言二
众人拾柴火焰高

独狼先生又名目不丁，是投资时代网站的常驻高手，在网站举办的“时代杯期货交易大赛”中，目不丁先生以优异的成绩，连续三届蝉联冠军，以扎实的实战功底诠释了风险投机交易的真谛。

好的方法可以学习，盈利的模式可以复制，成功的经验能够借鉴。借助网站这个平台，网友们积极与目不丁先生沟通、学习，希望能够寻找到期货投机交易的奥秘。目不丁先生也毫无保留地积极参与交流活动，深受广大网友的爱戴和好评。

网友的学习热情是非常高的，态度也是极其认真的，大白菜、蓝天、jacky、听风紫云、不死鸟．虹、紫岳等几位网友，经常把自己与目不丁先生的交流记录进行整理，形成学习笔记发到网上让更多的朋友学习、借鉴，形成了非常好的学习氛围。在大家的不断求知和探索下，广大网友的期货投机交易水平日益提升，阳光心态、快乐交易的氛围日趋浓厚。

在几位网友的帮助下，我们征得目不丁先生同意后，选择了其中一些网友认为实战性强、共鸣度深、对自己交易思想有明显触动和提高的内容进行了摘录，以《交易冠军的精招绝技集（1）——投机高手的交易宝典》的形式成书出版，希望与广大读者、网友朋友们一起搭建一个更为广阔的学习交流平台，与大家一起共同进步、共同提高，共同探索期货交易的奥秘。

为了支持目不丁先生，感谢广大读者购买此书，投资时代 168 网站将对购书者赠送专业期货培训视频教学课件 10 节，大家可以登录投资时代 168 网站查询获取方式或者直接与工作人员联系获取。

网站地址：www. tzsd168. com（投资时代 168）

工作人员 QQ：791986698

QQ：786129838

老 纪

2013 年 7 月 18 日

目　录

第一篇　短线投机必修课

第二篇　策略与交易模式

第三篇 K线投机技术分析

第四篇 日内分时技术分析

第五篇 实战操作技巧

第一篇

短线投机必修课

要想做好期货投机交易，就必须要有扎实的功底，一些良好的交易习惯、正确的思维模式、阳光交易心态的培养，比提升技术分析能力更加重要。短线投机必修课让我们认识期货投机交易的风险和利益，迈好短线投机第一步。

第1章 正确认识日内交易与投机

听风紫云：老师您好，非常高兴能够和您交谈，希望通过和您的交谈，能够让我和广大读者在期货投机方面的操作水平有大幅的提高，并拓宽我们的操作思路。

独狼：不必客气，其实我的方法和技巧也并不是那么神奇，只不过是我使用得当，再加上良好的操作心态，同时运气好点儿而已，大家都是投资者，理应互相帮助。

听风紫云：我想通过和您的交谈，将一些好的方法整理成册，也有可能会发到网上，但是我有一个顾虑，一些好的操作方法和技巧都是比较宝贵的经验，甚至很多都是用真金白银通过实战换回来的经验和教训，您能舍得讲给我们听吗？会不会有所保留？

独狼：不会的。首先，我从接触风险投资开始，也是通过书籍、网络等不同途径进行了大量学习，包括我现在经常使用的有些方法和总结出来的经验，也都是建立在别人的经验之上的。也就是说，没有别人总结出来的技术和经验，我也不会有现在的这些心得。

其次，我使用的这些方法，有些大家可能也知道，也不怕大家知道。知道后能够按照这些做到的投资者又有多少？风险投资不仅做的是技术，还有心态、策略、信心、耐力等等因素，这些才是我更加宝贵的财富。

第三，任何时候都需要不断地学习和提高，就算能够持续盈利了也不例外。通过和大家交流、总结，我也能够沉淀已有的技术和方法，更可以督促我不断提升操作水平，挖掘更好的获利之道。如果我因为当前能够持续盈利了，而止步不前的话，早晚也会被市场淘汰的。

听风紫云：感谢您的大度，那我们现在步入正题吧。

独狼：好的，可以开始了。

听风紫云：老师，我喜欢做日内短线交易，今天我们能不能针对日内投机操作进行交流呢？

独狼：能说说你为什么喜欢做日内交易吗？

听风紫云：第一，我的资金量相对较小，做短线更灵活，更刺激，下单后很快就能够看到效果，我喜欢这种立竿见影的操作。

第二，我时间相对比较充足，基本上每天都能够看盘，而且还有多动症，不操作就手痒痒，所以特别喜欢不断地进行买卖。

第三，我认为日内操作能够规避隔夜风险，日内操作相对来说更容易把握一些。

就这些了，不知道对不对。

独狼：每个人有每个人的情况，每个人有每个人的投资爱好和操作习惯，所以大家采用怎样的操作周期，怎样的操作方法必须要因人而异，只要能够持续盈利的操作都是好操作，不存在哪种模式更对，哪种模式不对的说法。

只要是适合你的就是对的。

虽然日内操作可以规避隔夜风险，但是依据趋势操作同样可以获取大幅的波段利润。日内交易的交易成本较大、对投资者的要求较高等等也是其缺点。各有利弊。

听风紫云：那么做日内交易应该注意一些什么事项呢？怎么把握日内交易的技术要点呢？

独狼：对于日内短线交易者而言，随着盘面不同时间的变化，就会出现不同的操作环境和技术形态，所以要求交易者要能够对即时走势的特点、传递的信号有准确的把控能力，同时，心理状态的把握以及技术指标的研判也显得尤为重要。

日内交易要求短、频、快，下单要果断，止损要坚决，技术方法掌握要极其熟练，不需要太多的考虑，甚至形成条件反射的操作思维模式。

听风紫云：那么日内交易持仓时间多久比较合适呢？

独狼：日内短线一般的持仓时间在 10～20 分钟，超级短线不超过 2 分钟，最长不超过 60 分钟。

交易的要点是寻找能够立即脱离成本的交易机会，果断入场。如果开仓后不能够快速形成获利，就迅速地平仓，这样可以尽可能少地承受市场的波动风险。

做日内交易，一定要树立集小盈为大盈的思想，不能贪心。在操作之前必须要明确自己获利的幅度，这个幅度一定要是经过市场检验过的，是合规合理的，达到了这个盈利目标后，及时地离场，进行下一次交易。

做日内交易，一定不能恋战，无论对错，只要触发了平仓条件，都要及时地终结操作。

做日内交易，一定要有耐心。面对盘面变化，只要不符合自己操作模式的机会不出现，就不出手，耐心地等待，哪怕是守株待兔也要等待。

做日内交易，一定要尊重市场趋势，顺势而为是提高日内交易成功率的有效手段。

做日内交易，一定要坚持原则，该出手时再出手，不打无把握之仗。自己还要善于总结，制定属于自己的“法规”，并且在后期操作中绝不越雷池一步。

做日内交易，一定要控制风险，敢于认错，勇于止损。止损是日内交易的保护伞、保险丝，十次正确操作获取的利润，有可能会因为一次不到位的止损而全部消失，这样的错误必须要避免。

做日内交易，一定要有理性的思维模式，既要有条件反射般的交易习惯，还要有冷静果断的操作品质，下单要有理有据，不能随心所欲。

做日内交易，一定要有自己熟悉的品质和熟练的技巧，掌握各种操作方法的精髓及变形招式，熟练、准确、合理的使用。

等等，还有很多需要注意的事项。

听风紫云：这么多，看来做日内交易真的很难啊。

独狼：日内交易就如同近身肉搏，想要快速获取利润不付出代价，没有过人的本领那可不行。

不过，你也不用担心，很多东西都是逐步培养的，等你经过不断地练习和学习上面所说的这些内容，很快就会消化并且融入到你的操作中，等熟练以后，不需要你认真考虑，就可以完全执行了。

这就好比开车，刚开始学习驾照的时候，要学习先看什么、后做什么，还要注意什么，但是，等经过反复地练习，熟练以后什么时候踩离合，如何进行挡位配合都不需要多想，下意识的动作就完成了。

听风紫云：我听朋友说，超级短线的交易员，每天可以进行几百次的交易，通过几百次的交易来实现盈利，这可以吗？我们能做到吗？

独狼：任何高手都是存在的，首先你要看你是否适合进行这样的交易，只有适合你的才是最好的。

对于我自己来说，每天下单别说几百次，几十次我都做不到，因为我的能力、精力尤其是选用的操作系统和方法，不适合这种操作模式。而且超级短线投机和炒单要求跑道要快、手续费极低，这些也都是必须的基础。

听风紫云：我对期货日内投机的兴趣越来越浓了，真的想通过不断地练习成为日内投机高手。我也有信心能够成为高手，希望老师能够多传授一些好的操作方法，教授一些好的招式。

独狼：好的。今天我们先对日内投机有一个大体的认识，后期我们多进行这方面的交流，希望能够对你有所帮助。

老纪点睛

做日内交易要遵守“九大法则”

对于期货投机者来说，日内交易很吸引人，但是也很让人受伤。

日内交易有利有弊，下单要果断，止损要坚决，技术方法掌握要极其熟练，心理状态的把握以及技术指标的研判尤为重要。

日内短线一般的持仓时间在 10～20 分钟，超级短线不超过 2 分钟，最长不超过 60 分钟。交易的要点是寻找能够立即脱离成本的交易机会，果断入场。如果开仓后不能够快速形成获利，就迅速地平仓，这样可以尽可能少地承受市场的波动风险。

做日内交易要遵守九大法则：

①一定要树立集小盈为大盈的思想，不能贪心。

②一定要敢于舍弃，无论对错，只要触发了平仓条件，都要及时地终结操作。

③一定要有耐心，只要不符合自己操作模式的机会不出现，就不出手。

④一定要尊重市场趋势，顺势而为是提高日内交易成功率的有效手段。

⑤一定要坚持原则，该出手时再出手，不打无把握之仗。

⑥一定要不断总结，制定属于自己的“法规”。

⑦一定要控制风险，敢于认错，勇于止损。

⑧一定要有理性的思维模式，下单要有理有据，不能随心所欲。

⑨一定要有自己熟悉的品质和熟练的技巧，且能够准确、合理地使用。

第2章 如何迈好期货投机第一步

不死鸟.虹：我从做股票到做期货已经有3年多了，大家都说3年出师，可是我每年都是亏损的，到现在也没有心得，找不到感觉。以老师的经验，想要成为一名能够持续盈利的投资者，需要多久的学习和磨炼呢？

目不丁：这个很难说，有的人可能需要1～2年，有的人可能一辈子都不行。这就好比一个天才的短跑运动员，进行适当的正确训练以后，可以在奥运会上拿到短跑冠军，而你要是强迫其进行举重的训练，并且奢望获取举重奖牌难度就会非常大一样。

有的人能够在频繁的交易中保持理性，正确地看待资金波动，有良好的交易心态和执行力，而有的人没有风险承受能力，患得患失，自控能力差。不同性格的人，不同经历的人进行风险投资所产生的结果，是截然不同的。

所以说，并不是所有的人都能够在风险投资市场中获利，也许他可以在别的领域非常出色，但是并不一定能够实现风险投资的盈利。做技术的能够做好技术研究，但是并不一定适合管理，而会管理的并不一定能够完成技术研究课题。

不死鸟.虹：首先要对自己有一个定位，其次需要进行尝试。我觉得只有经过了尝试，才能知道自己是否适合风险投资，我非常喜欢期货，所以想尝试，想努力，想通过学习和磨炼，提高水平。

目不丁：积极的心态是必须的，闻道有先后、术业有专攻。不学习肯定考不上名牌大学，不积累也难有丰富的经验。要取得期货交易的真正成功，是一个艰苦的渐近的过程。

刚开始就出现亏损也不是什么不好的事情，做风险投资必须要经历亏损。从出现亏损到能够控制亏损是实现盈利必走的一步。如果刚开始进行期货操作就不断地实现盈利，没有经历过亏损那才是最大的损失。

不死鸟．虹：老师曾经问过我一个问题，我还记忆犹新。这个问题是：给你两个选择，一是在刚开始进行期货交易的初期，就饱受亏损的煎熬；二是在经过了长时间盈利后再经历亏损。你选择哪个？我更愿意成为前者。

目不丁：虽然谁都不想经历亏损，但是初期的交易可以为我们积累经验，丰富阅历。初期进行期货交易亏损必定会让你控制入场资金量，这时候的亏损是小亏损换取大经验。若初期盈利不断，必定会容易让交易心态膨胀而追加资金，少了亏损的一课在后期必定会补上，在较大资金状态下再补亏损的课，那就是大亏损换取经验了，不合适。

不死鸟．虹：那么怎样迈好期货交易的第一步呢？或者说怎样迈好这亏损的第一步呢？

目不丁：在进行期货交易的初期，建议使用学费资金来进行交易。

所谓学费资金就是自己能够承受的，并且准备用来交学费和丰富经验的资金额度。一开始就用全部资金交易，导致损失过大、过快，容易伤筋动骨，而无法在期货市场中坚持下去，更容易滋生错误的操作理念，拼命追求绝杀技巧、寻找高手秘诀、挖掘内部消息等不良心态会形成恶性循环。

最终会造成心理压力较大，不能理性操作，不能理性地执行操作计划，不能建立循序渐进的操作系统，甚至对市场的基本认识都完全迷茫了，没有良好的操作预期，无法寻找到持续盈利的路径。

不死鸟．虹：我就有这种误区，刚开始想进行期货交易的时候，总觉得比股票简单得多，可以做多也可以做空盈利，而且信心非常足，一股脑儿地将全部资金投入到了市场中。当发现亏损持续不断后，就开始丧失信心，虽然找到了一些不足和问题，但是资金缩水非常厉害，若想要扳回败局，必须要再次投入资金。

现在就比较迷茫，再次投入资金吧，怕再出现亏损；不投入资金，就没有了再次交易的资本。要是早能够认识亏损，预期到亏损是必上的一课，用学费资金来交易就好了。

目不丁：学习是一个循序渐进的过程，成长也非一日之功。

在进行期货投资的初期，最好将所有资金合理分配，最少将全部资金在此基础上分为 10 等份，最为保守的做法是在可以买卖 1 手的最大资金需求品种的基础上再增加 70%为准。根据操作成绩的进展情况，逐步地进行分批入场和分批管理，最后在所有条件成熟后，全部资金再入场。

期货市场虽然利益诱人，但是风险同样巨大。将资金进行合理地拆分后，你至少可以有多次的全军覆没后，再次改正错误从头再来的机会。这样的机会在初入市场的时候，是非常宝贵和难得的。

所以，我的建议是：在初期，千万不要让自己的全部资金入场，不要让全部资金进入操作账户。

不死鸟．虹：全部资金进入操作账户后进行合理的仓位管理也可以吧？两者有区别吗？

目不丁：对于操作经验不丰富、初期进行期货交易的投资者来说，一般均存在自控能力较差、操作心态不好等问题。所以，对于初期进行期货交易的投资者，资金在操作账户以外进行分配和在账户中进行合理的仓位管理是有区别的。

单一的资金操作，方便进行盈亏水平的评估，能够准确客观地反映出账户盈亏情况。短线投机交易，在安排好资金的前提下，设定每次盈亏的极限，尽可能地发挥账户中的全部资金作用。在这种情况下，可以让自己处在最大压力和强度之下进行交易，能够真实地体现出心理承受能力，更能够准确地反映资金的持续滚动盈亏状况。

单一的资金管理，可以让交易者真正地感受到交易的压力和动力，形成的交易结果也是最真实的。

不死鸟．虹：若账户出现亏损，是否可以追加保证金进行补充，或者账户盈利后是否需要将盈利部分取出?

目不丁：不可以。要始终坚持不对账户中的操作资金进行增减，让账户资金在操作中自然地变化，直到达到一个自己满意的资金高度，或者完全不能交易后再终止。

终止后可以根据本次操作盈亏情况，安排下一份资金的使用。

若能够持续盈利，就要坚持、坚持、再坚持，用实践来检验自己的盈利能力。出现亏损需要追加保证金的时候，只能砍仓，坚决不能让另外的份额资金入场救援。

追加保证金的做法会让操作心理和操作方式变形。如果亏损不断，只能在最后让市场将这份资金消灭，直到账户的资金连最小资金需求的品种都无法操作的时候，结束本次的操作。

每一轮的结束，必须要总结经验。

不死鸟．虹：我有一个非常错误的心态，盈利的时候总是不自觉地就开始膨胀，觉得想盈利非常简单，恨不得将自己能够动用的所有资金全部拿来进行交易。而亏损的时候就非常沮丧，恨不得用所有资金孤注一掷，赌一把，扳回来后接着交易，不能扳回就再也不进行交易了。

目不丁：这样的思想千万不能有，我们是来交易的，不是来赌博的。期货市场中比的是看谁活的时间更长，而不是看谁盈利的速度更快。

尤其在交易的初期，我们需要学习，需要积累经验，而不是需要快速地赚钱，就算是能够快速赚钱，而连如何盈利的都不知道，前面一百次的盈利，后面一次不正确的顽固操作，玩命赌博，都有可能让前面的所有成绩变为零。

当第一批资金完成操作预期后，无论是盈利还是亏损，都要对全部过程进行总结和回顾。就算是第一批资金全部死掉了，也不气馁。因为我们还有剩余的九份资金，还有九次机会等待着我们。通过完善操作系统，调整操作思路，在第二份、第三份等资金上周而复始地进行训练。

随着不断地学习和提高，当能够完全驾驭账户中的现有资金，可以长期实现持续盈利后，我们可以改变资金管理策略，进行加快入场，那时候才是真正的追寻利润的时候。

若一批批资金不断地死掉，我们也必须要冷静地思考，是否自己真的不适合这个市场，该放弃的时候必须要放弃，进行风险投资并不是我们唯一能够选择的出路。

不死鸟．虹： 我有信心一定能做好，回头我就将资金进行重新分配，制订一个学习和训练计划，我相信只要坚持下去，就一定能够取得好成绩。

老纪点睛

不可以让全部资金一次性进入市场

在进行期货交易的初期，要使用学费资金来进行交易。所谓学费资金就是自己能够承受的，并且准备用来交学费丰富经验的资金额度。

可以考虑将全部资金分为10等份，最为保守的做法是在可以买卖1手的最大资金需求品种的基础上再增加70%为准。根据操作成绩的进展情况，逐步地进行分批入场和分批管理，最后在所有条件成熟后，全部资金再入场。

短线投机交易，在安排好资金的前提下，设定每次盈亏的极限，尽可能地发挥账户中的全部资金作用。让自己处在最大压力和强度之下进行交易，这样才能够真实地体现出心理承受能力，更能够准确地反映资金的持续滚动盈亏状况。

单一的资金管理，可以让交易者真正地感受到交易的压力和动力，形成的交易结果也是最真实的。在交易过程中，对于单一资金的管理要严格，要坚持不对账户中的操作资金进行增减。让账户资金在操作中自然地变化，直到达到一个自己满意的资金高度，或者完全不能交易后再终止。

如果亏损不断，只能在最后让市场将这份资金消灭，直到账户的资金连最小资金需求的品种都无法操作的时候，结束本次的操作。

当第一批资金完成操作预期后，无论是盈利还是亏损，都要对全部过程进行总结和回顾。当能够完全驾驭账户中的现有资金，可以长期实现持续盈利后，我们可以改变资金管理策略，进行加快入场，那时候才是真正的追寻利润的时候。

第3章
把握理性交易的关键点

jacky：“盘中迷糊、盘后清醒，交易时着急开仓，开完仓就后悔”，我总也管不住自己的手，在交易的时候总是不够理智，每当收盘后进行复盘学习时，回头一看这些技术点都是我学过的、了解的，甚至熟练掌握且在投资时代168网站的作业中练习过的。

在网站中进行作业练习的时候，思路清晰，直接能够看到关键的技术点，并能够理性地给出准确的答案。但是，在实际操作中，看着上下波动的期货价格，一下子就忘了，总是草草地下单，下单后才发现着急了，懊恼。

目不丁：这样可不行。管理情绪、控制情绪、理性操作是投机交易的必修课。尤其是超级短线的日内投机交易，绝对需要理性的操作环境。

jacky：如何才能克服这个毛病呢？

目不丁：你知道影响交易的最大两个不良情绪是什么吗？

jacky：应该是贪婪和恐惧吧。

目不丁：是的。很简单的一个问题，只要稍微有点儿有风险投资经验的投资者都知道这两大不良情绪的危害。但是，能够真正认识到贪婪和恐惧，并且能够控制好不受贪婪和恐惧思想影响的投资者又有几人？

我们需要通过各种心理暗示、操作策略、情绪培养、思维模式的调整等方式，来尽量地减少操作受到贪婪和恐惧情绪的影响，在相对比较稳定、平衡、机械的环境中进行交易。

首先要进行自控能力的培养，在交易的当时，要刻板、固执、机械地执行操作计划，不能患得患失，不能临时改变，更不能瞻前顾后，只要符合操作计划，就必须严格按照操作计划来执行。

如果出现错误，只能在后期对操作计划、操作策略进行修改，而不能在下单的时候临时变卦。

jacky：我有时候就执行不了操作计划，比如设定好了止损位，经常是到了止损位置就下不了手，幻想着能够扳回亏损，结果却越亏越多。

目不丁：如果经常不能执行止损纪律，就必须要在止损位置到的时候进行几次强行平仓的操作。

当止损位置到的时候，你可以不计后果地进行严格的止损操作，要把此次的亏损作为培养自己能够进行严格止损的学费、训练费，这样用心理暗示的方法，连续 3～5 次后，操作心态就会有一个彻底的改变。

jacky：其实回过头看，每一次出现期货价格波动与预期出现偏差的时候，只要能够严格按照止损价格进行止损的话，亏损往往还不至于那么大。

目不丁：第二，要经常性地保持稳定的交易心态，既不能过于兴奋，也不能过于沮丧。当交易盈利后兴奋不已，兴奋百倍，连续下单，当出现亏损的时候懊恼、悔恨、恐惧、愤怒，这都是不行的。

jacky：我就是这样，交易信心和情绪经常受到盈亏的影响，怎样才能改正呢？

目不丁：要正确认识失败，把失败看作暂时的，失败是成功交易的一部分，没有人能够做到每次交易都是盈利的。亏损时要乐于接受事实，敢于认错，在开仓之前就预估有可能要承受的亏损幅度，提前有心理准备。

亏损后拒绝接受现实，怨天尤人，愤怒的情绪会放大恐惧思想，更容易败在市场所布下的陷阱中。

同理，对于交易我们要有信心，但是不能盲目地膨胀，过度的兴奋。只有在相对平稳的操作情绪中完成每一次的交易，才能让我们的操作不走样，不变形。

第三，要刚性的执行操作纪律，提前制订的操作计划必须严格完成。

我们可以利用盘后的时间进行计划的完善和修改，但是在交易时间中，只可以放弃交易机会，而不能临时修改预先制订的操作计划，尤其是在有持仓的情况下，更不可以随意地调整操作计划。

jacky：就是要养成说一不二的作风，说到就要做到，这样就算错了也不是因为交易错误，而是所选用的交易方法和提前制订的操作计划错误。

目不丁：因为交易方法和操作计划可以在盘后制订，能够有充足的时间，在稳定的思考环境中理性地完成这些工作，所以相对盘中临时的决定会相对较少地溶有情绪交易成分。

第四，要保持较为轻松的交易心情，不能太紧张、太专注，更不能过于激动。

过度的关注价格涨涨跌跌，注意力高度集中，过度紧张都会造成思维模式的变形，不利于保持敏捷、快速的反应能力。

要以较为轻松的心情看盘，以成竹在胸的淡定来掌控盘面变化。投资时代168（www.tzsd168.com）网站有很多关于交易心态的内容，你可以登录学习。

jacky：放松心情与三心二意、心不在焉应该是不同的吧？呵呵。

目不丁：放松心情并不是说三心二意、心不在焉的，要保持较为集中的注意力，能够观察到行情和环境的变化，而不能一股脑儿地扎进某个品种之后就忘了所有一切。没有操作机会的时候，该休息就休息，可以兼顾做一些别的事情，也可以在操作不顺的时候放弃一些看似机会的机会，无论是真机会还是假机会。

第五，要保持一个适当的操作节奏，以个人的操作习惯，形成一个属于自己的操作节奏，而千万不能让市场的节奏扰乱了自己惯用的操作节奏。还要通过合理地调节，让自己的操作节奏与市场的节奏形成共振，盲目地追寻市场节奏一旦踏错节拍，会出现正反都做错的局面。

第六，要养成复盘回顾和乐于思考的习惯。

要经常性地对已经完成的交易和以往的走势进行复盘回顾，通过复盘回顾突出重要的技术点，总结经验。

jacky：我现在已经养成了记笔记的习惯，对一些已经完成的交易和学习方法的事情、情况进行总结，我发现有时候想过了很快就会忘，而写下来下一次再次遇到这种情况，会很快地想起来。

目不丁：可以通过笔记将自己所犯过的错误记录下来。其实，交易过程的完善，就是不断改正错误的过程。也可以将一些好的方法、一些成功经验记下来，毕竟这些东西有很多都是在市场交易中用学费换来的。

短线投机交易可以说是技术的集成，更恰当地说是对交易心态和交易修养的考验。技术面的东西很容易掌握，而交易心态和交易修养却是很多投资者难以逾越的鸿沟。

通过大量的学习，可以复制别人的技术方法，而良好的交易品质需要人格类型、内在修养和外在技术三个方面相互融合、充分匹配后才能形成。

希望大家经过不断地完善、探索，寻找与自身个性和修养倾向匹配的操作风格，找到属于自己的期货投机交易路子，掌控好资金，才能实现稳定持续的盈利。

jacky：谢谢老师，我一定会努力的。

老纪点睛

管理情绪的“六要素”是投机交易的必修课

管理好交易情绪，是一项基本功也是一门必修课。

我们需要通过各种心理暗示、操作策略、情绪培养、思维模式的调整等方式，来尽量地减少操作受到贪婪和恐惧情绪的影响，在相对比较稳定、平衡、机械的环境中进行交易。

管理情绪的六要素：

首先要进行自控能力的培养，不能患得患失，不能临时改变，更不能瞻前顾后，只要符合操作计划，就必须严格按照操作计划来执行。

第二，要经常性地保持稳定的交易心态，既不能过于兴奋，也不能过于沮丧。只有在相对平稳的操作情绪中完成每一次的交易，才能让我们的操作不走样，不变形。

第三，要刚性的执行操作纪律，提前制订的操作计划必须严格完成。只可以放弃交易机会，而不能临时修改预先制订的操作计划，养成说一不二的作风。

第四，要保持较为轻松的交易心情，不能太紧张、太专注，更不能过于激动。要以较为轻松的心情，掌控盘面变化。

第五，要保持一个适当的操作节奏，以个人的操作习惯，形成一个属于自己的操作节奏，不能让市场的节奏扰乱了自己惯用的操作节奏。

第六，要养成复盘回顾和乐于思考的习惯。通过复盘回顾突出重要的技术点，总结经验。

总的来说，短线投机交易可以说是技术的集成，更恰当地说是交易心态和交易修养的考验。良好的交易品质需要人格类型、内在修养和外在技术三个方面相互融合、充分匹配后才能形成。要找到属于自己的期货投机交易路子，掌控好资金，才能实现稳定持续的盈利。

第 4 章

了解盘口出现的新问题

听风紫云：我刚从股票市场转战到期货市场不久，对于期货双向交易非常感兴趣，但是有不少问题还不太明白，想与老师交流交流。

目不丁：股票市场和期货市场有很多相同的地方，我也是先做的股票投资，后期又爱上了期货投机交易，现在是期货和股票都在做。两个市场可以给我们不同的操作感受，通过资金分配进行不同性质的交易，还是不错的。

期货与股票确实有一些不同的地方，但是两者也有很多相通的地方，有了股票交易的基础后，再学习期货交易不是很难。

听风紫云：股票中盘口的买卖等信息到了期货市场中就变成了多换、空换、双开等内容，看得我眼花缭乱，有没有什么好的办法能够快速地理解这些信息呢？

目不丁：呵呵，其实接触多了就不难了。我们来看一下图 4—1 和图 4—2。

多换是多头换手，指老多卖出平仓，新多买进开仓。

空换是空头换手，指老空买进平仓，新空卖出开仓。

双开是新多头买入开仓和新空头卖出开仓达成的成交，即买卖双方都为新开仓。

双平是老多头卖出平仓和老空头买入平仓达成的成交，即买卖双方都为平仓。

多开是空头和多头同时开仓，以多头申报价格成交，反映主动性买盘。

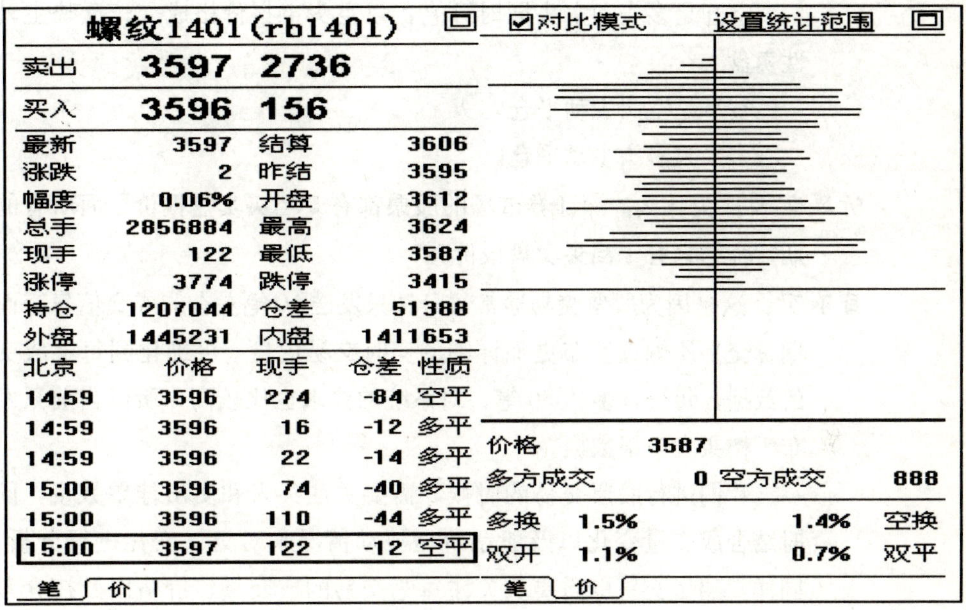

图 4—1

时间	价格	涨跌	现手	开仓	平仓	性质	时间	价格	涨跌	现手	开仓	平仓	性质
14:59	3595	0	478	166	312	多平	14:59	3596	1	92	32	60	空平
14:59	3595	0	190	97	93	空开	14:59	3596	1	56	0	56	双平
14:59	3596	1	80	5	75	空平	14:59	3596	1	58	1	57	空平
14:59	3595	0	330	249	81	空开	14:59	3596	1	142	8	134	空平
14:59	3595	0	368	210	158	空开	14:59	3595	0	452	194	258	多平
14:59	3596	1	32	17	15	多开	14:59	3596	1	216	34	182	空平
14:59	3596	1	316	194	122	多开	14:59	3595	0	128	21	107	多平
14:59	3595	0	446	114	332	多平	14:59	3595	0	536	42	494	多平
14:59	3596	1	256	102	154	空平	14:59	3596	1	102	7	95	空平
14:59	3595	0	418	18	400	多平	14:59	3595	0	102	12	90	多平
14:59	3596	1	1944	76	1868	空平	14:59	3596	1	190	18	172	空平
14:59	3596	1	72	9	63	多平	14:59	3596	1	194	79	115	多平
14:59	3595	0	72	18	54	多平	14:59	3595	0	166	49	117	多平
14:59	3595	0	58	14	44	多平	14:59	3597	2	150	13	137	空平
14:59	3596	1	30	3	27	空平	14:59	3596	1	162	21	141	多平
14:59	3596	1	688	151	537	空平	14:59	3596	1	302	40	262	空平
14:59	3595	0	334	114	220	多平	14:59	3596	1	66	12	54	多平
14:59	3597	2	44	9	35	空平	14:59	3596	1	422	105	317	多平
14:59	3596	1	194	35	159	多平	14:59	3596	1	56	8	48	多平
14:59	3595	0	160	7	153	多平	14:59	3596	1	50	4	46	多平
14:59	3596	1	490	38	452	空平	14:59	3596	1	104	2	102	多平

图 4—2

空开是多头和空头同时开仓，以空头申报价格成交，反映主动性卖盘。

空平是空头主动平仓。

多平是多头主动平仓。

听风紫云：为什么沪深证券市场的股票都有 5 档买卖盘报价，而所有的期货合约只有 1 档买卖盘报价呢？

目不丁：这是因为股票交易通常每分钟只发送 10 笔左右的成交信息，而期货交易所侧重发布更加详细的实时交易信息，可细化到每笔成交的数据，每分钟多达 60 笔，对系统的要求也比较高，所以当前只发布 1 档买卖申报数据。

我们进行股票交易的时候，需要关注买入和卖出挂单数量，同时结合成交量变化以及股票价格波动情况来对盘口变化进行分析。同样，期货交易也需要从关注每笔交易的成交量、价格以及持仓量的变化来综合分析。

听风紫云：期货市场中除了价格和成交量，又多了一个持仓量，如何理解持仓量对期货价格变化的影响呢？

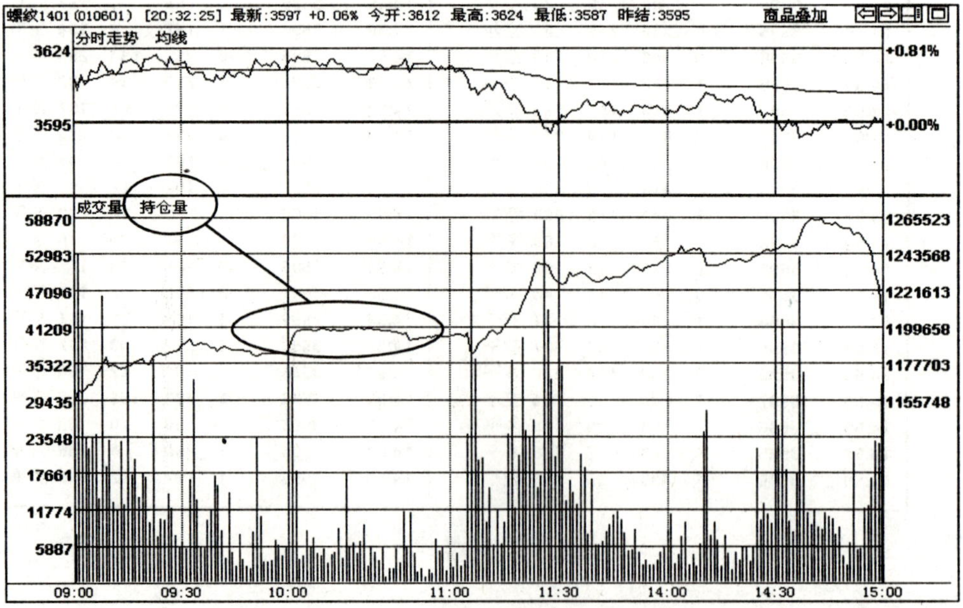

图 4—3

目不丁：我们来看图 4—3，成交量一栏中的波动曲线代表了持仓量。持仓量是期货市场独有的量能指标，显示了资金存量的变化，代表着持有未平仓合约的投资者对后市的态度。持仓量指的是买入（或卖出）的头寸在未了结平仓前的总和，一般指的是买卖方向未平合约的总和。

随着市场的不断变化，更多投资者加入看多和看空的队伍进行交易，持仓量会不断增加，而当亏损的投资者止损平仓和获利的投资者套现平仓时，持仓量会逐渐减少。

若某笔成交开仓数量大于平仓数量，持仓量就会增加。若某笔成交开仓数量小于平仓数量，持仓量就会减少。若某笔成交开仓数量等于平仓数量，持仓量不发生任何变化，只是在不同的投资者之间出现了换手。

持仓量必须和价格以及成交量的变化结合起来分析，才有重要意义。通常情况下，成交量、持仓量上升，价格向上推动，表明资金积极入场，多头积极开仓推动价格上涨，可做多；成交量萎缩、持仓量下降，若此时价格下跌，表明多方积极平仓，资金离场，可做空；成交量、持仓量上升，价格下跌，表明空头开仓积极，可做空；成交量、持仓量下降，价格上升，表明空头积极平仓，可做多。

当然，以上情况还必须结合市场环境和价格变化的实际情况，在实际操作中做进一步的具体分析。

听风紫云：结合分时走势与盘口变化，我们还要关注那些呢?

目不丁：首先，要看挂单量，挂单量较大的一方，一般为较强的一方，同时成交时被成交的一方为较弱的一方。有时候不断地出现挂单、撤单也是主力资金吸引买卖盘的一种手法，要区分对待。

其次，要关注关键价格位置，同一成交价格被反复地大单挂单，多次的大单成交，反复地争夺，则该位置是较为关键的位置，对后市的价格波动有着重要的支撑、压力作用。关键位置的突破效果，非常重要。

还有期货价格涨跌的速度，匀速拉升或匀速下跌还是阶梯式的上涨或下跌其意义是不同的，快涨快跌后往往会诱发大量的获利平仓盘和止损交易。

听风紫云：期货相对股票还是复杂一些。

目不丁：其实，要搞明白这些也不难，只要把握一个要点，识别出现在市场上主动性和被动性买卖盘的力量对比，短线投机交易跟随力量较强的一方，顺势操作就可以了。

成熟的交易者都可以将各种分析能力转化为人的盘感，也许说不出什么门道，但是看到盘面就能感觉出涨跌的迹象。

听风紫云：盘感是很神秘的，也是一种长期培养的意识，我的盘感就不好。

目不丁：其实也不神秘，盘感是人对交易的客观反映，随着大量历史交易经验，在脑海中沉积的潜在交易记忆，这种交易记忆又可以转化为下意识的交易动作。有了长期正确交易思维模式的锻炼后，良好的盘感就非常容易形成。

总之，关于期货盘口的分析方法仁者见仁智者见智，没有具体的定式，如果大家的认识相同，那么就没有交易分歧，也就没有成交了。所以，要建立属于自己的盘口交易规则和盘感，只有适合自己的，而没有绝对完美的公用招式。

老纪点睛

正确解读多空换手与持仓量的语言信息

初次从股票投资市场转入期货交易市场的投资者会有很多迷茫。盘口的信息很多，要加以区分和进行重点把握：

首先，要看挂单量，挂单量较大的一方，一般为较强的一方，同时成交时被成交的一方为较弱的一方。

其次，要关注关键价格位置，同一成交价格被反复地大单挂单，多次的大单成交，反复地争夺，则该位置是较为关键的位置。

期货价格涨跌的速度，匀速拉升或匀速下跌还是阶梯式的上涨或下跌也都有重要的分析意义。

与股票不同的盘口语言有：

多换是多头换手，指老多卖出平仓，新多买进开仓。

空换是空头换手，指老空买进平仓，新空卖出开仓。

双开是新多头买入开仓和新空头卖出开仓达成的成交。

双平是老多头卖出平仓和老空头买入平仓达成的成交。

多开是空头和多头同时开仓，以多头申报价格成交，反映主动性买盘。

空开是多头和空头同时开仓，以空头申报价格成交，反映主动性卖盘。

空平是空头主动平仓。

多平是多头主动平仓。

持仓量是期货市场独有的量能指标，显示了资金存量的变化，代表着持有未平仓合约的投资者对后市的态度。持仓量必须和价格以及成交量的变化结合起来分析，才有重要意义。

通常情况下，成交量、持仓量上升，价格向上推动，表明资金积极入场，多头积极开仓推动价格上涨，可做多。

成交量萎缩、持仓量下降，若此时价格下跌，表明多方积极平仓，资金离场，可做空。

成交量、持仓量上升，价格下跌，表明空头开仓积极，可做空。

成交量、持仓量下降，价格上升，表明空头积极平仓，可做多。

第 5 章

建立先求退路而后进的思维

蓝天：我觉得交易心态与交易技巧都非常重要，因为没有 100%成功率的买卖技巧，所以总会出现一定比例的失误，没有一个良好的交易心态，会放大错误交易的损失，减少有利单子的利润。

目不丁：良好的交易心态非常重要，我个人认为，一个成功的交易者，如果按照 10 分来计算的话，其中包含 5 分策略＋3 分心态＋2 分技术＋1分运气。良好的交易心态可以让交易策略顺利执行，能够让操作技巧不变形，是成功交易的基础。

同时，正确的交易策略和巧妙的交易技巧能够提升交易信心，培养出良好的交易心态，再加上一点儿良好的运气，那么就完美了。

蓝天：可是我的心态就非常不好，经常出现错误。操作纪律执行不好，盈利的单子拿不住，亏损的单子舍不得止损。尤其在止损方面，最让我头疼了，有时候做了好多次盈利的操作，一次不坚决的止损就回到了解放前，懊恼极了，但是后期还是不想止损。

目不丁：这也是因为你的交易策略相对不够完善、交易技巧不够娴熟等原因，让操作信心不足，对所制订的操作计划和使用的交易技巧不够完全信任造成的。交易心态和交易策略及交易技巧是相辅相成的，一旦形成恶性循环，就会严重影响操作。

拿不住盈利单子，会造成利润减少，这个相对还不可怕。最可怕的是不能控制风险，期货市场是以小博大、杠杆比例放大的市场，仓位控制不好，不能及时地进行止损操作，会造成巨大亏损。

在这里我特别强调：要先求退路，而后进；先控制交易的风险，而后盈利。

蓝天：先求退而后进，先控制风险而后盈利。我记下了，回头整理好发到投资时代 168（www.tzsd168.com）网站与大家共勉。

目不丁：首先，要理清操作思路。每次交易之前一定要明确当前市场处在怎样的环境中，大方向是看多还是看空，是处在反弹还是反转行情中，应该采用哪种操作策略和交易方法。

每次交易前都要有明确的交易计划，不能临时在交易中改变策略。若发现必须要进行策略调整的时候，可暂停当天交易，就算放掉了当日的机会也不可惜，必须要等到盘后对操作策略进行重新调整后，才可再次入场交易。

要形成良好的交易习惯，何时开仓，开多少仓，何时平仓等等因素都要形成属于自己的惯例，这个惯例是要经过时间和市场检验过的。形成后，只要不出现原则性错误，坚决不能在盘中临时修改，但可以在盘后进行完善。

要有耐心，每次开仓和平仓要有计划和理由，没有机会就等待。等待既是空仓的时候等待开仓机会，也是抓住机会后让利润不断扩大的耐心持有。

蓝天：我就缺乏耐心，总是耐不住性子，草草下单，这点看来以后必须坚决改正。

目不丁：第二，要学会控制风险，敢于止损。

要在自己交易之前就明确有可能承受的损失大小。根据自己可以承受的最大风险度，设置一个强行平仓的制度。当损失达到这个最大风险承受度的时候，无论市场环境怎样，必须坚决地强行平仓，千万不要抱着任何侥幸的心理。

要理解本次的平仓不是对后市走势预测而进行的操作，而是对前面操作出现失误的补救措施，接下来市场会怎么变化不重要，重要的是我们要对前面出现的失误进行及时的补救。

当平仓后，才有机会进行下一次的操作。设置好止损，就算出现判断错误的走势，立即主动平仓从而避免过大的损失。

要明确能够承受的最大风险度，这也可以确定我们是否应该进行交易。每次开仓前都要对有可能出现的最大风险进行预估，倘若风险相对比较小，而预估有可能产生的利润大于风险时，可以交易；若预估的风险会大于我们能够承受的最大风险度，那么就必须要放弃此次交易。

蓝天：最大风险承受度也就是我们对出现的最坏结果做好心理准备，如果能够承受这个最坏的结果，就可以进行交易，若承受不了，那么就不要进行交易。提前做好最坏的打算，往往比不断抱着幻想去交易，而在交易过程中不断地遭受打击，不断失落、懊恼要好得多，相对可以保持比较清醒的头脑和良好的交易心态，更加有利于交易。

目不丁：止损是一个老掉牙的话题，但是能够真正做到及时止损的投资者又有几人?

买入之后，设定一个具体的止损价位，这样做的目的是为了及时终止一个正在亏损的仓位，避免损失的无限扩大。

止损也是一种态度，一种敢于承认错误的态度。期货交易要避免幻想操作，时刻沉浸在自己对市场预测的幻想之中，而不遵循市场自身波动走势。当走势与自己的预测不相同时，只有抱怨和郁闷，而不愿意去接受市场，这是不对的。

我们操作前对市场进行预测，是为了提高交易的计划性和理性，是为了后面的交易能够更加遵循市场走向而进行的，交易不是为预测服务的，而预测是为交易服务的。

我们不能左右市场的走势，只能通过预测来服务交易，从而进行跟随交易。当市场出现多头市场时如何跟随，出现空头市场时如何跟随，这就是交易计划。

而止损是交易中不可缺少的一个必然因素，是一个占权重非常大的计划因素之一。

蓝天：制订交易计划，就必须要包含如何止损。

目不丁：是的。在交易中，我们除了面对风险和控制风险，更重要的是主动地回避风险，要在平稳中求增长。期货投资波涛汹涌，虽然机会很多，但是风险也很大，就如同在大海上航行，面对不断变化的市场，我们只有保持不迷失方向、不沉船，无论快慢终究有一天会抵达目的地。

所以，交易中，我们宁可错过机会，也不能想着去冒险。错过了机会只会让资金增长的速度减慢，而不会出现迷失方向和沉船的灾难。

要牢记，无论什么情况下，都不要损失掉了交易的筹码，没有了交易筹码就永远不可能有翻身的机会了。

蓝天： 止盈容易止损难，这种错误的操作心态要不得，犯错导致亏损后必须要对错误进行及时补救，而不能做“鸵鸟”，自欺欺人了。

老纪点睛

控制好风险再考虑盈利才能实现持续盈利

风险控制永远是风险投资市场的核心话题之一。

一名成功的交易者需要5分策略+3分心态+2分技术+1分运气。

交易时要做到两点：

一是要理清操作思路，每次交易之前一定要明确当前市场处在怎样的环境中，大方向是看多还是看空。

二是要学会控制风险，敢于止损。当损失达到这个最大风险承受度的时候，无论市场环境怎样必须坚决地强行平仓，千万不要抱着任何侥幸的心理。

最大风险承受度是我们对出现的最坏结果做好心理准备，如果能够承受这个最坏的结果，就可以进行交易，若承受不了，那么就不要进行交易。提前做好最坏的打算，往往比不断抱着幻想去交易，而在交易过程中不断地遭受打击，不断失落、懊恼要好得多，相对可以保持比较清醒的头脑和良好的交易心态，更加有利于交易。

止损是一种态度，是敢于承认错误的态度。交易不是为预测服务的，而预测是为交易服务的。市场的走势我们不能左右，只能通过预测来服务交易而进行跟随交易。而止损是交易中不可缺少的一个必然因素，是一个占权重非常大的计划因素之一。

面对不断变化的市场，我们只有保持不迷失方向、不沉船，无论快慢终究有一天会抵达目的地。要牢记，无论什么情况下，都不要损失掉了交易的筹码，没有了交易筹码就永远不可能有翻身的机会。

第二篇

策略与交易模式

选择怎样的交易策略，什么样的交易模式都直接影响着我们将采用何种操作技巧，选择使用哪些技术分析方法。只有确定好构架，形成两者相互支持、相互融合、形成共振的交易环境，才能把我们的各类兵刃、招式的优势发挥到极致。

第 6 章 技术走势涵盖一切的交易模式

网友：您做期货投资更注重基本面分析，还是技术分析？您觉得哪个更重要？

目不丁：确切地说，我做的不是投资，而是投机。是市场利益的追随者，也是风险的承受者。

对于市场消息的把控，以及影响某个合约价格变化的诸多外部因素，我自知掌控不了，所以我操作的依据全部是依靠技术分析的。

而且我也深信，价格波动可以反映一切。价格波动是摆在我们大家面前的一个公平、公正、公开的数据，大家看到的都是相同的，只要掌控了价格波动的趋向，就等于了解了市场上的所有信息，所以我是从来不去刻意地挖掘任何信息的。

网友：也就是说，您只看技术分析，所有的操作都依靠技术分析来决策的。

目不丁：是的。比如图 6—1 中棉花合约的日 K 线走势图。

2012 年 10 月 18 日，进口棉中国主港报价全线上涨，多数品种涨幅达到 3 美分，美棉和印度棉分别上涨 1.25 美分和 0.5 美分。国内棉花代表内地 229 级棉价格的国家棉花价格 A 指数(CNCotton A)为 19645 元/吨，比 10 月 17 日上涨 1 元；代表内地 328 级棉价格的国家棉花价格 B 指数（CNCotton B）为 18788 元/吨，也较 10 月 17 日上涨 1 元。

受隔夜美棉涨停提振，郑棉跳空高开，借力突破前期震荡区间，

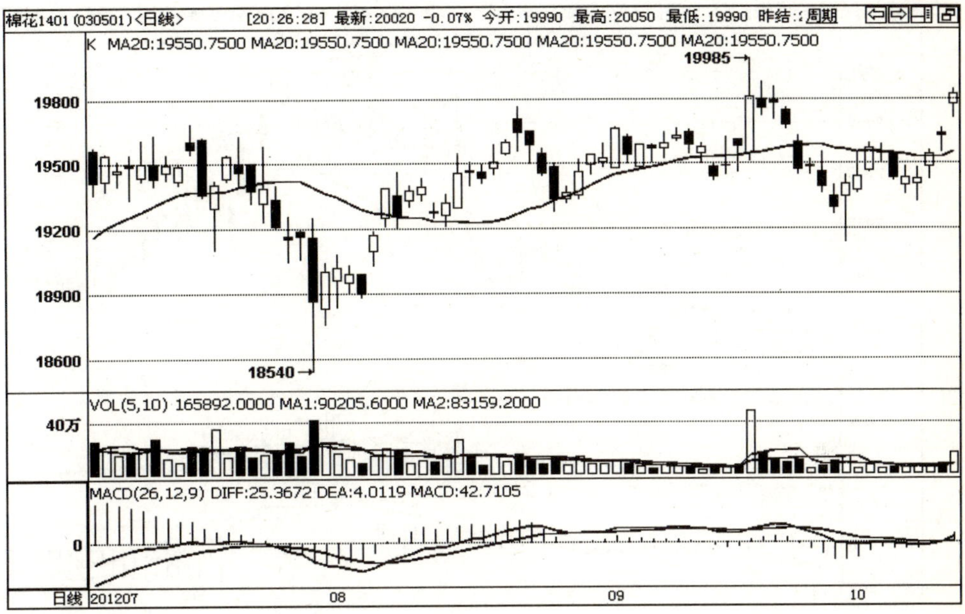

图 6—1

继续向收储价格靠拢，收盘各合约涨幅逾 1%，市场交投倍增，持仓大减。其中，CF1211 合约均价 19310 元，上涨 130 元；CF1301 合约均价 19780 元，上涨 175 元；CF1305 合约均价 19730 元，上涨 170 元；市场总成交 231198 手，较上一交易日增加 101836 手，累计持仓 337070 手，减少 11716 手。

受到这些消息的影响，18 日，郑棉合约继续高开，成交量增加，持仓量大减。假设我们掌控消息的能力有限，不能及时准确地了解到信息，但是，我们可以通过棉花主力合约连续拉升的走势中，解读到这些利多的消息。

网友：也就是说，虽然是这些消息影响了棉花合约的跳空高开和快速拉升，但是这些消息的变化，均能在其走势上表现出来。

目不丁：消息的变化可以反映在盘面上，而且技术走势可以反映出更多的信息。虽然棉花合约不断地跳空向上拉升，但是当前高点面临前期高点压力，同时，成交量增加，而持仓量大减，影响了其价格进一步上涨，所以短线存在调整需求，这些是技术分析的优势。

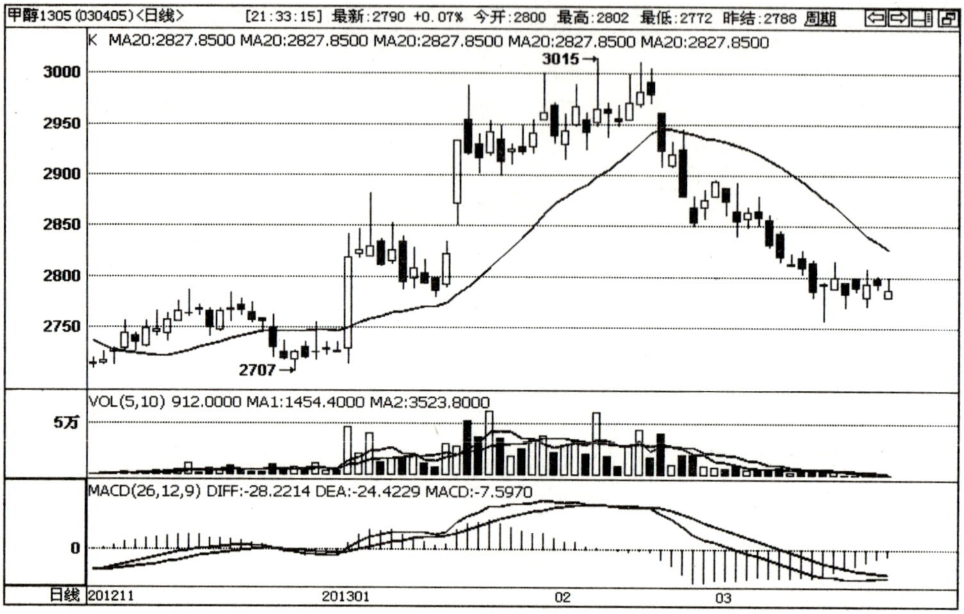

图 6—2

网友：在实际操作中，确实会有很多的因素影响到某个品种的价格变化，比如 2013 年 2 月中旬为春节，甲醇企业提早放假，使得现货供应较为紧张，现货价格小幅上行，这些信息的影响是不是也能直接反映在技术走势上？

目不丁：这些信息同样可以通过技术走势，在价格变化上反映出来，形成日 K 线走势图。如图 6—2 所示，是甲醇 1305 合约走势图，从 2013 年 1 月初日 K 线以一根大阳线直接向上拉升，然后稍作震荡后，逐步攀升，保持着相对稳定的向上走势。

也许我们不能了解到甲醇企业的生产变化，但是其生产情况对价格波动的影响，直接在盘面中表现了出来。

网友：节后工厂开工率增加，现货价格下滑。下游需求方面，受装修市场淡季影响，板材的消费进入淡季，同时板材企业库存高位，甲醛的消费将会处于低迷态势。

目不丁：同样，这些也都反映在了期货合约的走势上，2 月过后，甲醇 1305 合约开始逐步下行，同时技术指标 MACD 顺势形成了死叉走势，助跌价格。

操作上，如果能力有限，我们则不必要去刻意挖掘太多的市场消息，只要紧盯价格变化，通过技术走势，来进行投机操作就可以了。

网友：是不是技术分析比基本面分析更为重要？

目不丁：不能这么说。对于短线投机来说，我个人认为，技术分析较为重要。对于不能全面掌控市场消息的投机者来讲，发挥其优势重点攻破技术分析就可以了。但是，对于做趋势的，有能力获取更全面、更及时的信息，并且能够准确解读这些信息的投资者，就另当别论了。

老纪点睛

根据自己的实际情况选择合理的操作依据

对目不丁先生来说，他更侧重于技术分析，他始终坚信技术分析可以囊括所有市场信息，涵盖所有价格波动因果。他认为，自己是技术分析的追随者，是市场利益的追随者。

在交谈中，他始终强调价格波动可以反映一切，只要掌控了价格波动的趋向，就等于了解了市场上的所有信息。所以，他从不刻意去挖掘除了技术分析所必须的盘面语言之外的其他信息。

目不丁先生总结道，我们也许不能了解到企业的生产变化，但是其生产情况对价格波动的影响，直接在盘面中表现了出来。如果能力有限，我们则不必要去刻意挖掘太多的市场消息，只要紧盯价格变化，通过技术走势，来进行投机操作就可以了。

他认为，对于不能全面掌控市场消息的投机者来讲，发挥其优势重点攻破技术分析就可以了。

第 7 章
怎样才能做好顺势操作

不死鸟．虹：既然我们不做趋势单，主要进行短线投机，为什么还总是听你讲要顺势而为呢？

目不丁：顺势而为是顺大方向、大趋势，这样可以提升短线投机的成功率。在多头市场做多，更容易获利，同样，在空头市场做空获利，相对来说更容易获利一些。

不死鸟．虹：那么什么样的市场属于多头市场，做多更容易获利？什么样的市场属于空头市场，做空更容易获利？

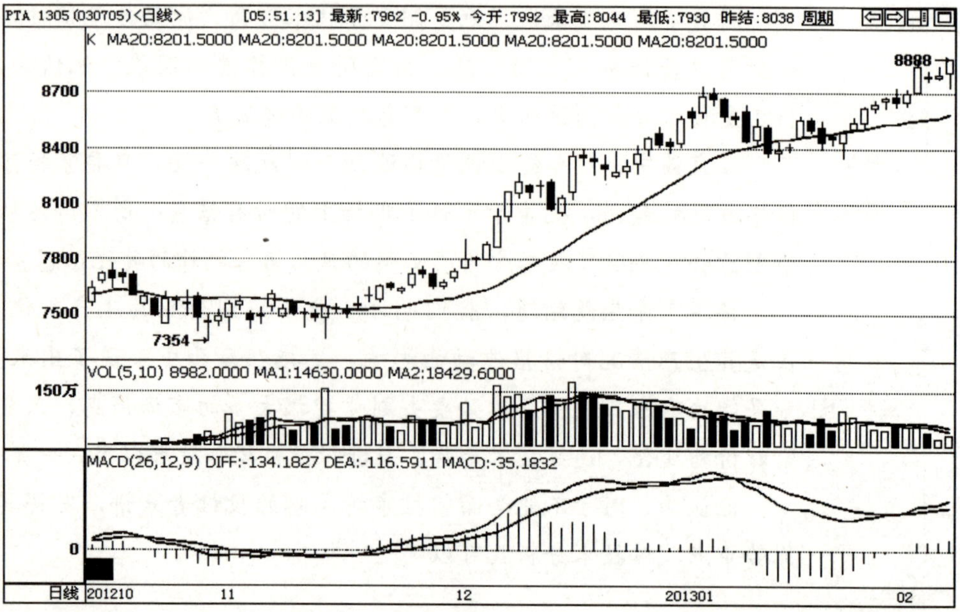

图 7—1

目不丁： 我们用图来进行说明，如图 7—1 所示。

图中 PTA1305 合约从 2012 年 11 月开始，逐步底部抬高，价格不断向上拉升，直到 2013 年 2 月价格依然向上，这个阶段形成了明显的多头市场，在该市场环境中做多相对就更容易获利。

不死鸟．虹： 也就是价格能够形成持续上涨的趋势，我们就顺势而为进行做多操作。

目不丁： 多头市场形成后，趋势会相对延续一段时间，在这个时间段，阳线数量相对会多于阴线数量。从数量上讲占优势，做多买涨做对的概率就会增加。

在多头市场形成后，不仅阳线的数量增加，而且阳线涨幅的力度也会增加，阳 K 线实体会明显大于阴 K 线实体。这种环境下，做多获利的幅度也会相对增加。

不死鸟．虹： 也就是说，在多头市场，我们尽量做多，空头市场尽量做空对吧？这样从获利的概率上讲将会更大些。

目不丁： 是的。当多头趋势形成以后，尽可能地从市场信息中寻找适合做多的机会来做多获利，放弃那些做空的机会。

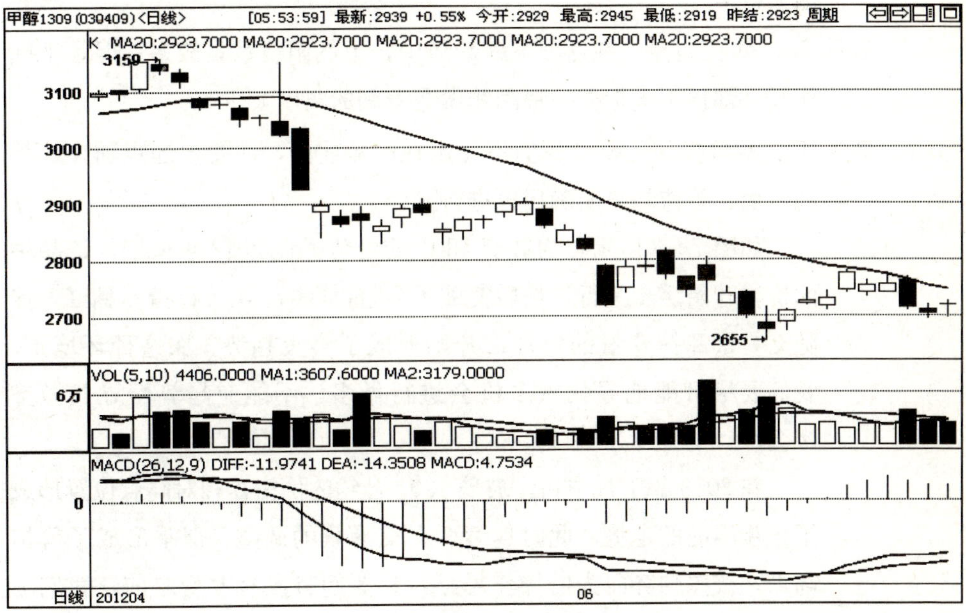

图 7—2

不死鸟．虹：图 7—2 中甲醛的日 K 线走势应该就属于空头市场吧？在这种环境中我们应该寻找机会做空获利。

目不丁：是的。图 7—2 中甲醛在高点形成了连续小幅下跌的走势，随之 MACD 指标下行助跌价格，形成了较为明显的空头市场。在这种环境下，尽量不要去考虑做多获利，而要寻找时机进行做空。

不死鸟．虹：甲醛本阶段的走势中，虽然大方向是下跌的，但是阳线数量一点儿也不少，只是个别阴线下跌的幅度较大而已。如果短线投机技术成熟，在下跌趋势的尽头，或者中途调整的位置，我们是不是可以把握机会进行做多获利？

目不丁：顺势操作不仅是要求跟着市场方向走，还要求克制摸顶猜底的冲动心。

当趋势形成以后，判断顶或底是高难度的挑战，期货市场一波中级上升行情，可能延续十几天或几十天，在这期间顶部却只出现一次，从概率上讲预测和追求顶部也是不值的。顺势操作，如果没有把握到准确的开仓位置，还有再次弥补的时间和空间，往往损失的是机会成本，而逆势操作，如果没有判断准确，遭到惩罚的可能会大得多。

不死鸟．虹：也是。在这波下跌趋势中，虽然阳线数量较多，但是把握住几个都顶不上把握一根阴线做空盈利的幅度大。

目不丁：顺势操作还要求我们不要走在趋势前面，而要永远跟随在趋势的后面，等待趋势明确后再进行操作。

如图 7—3 所示，为玻璃 1301 的走势。在 2012 年末期，该品种的价格开始缓步上行，然后突破了 20 日均线，MACD 指标翻红，伴随交易量和持仓量的增加，开始形成了多头趋势。在这种环境下，我们要尽可能地寻找做多机会进行做多，不能逆趋势而寻找做空机会。

在 2013 年 1 月中旬，玻璃 1301 合约的价格在相对高点位置形成了止步不前的走势，此时连续 9 个交易日的调整，似乎形成了价格高点。按照顺势而为的操作思路，只要趋势没有改变之前，我们尽

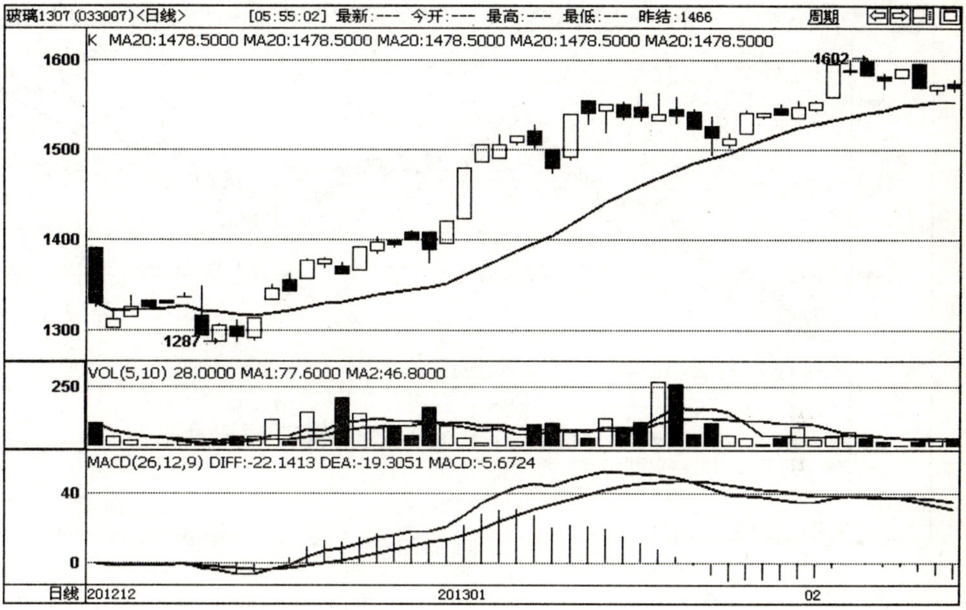

图 7—3

可能地不要反向操作，最多也只能离场在场外观察，持币等待不开任何仓位，以确保未来难以预期的风险。

后期，若趋势改变，形成新的空头市场，再跟随做空；若趋势没有改变，那就再寻找新的做多机会进行做多开仓。

不死鸟．虹：后期走势也告诉我们，虽然在 1 月中旬该品种的走势非常像高点，但是实际上 2 月份价格再次向上创出了新高。

目不丁：我们可以猜测趋势转变的位置，但是不能将趋势有可能转变的位置作为转势操作的依据，只能作为在场外观察的位置。

多头市场只做多，看不清或者有怀疑态度的时候，平仓后等待新的方向明确后再入场。

空头市场只做空，看不清或者有怀疑态度的时候，平仓后等待新的方向明确后再入场。

不死鸟．虹：我明白了。也就是说，顺势的意思等于顺势开仓和平仓等待两个操作动作。

目不丁：顺势的另一个要求是尽可能长地持有你的获利单，除非触发了

图 7—4

你预设的离场点。在趋势没有改变之前，不要怀疑获利单的有效性，让利润能够最大限度地狂奔。

如图 7—4 所示，2012 年初，玉米期货价格沿着趋势线不断攀升，此时若持有多单，就可以在止损价格跟随保护的前提下，一路持有。4 月份趋势改变后，再择机寻找做空机会。6 月份后新的上涨趋势形成，此时尽量寻找机会做多，持有的多单只要不触发预先设定好的离场点，就尽最大限度地进行持有。

顺势还有一个要求，就是果断地处理掉你的亏损单。

如果趋势的相对平衡被破坏后，期价反向运行的幅度往往超出人们的预计，摆脱逆市亏损单也是一种顺势。

不死鸟．虹：实盘操作中，我经常遇到亏损后舍不得止损，有时候明明发现趋势已经改变，却总是希望只要不平仓，就能够有机会再将亏损找回来。

目不丁：侥幸心理通常带来的是不幸，错了就要及时改正，要有改正错误的勇气。

老纪点睛

顺势是跟随也是一种态度

我们经常说要顺势而为，要实时操作，但是在实盘交易中有多少投资者能够真正理解顺势操作的真谛，有多少投资者能够真正做到顺势而为呢？

顺势而为是顺大方向、大趋势，这样可以提升短线投机的成功率。在多头市场做多，更容易获利，同样，在空头市场做空获利，相对来说更容易获利一些。

顺势不仅是要求跟着市场方向走，还要求克制摸顶猜底的冲动心。当趋势形成以后，判断顶或底是高难度的挑战，从概率上讲也是不值的。逆势操作如果没有判断准确，遭到惩罚的可能会大得多。

顺势操作还要求我们不要走在趋势前面，而要永远跟随在趋势的后面，等待趋势明确后再进行操作。

我们可以猜测趋势转变的位置，但是不能将趋势有可能转变的位置作为转势操作的依据，只能作为在场外观察的位置。

多头市场只做多，看不清或者有怀疑态度的时候，平仓后等待新的方向明确后再入场。

空头市场只做空，看不清或者有怀疑态度的时候，平仓后等待新的方向明确后再入场。

顺势的意思等于顺势开仓和平仓等待两个操作动作。

顺势的另一个要求是尽可能长地持有你的获利单，除非触发了你预设的离场点。在趋势没有改变之前，不要怀疑获利单的有效性，让利润能够最大限度地狂奔。

顺势还有一个要求就是果断地处理掉你的亏损单。如果趋势的相对平衡被破坏后，期价反向运行的幅度往往超出人们的预计，摆脱逆市亏损单也是一种顺势。

第 8 章

交易品种与合约的正确选择

网友：总听大家说交易要选择主力合约，选择交易活跃的品种，在短线投机交易中，那么多的品种，不同的合约怎么样选择更合适的呢？

独狼：建议选择交易量大，流动性好，价格波动空间相对较大的品种。一般情况下，持仓量最大的合约为主力合约，其成交量也是最大的，重点对该类合约进行短线投机交易。

网友：期货与股票不同，期货存在主力合约一说，而股票没有，主力合约为什么会变动呢？

独狼：期货合约的生存周期是有限的，到合约最后交易日后就要交割。而大多数的交易者是需要在最后交易日来临前将所有非交割的持仓平掉。同时，保证金也是随着交割日的到来而逐步进行调整的，从而影响到持仓量的变化，主力合约是不断变化的，主要是离合约到期日近了，所以要移仓到后面的月份，这样后月的交易量和持仓量都会快速增大。

从图 8—1 沪锌 1305 日线图、图 8—2 沪锌 1306 日线图、图 8—3 沪锌 1307 日线图中，我们可以清楚地看到，2013 年 1～4 月期间沪锌的持仓量、交易量及主力合约的变化，因为主力合约代表了期货品种总的走向，而且一般情况下它的交易量也是最大的，所以是多空争夺的主要阵地，必须要重点关注。

网友：进行短线投机操作，我们是不是必须要找到主力合约，在主力合约上进行交易？

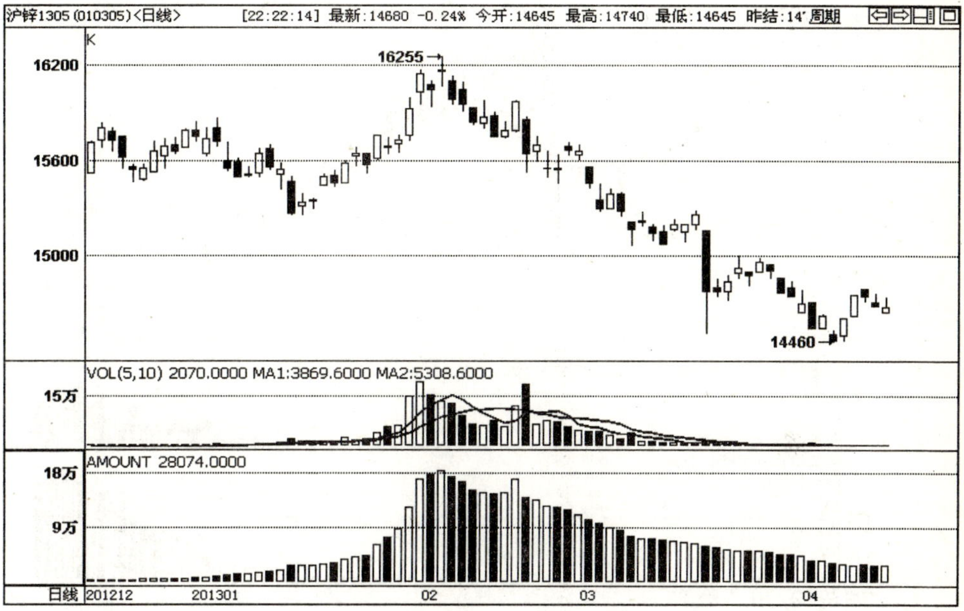
沪锌1305(010305)<日线>
[22:22:14] 最新:14680 -0.24% 今开:14645 最高:14740 最低:14645 昨结:14' 周期
K
16200
15600
15000
16255
14460
VOL(5,10) 2070.0000 MA1:3869.6000 MA2:5308.6000
15万
AMOUNT 28074.0000
18万
9万
日线 201212 201301 02 03 04

图 8—1

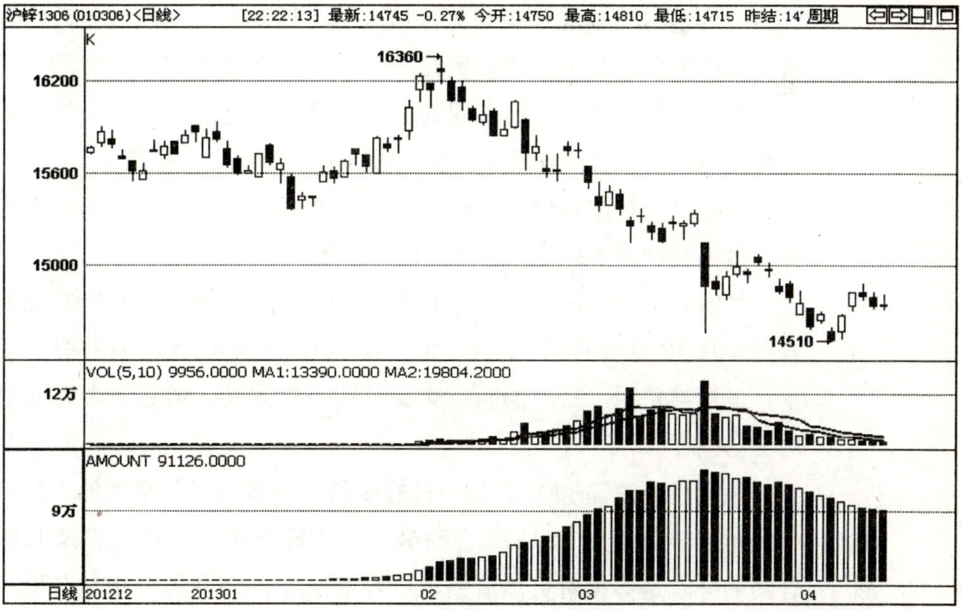
沪锌1306(010306)<日线>
[22:22:13] 最新:14745 -0.27% 今开:14750 最高:14810 最低:14715 昨结:14' 周期
K
16200
15600
15000
16360
14510
VOL(5,10) 9956.0000 MA1:13390.0000 MA2:19804.2000
12万
AMOUNT 91126.0000
9万
日线 201212 201301 02 03 04

图 8—2

图 8—3

独狼：主力合约虽然最能代表当前行情走势，但随着交割期的接近，大量的投机资金会退出并转移到另一个合约，形成新的主力合约。所以，实际操作中结合交易周期的长短，也可以选择次主力合约。做长线的话，因为合约到期要交割，所以需要不断地转移合约。

选择交易量相对较大的品种交易，市场的流动性能够充分地发挥，价格波动较为连续，进出也相对方便。

如图 8—4 沪锌 1304 合约 4 月 12 日分时图、图 8—5 沪锌 1307 合约 4 月 12 日分时图和图 8—6 沪锌 1310 合约 4 月 12 日分时图所示，虽然都是同一品种的同一交易日的分时走势，但是三者有明显的交易差异。

很明显，沪锌 1307 合约当日的交易量和持仓量是最大的，沪锌 1304 合约次之，沪锌 1310 合约最少。从价格变化上看，沪锌 1307 合约的分时走势相对更加流畅，更容易成交，交易机会相对会更多一些。

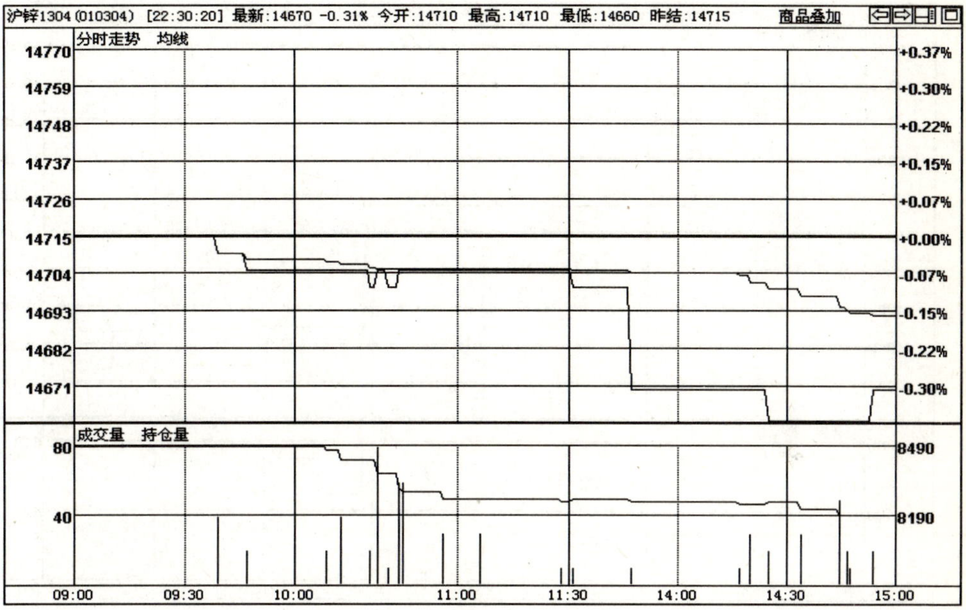
沪锌1304 (010304) [22:30:20] 最新:14670 -0.31% 今开:14710 最高:14710 最低:14660 昨结:14715 商品叠加
分时走势 均线
14770
14759
14748
14737
14726
14715
14704
14693
14682
14671
+0.37%
+0.30%
+0.22%
+0.15%
+0.07%
+0.00%
-0.07%
-0.15%
-0.22%
-0.30%
成交量 持仓量
80
40
8490
8190
09:00
09:30
10:00
11:00
11:30
14:00
14:30
15:00

图 8—4

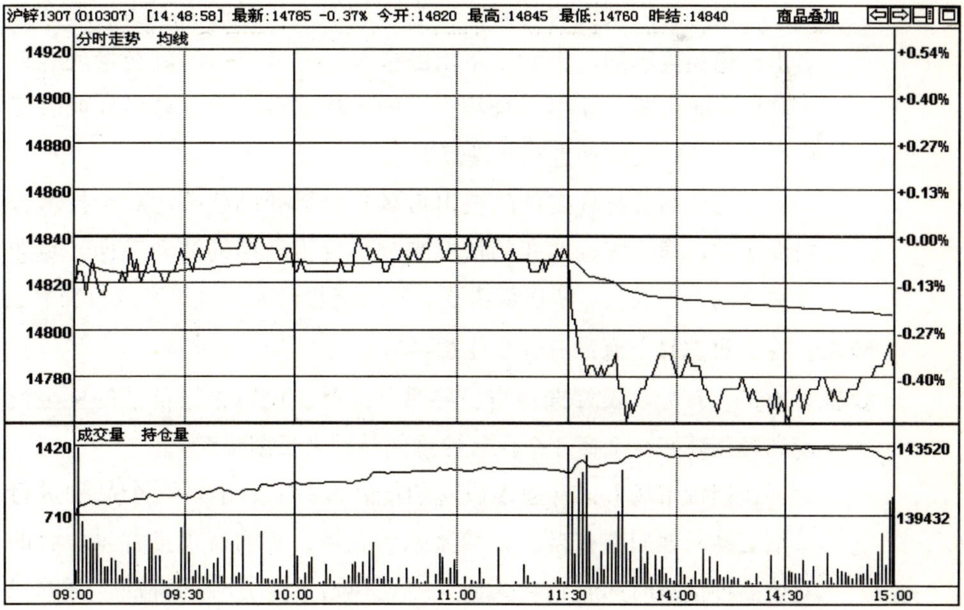
沪锌1307 (010307) [14:48:58] 最新:14785 -0.37% 今开:14820 最高:14845 最低:14760 昨结:14840 商品叠加
分时走势 均线
14920
14900
14880
14860
14840
14820
14800
14780
+0.54%
+0.40%
+0.27%
+0.13%
+0.00%
-0.13%
-0.27%
-0.40%
成交量 持仓量
1420
710
143520
139432
09:00
09:30
10:00
11:00
11:30
14:00
14:30
15:00

图 8—5

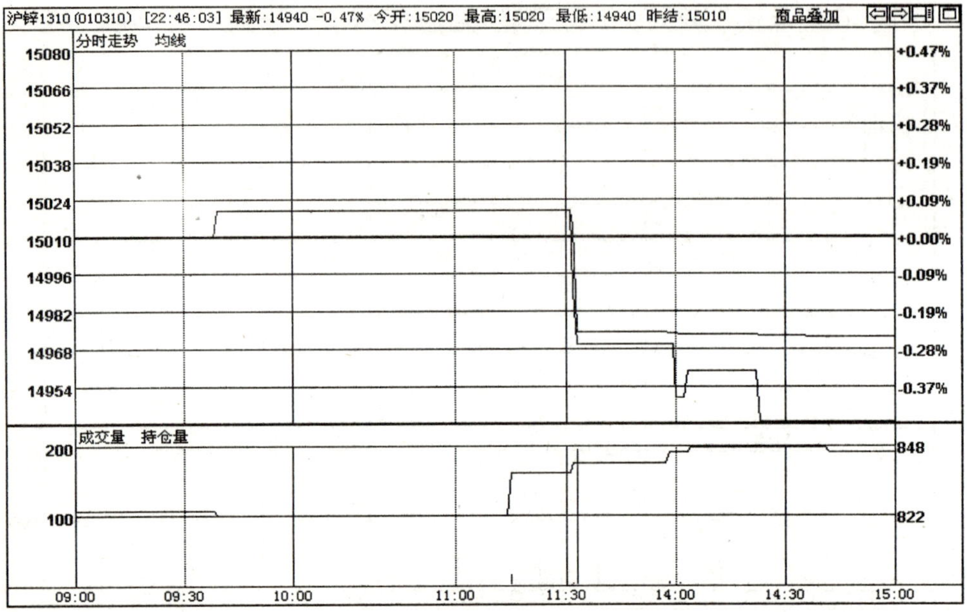

图 8—6

在进行日内投机的时候，一个合约如果买卖的人不多，那么就会出现想买买不到，想卖卖不出的情况，或者很小的成交量就能使得价格大起大落。而主力合约买卖的人都很多，很容易买到或者卖出合约，价格的波动也在合理范围之内。

主力合约更能真实地反映出市场资金博弈的状态，对于技术分析派来讲，通过资金博弈的情况来分析价格后期的波动趋向，是非常重要的一个因素，所以就需要选择成交量最大的合约来进行交易。

网友：在品种选择上有没有什么注意事项？

独狼：有的。首先，最好选择自己熟悉的品种。可以根据自己的资金情况和操作爱好，选择几个比较熟悉的品种来长期跟踪。

在期货市场上，有很多成功的前辈都是只针对一两个品种进行长期交易，他们都有自己比较熟悉的领域，有的有现货背景，有的对该品种接触时间较长，久而久之就摸透了该品种的特性。有的只交易金属，如铜、铝、锌和黄金，而有的只做农产品。

选择熟悉的品种，更容易了解该品种的价格支撑位置、阻力位置，价格波动的规律，涨跌的极限点等因素，更加有利于交易。

其次，若是进行日内交易，要选择波动幅度较大的品种。如果买入一个品种，价格半天不动，如何进行日内交易？

如：铜、橡胶、棉花、锌、白糖、PTA 这些品种的波动相对就较大一些，更容易产生利润，但是相应的风险也会大些。而螺纹钢、豆、豆粕、玉米、强麦、籼稻的波动就相对较小一些，比较容易控制风险和把握波动方向。

如果投资者的风险承受能力较低，可以选择豆、豆粕、玉米、强麦、籼稻这些品种。如果风险承受能力中等，可以选择白糖、塑料、PTA、豆油、棕榈油、菜籽油、螺纹钢。如果风险承受能力较高，铜、锌、橡胶、棉花也是不错的选择。

同时，还要考虑品种价格走势的趋势性，有良好趋势的品种交易起来更容易把握。在市场中，往往有能够与交易者交易个性发生共振的某个品种，把握住该品种后顺趋势操作，就更容易获利。

总之，选择一个好的、适合自己的品种进行交易，往往能够起到事半功倍的作用。每一个品种都有每一个品种的优势，没有绝对好的。投资者要根据自己的具体情况，根据操作风格的不同，不断地调整标准，找到最适合，也就是最好的品种进行交易。

老纪点睛

选择好交易品种可以起到事半功倍的作用

如何进行目标品种的选择呢？

我们要选择交易量大、流动性好、价格波动空间相对较大的品种。一般情况下，持仓量最大的合约为主力合约，其成交量也是最大的，重点对该类合约进行短线投机交易。

在进行日内投机的时候，一个合约如果买卖的人不多，那么就会出现想买买不到，想卖卖不出的情况，或者很小的成交量就能使得价格大起大落。而主力合约买卖的人都很多，很容易买到或者卖出合约，价格的波动也在合理范围之内。

主力合约更能真实地反映出市场资金博弈的状态，对于技术分析派来讲，通过资金博弈的情况来分析价格后期的波动趋向是非常重要的一个因素，所以就需要选择成交量最大的合约来进行交易。

交易中最好选择自己熟悉的品种，可以根据自己的资金情况和操作爱好，选择几个比较熟悉的品种来长期跟踪。

若是进行日内交易，要选择波动幅度较大的品种。铜、橡胶、棉花、锌、白糖、PTA 这些品种的波动相对就较大一些，螺纹钢、豆、豆粕、玉米、强麦、籼稻的波动就相对较小一些，还要考虑品种价格走势的趋势性，有良好趋势的品种交易起来更容易把握。在市场中，往往有能够与交易者交易个性发生共振的某个品种，把握住该品种后顺趋势操作，就更容易获利。

第9章 惯性形成后的惯性操作技巧

紫岳：老师，今天我们学习点儿什么呢？

独狼：今天我们针对惯性交易进行一个探讨，主要针对较短周期形成的惯性走势，进行日内投机交易。

紫岳：什么是惯性交易呢？

独狼：在进行日内投机的时候，当一波新的趋势形成后，市场的交易方向会向一边倾斜，短期内参与市场交易的投资者只要操作思路没有及时改变，交易行为形成惯性后，只要没有足够的外力阻止这波行情，按照惯性原理会形成一段时期的持续下跌或者上涨。

当我们预期到期货价格要形成惯性走势时，可以按照现有波动方向开仓，并且对下一根K线进行跟踪，只要K线形态和方向不发生根本改变，就可以持仓等待，直至惯性被打破。

紫岳：惯性交易需要注意什么事项，把握哪几个技术要点呢？

独狼：首先所参考的K线周期一定要短，1分钟、3分钟、5分钟都可以，最长不能超过10分钟。如图9—1所示，为PTA1305合约选用了5分钟K线走势，在5分钟K走势图中，当预期到的阶段高点出现后，期货价格形成了持续的下跌走势。

在下跌过程中，各大指标都给予了空头市场完美的配合，同时期货价格形成了连续的下跌，并且下跌过程中多以连续阴线走势将空头气氛发挥到了极致。

在这种环境中，我们可以根据惯性交易原理，顺势开仓做空，

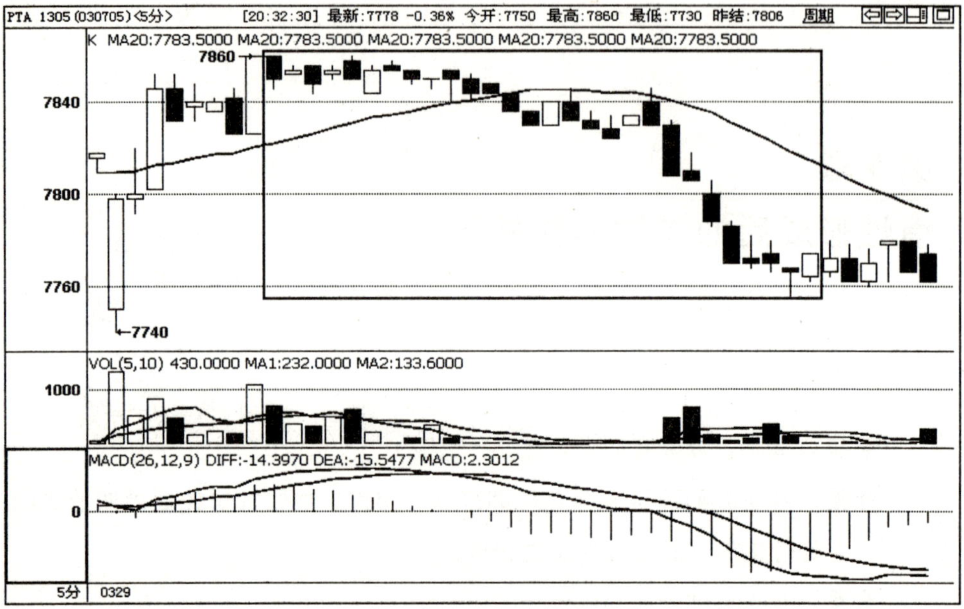

图 9—1

只要期货价格不发生本质改变，能够保持空头市场的下跌势头，就持仓等待。

该种交易方法是在建仓后跟随市场波动，用上一根 K 线为参考，分析下一根 K 线能否延续上一根 K 线的走势，只要能够延续，就定性为惯性依然存在，下一根 K 线没有延续上一根 K 线的方向，就需要平仓了。

紫岳：这也是顺势操作的一种变形吧？是不是更需要遵循大市场的方向？

独狼：是顺势操作的一种升华，并且要遵循大市场、大趋势的方向。我们在操作中都要遵循 4317 战法的基础，大趋势一定要把握好，并且要配合我们以前讲到过的趋势波动的基本原则，符合趋势波动基本原则的，才可以放心地提前开仓，不符合的坚决回避掉。

紫岳：在 4317 战法和趋势波动基本原则两个前提的配合下，再进行惯性操作，就如同上了双重保险，太有把握了。

独狼：我们来看图 9—2PTA1309 合约的 3 分钟走势图。首先我们在形成惯性之前，对其波动方向进行一个判断，当惯性的形成与波动的趋

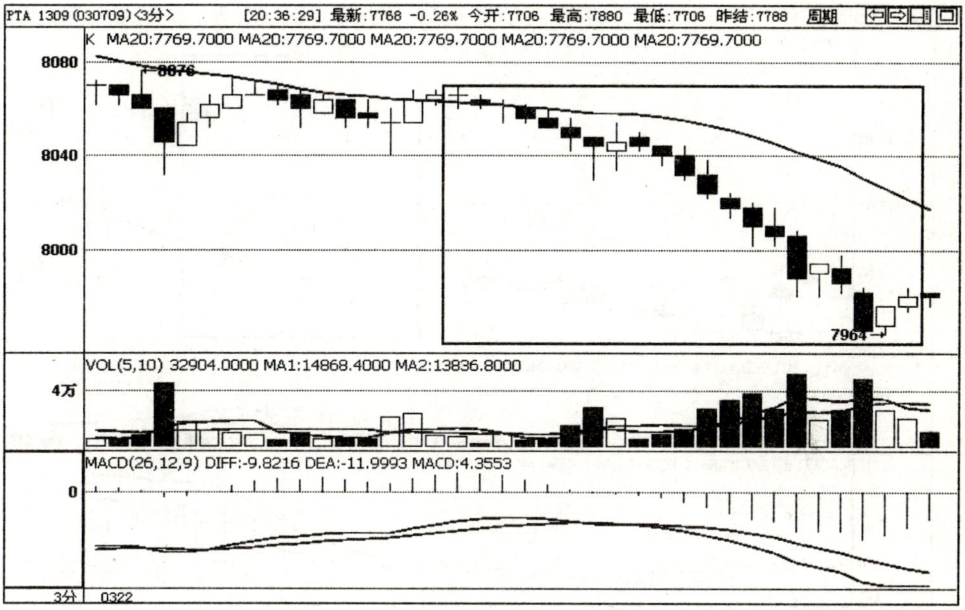

图 9—2

势方向一致时，就可以加大交易预期。

同时，若能通过契合均线寻找到相应的压力位置，配合 MACD 走势，所能把握到的投机操作技术信息就显得更加丰富了。

紫岳：结合前面我们说过的 4317 战法，在连续阴线形成的初期，就进行果断的开仓，后期连续的下跌和快速的惯性下跌都能够把握住。

独狼：用下一根 K 线与上一根 K 线做对比，滚动对比分析可以在出现方向性错误的时候，第一时间止损离场，所以建仓后就不用惧怕风险。

当在相对高点或者低点比较明显的位置，成交量开始逐步放大，持仓量也发生了快速变化时，往往是多空分歧较大或者是换筹充分，多空转换仓位的关键位置，也是需要及时平仓的位置。

紫岳：是的。在下跌到最后时期，期货价格波动引发更多的多空分歧，交易量不断增加。随后连续的两根阳线宣告了此次惯性下跌的终结，只要按照惯性交易在下跌初期，或者中途入场，用下一根 K 线与上一根 K 线对比，作为是否平仓的判断依据，很容易就能够把握到大部分行情。

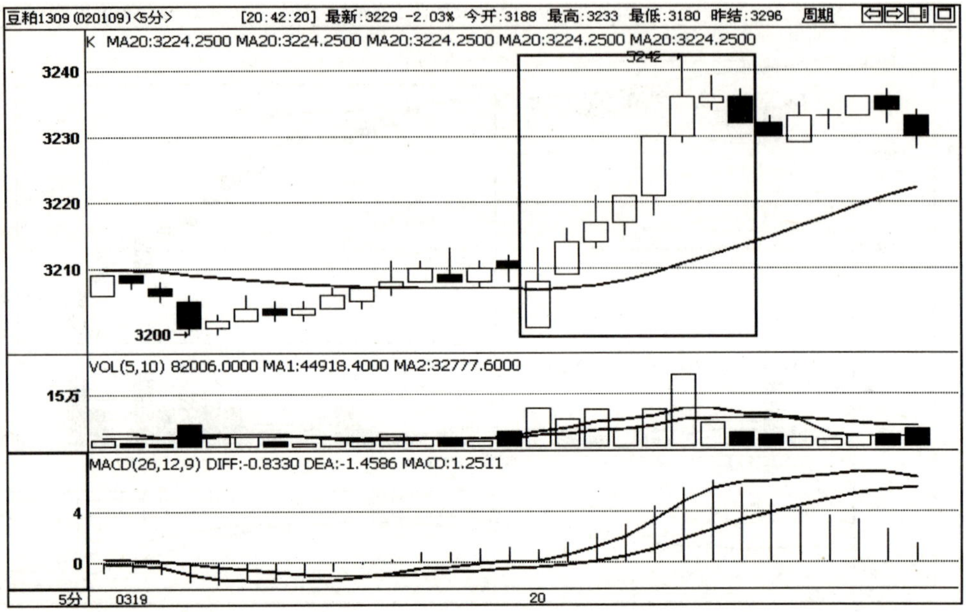

图 9—3

独狼：期货价格容易受到隔夜消息的影响，所以开盘后的 15 分钟往往是交易最为活跃的时间段，也是价格波动比较大的时间段。在这个时间中，采用趋势惯性交易的方法，更容易把握住大波的行情。

如图 9—3 所示，为豆粕 1309 合约 5 分钟走势图。开盘后直接收出了一根阳线，然后在惯性的作用下期货价格持续的上涨，在上涨过程中，我们可以根据阳线的方向进行做多开仓，同时对下一根 K 线进行密切的跟踪。

后期走势中，只要下一根 K 线的方向能够延续上一根 K 线的波动方向和相对力度，就不进行平仓操作。

紫岳：早盘通过对趋势惯性的跟踪，日内投机的大利润也能够把握了，真不错。以前我看到早盘开盘后总是有较大的波幅，就是不敢入场开仓，有了惯性交易的方法，这下就好了。

独狼：早盘交易量一般都是比较大的，同时期货的价格变化也比较大，持仓量会相对增加，此时虽然做对了方向后盈利的幅度可观，但是做错了所付出的代价也是比较大的。

所以，必须要严格遵循下一根 K 线能否延续上一根 K 线的操作纪律，该止损时坚决止损，需平仓的时候必须平仓。

紫岳： 有多大收获就需要冒多大风险，我会做好心理准备，并且严格执行操作纪律的，这点儿请老师放心。

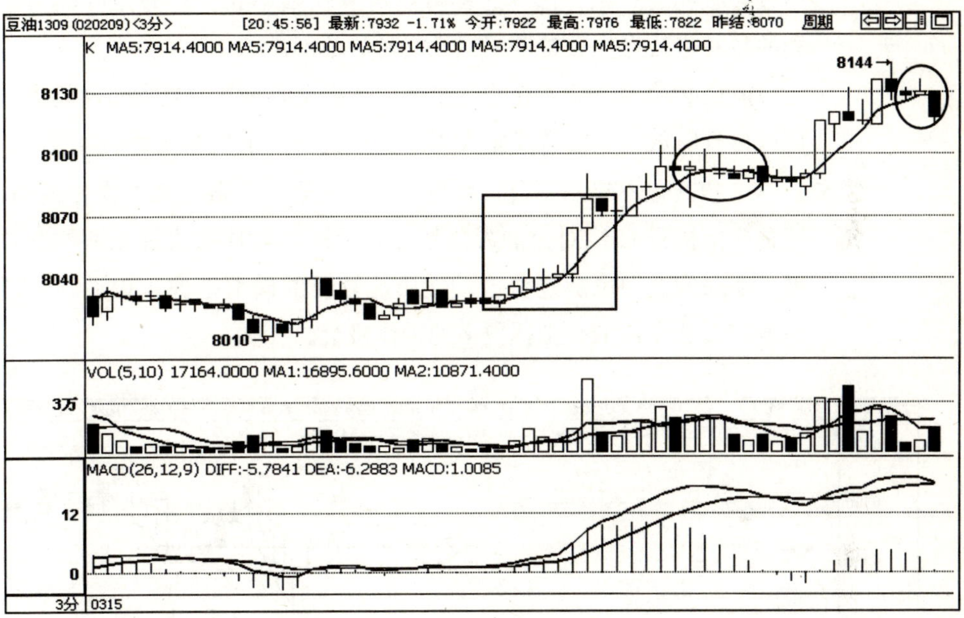

图 9—4

独狼： 在对趋势把握的较好以后，碰到相对不太活跃的品种，可以在止损与止盈的操作上稍作放宽，但是这个操作必须要有一定的基础，对趋势波动的理解要更深刻才可以。

如图 9—4 所示，为豆粕 1309 合约 3 分钟走势图。在图中方框标注的位置，形成了明显的惯性上涨走势，连续的阳线位置我们可以提前进行开仓布局。通过对该品种近期的走势进行综合分析判断，其涨跌趋势都相对较缓和，所以可以考虑在新趋势形成的基础上，对其趋势的方向和力度进行适度的跟踪，将操作参考由原来的下根 K 线与上根 K 线相对比的方法，改换成参数为 5 的移动均线突破为参考依据。

紫岳：也就是我们可以允许下一根 K 线不延续上一根 K 线的波动方向和力度，只要期货价格能够在均线的上方运行，就暂且认可当前的惯性。

独狼：惯性有较快的也有较慢的，这就如同对较慢的惯性的判断，需要用较为缓和的对比方法。这样可以对涨跌幅不大、趋势角度较为缓和的品种进行操作，扩展了惯性交易的范围。

但是必须要注意，在均线参数的选择上，最大只能是 5，坚决不可以再有所放大，参数设定大了以后，就失去了惯性交易的意义了。

紫岳：这个招式也不错。不过，我自知能力有限，不敢再放大操作范围，还是严格执行 K 线对比的方法吧。等后期的各种招式都能够熟练掌握，涨跌的方向也随趋势波动性质能够更准确地把握了以后，再适当地扩大操作范围，把握更多的操作机会。

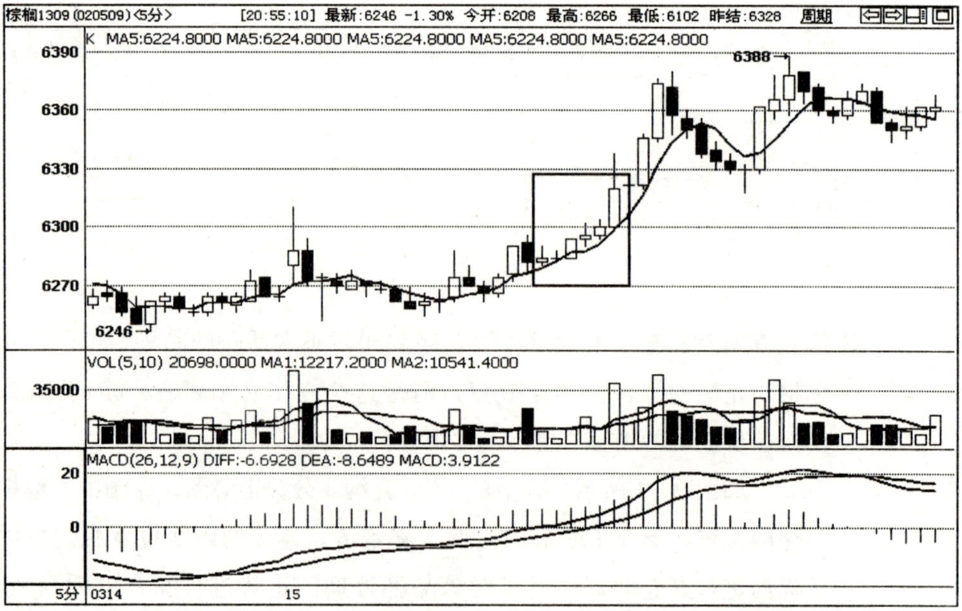

图 9—5

如图 9—5 所示，为棕榈 1309 合约 5 分钟走势图。我用趋势＋惯性交易的方法，在图中方框标示的位置找到了较好的操作点，同时结合参数为5的均线辅助操作，进行做多开仓，用下一根K线来判断惯性是否延续，顺利地拿到了利润。

老师，您看在方框标示的位置操作可以吗？

独狼：这个位置是比较可取的一个位置，期货价格突破了前期高点，同时成交量放大，形成了前面我们所说过的突破交易点。连续的阳线形成了上涨的惯性，只要能够严格执行止损操作，就敢于在这个位置开仓。

后期延续K线对比的方法就可以实现盈利。

如果仅仅运用惯性交易原理来进行开仓，有一点儿赌的味道，也就是赌当前期货价格已经连续向一个方向波动，下一个时间段继续延续原波动方向的概率较大。我们知道赌博的概率一般只有50%，而我们用惯性来对其成功率加分，再用止损来控制亏损幅度，就使得该方法可行。

同时，我们要做的事情是再加上其他的技术指标或招式，加大对开仓位置的方向判断，会让操作更加可靠。

紫岳：惯性交易只是操作的一种方法，就如同一个兵器，在使用这个兵器的时候，还需要其他的心法和招式加以配合，杀伤力更强。

独狼：对惯性的判断还可以用宝塔线的方法来进行，效果也是非常不错的。如图9—6所示，为棕榈1309合约的5分钟走势图。我们也可以将K线换成宝塔线，对其波动的惯性进行跟踪。

紫岳：我知道，宝塔线指标主要是将股价多空之间的争斗过程和力量的转变表现在图表中，借以研判未来股价的涨跌趋势及选择适当的买卖时机。

独狼：宝塔线主要是应用趋势线的原理，引入支撑区和压力区的概念，来确认行情是否反转。当我们根据期货价格的波动，对其进行惯性交易后，只要宝塔线指标不发出趋势反转的信号，就可以暂时不平仓。

或者我们可以在宝塔线指标连续走绿或连续翻红的时候，同时配合其他1～2个辅助指标，结合期货价格波动进行同趋势的开仓。

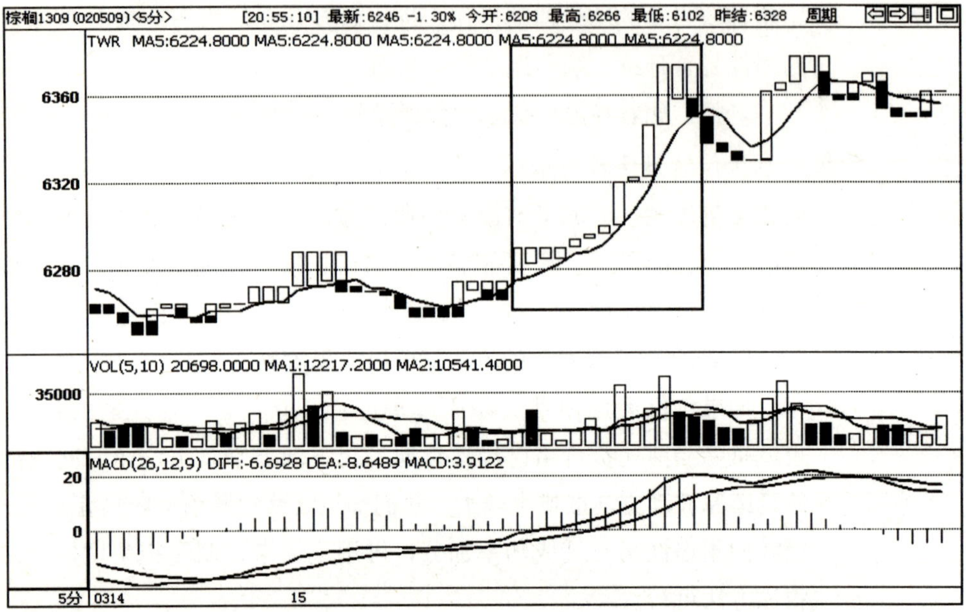

图 9—6

在我们掌握了很多基础操作方法后，无论我们选用哪个招式，哪种兵器，只要能够遵循趋势交易的基本原理，都是可以随心所欲地进行适当的变形和拓展操作的。

紫岳：这就如同我们做什么事情都要先练习基本功，练习基本功的时候要仿照标准动作一丝不苟地完全照搬，等基本功练扎实了，就可以进行适当的变化和延伸一样。

独狼：是的。基本功很重要，我们先学习基本的招式，后期咱们再交流更深的，今天先到这里吧。

紫岳：好的。我要进行复盘练习去，把基本功练扎实了。

老纪点睛

要掌握好惯性交易的“三大技术要点”

在进行日内投机的时候，当一波新的趋势形成后，市场的交易方向会向一边倾斜，短期内参与市场交易的投资者只要操作思路没有及时改变，交易行为形成惯性后，只要没有足够的外力阻止这波行情，按照惯性原理会形成一段时期的持续下跌或者上涨。

当我们预期到期货价格要形成惯性走势时，可以按照现有波动方向开仓，并且对下一根K线进行跟踪，只要K线形态和方向不发生根本改变，就可以持仓等待，直至惯性被打破。

要把握好惯性交易的技术要点：

一是所参考的K线周期一定要短，1分钟、3分钟、5分钟都可以，最长不能超过10分钟。

二是在已经确立的市场环境中，我们可以根据惯性交易原理，顺势开仓，只要期货价格不发生本质改变，能够保持原市场的涨跌势头，就持仓等待。

三是用上一根K线为参考，分析下一根K线能否延续上一根K线的走势，只要能够延续，就定性为惯性依然存在，下一根K线没有延续上一根K线的方向，就需要平仓。

惯性交易是顺势操作的一种升华，要遵循大市场、大趋势的方向，还要遵循4317战法。

惯性有较快的也有较慢的，对较慢的惯性的判断需要用较为缓和的对比方法。对惯性的判断还可以用宝塔线对其波动的惯性进行跟踪。

宝塔线主要是应用趋势线的原理，引入支撑区和压力区的概念，来确认行情是否反转。当我们根据期货价格的波动，对其进行惯性交易后，只要宝塔线指标不发出趋势反转的信号，就可以暂时不平仓。

或者我们可以在宝塔线指标连续走绿或连续翻红的时候，同时配合其他 1～2 个辅助指标，结合期货价格波动进行同趋势的开仓。

第10章
建立自己的交易系统并不断完善

网友：我通过学习，掌握了一些方法和技巧，对操作水平有了很大的提高，现在觉得交易起来信心更足了。但是，有的时候同样的方法使用起来总觉得没有想象中的成功率高，觉得难以把握和控制，是不是方法和技巧掌握的还不够熟练？

目不丁：一方面是一些良好的交易习惯还没有完全形成；另一方面是你现在还处在学习和磨合阶段，没有完全建立属于自己的交易系统。

网友：完全照搬老师的一些成功经验，无条件的模仿和复制应该就可以和老师一样形成持续盈利的交易了吧？

目不丁：不是的！

每名交易者都有自己的脾气秉性，每名交易者都有自己的操作喜好，所以必须要形成个性化的交易模式，每个成功的交易者都应该拥有一套属于自己的操作系统。

在以往的交流中，我们有针对性地介绍一些操作模式和小技巧、小方法。这些操作技巧和方法，虽然正确运用的时候成功率比较高，但是每个方法的使用环境和把握方式上各有不同。能够在正确的环境中选择合适的操作模式，把这些高成功率的操作技巧发挥出其真正的效果，比知道这些内容更重要。

借鉴使用别人的方法，你可以获利一时；使用自己的操作系统，你可以获利一辈子。

网友：看来学习只是打基础，还需要进一步地深入融合。

目不丁：是的。如果在风险投资市场中，能够实现持续的盈利如此简单就可以复制的话，那么赚钱也太容易了。有的人也许具备风险投资的天赋，稍有借鉴就会很容易掌握其中的玄妙，成为高手；而有些人可以或许在别的领域做得很成功，却无论如何努力都无法突破风险交易中的屏障。

在学习中，我们可以选择自己熟练掌握，且认同度较高，能够和自己的操作风格相吻合的操作方法与自己完全融合，也可以通过改进和创新，形成自己独到的操作技巧。

网友：那么我们就应该先学习、借鉴，然后再形成自己的交易系统。

目不丁：是的。通过学习可以少走很多弯路，同时也可以开阔自己的思路。

对于学习，很多人的态度是评判的学习态度，即：评判书中或花钱购买的学习资料中所传递的这些内容是不是对的，是不是对自己有帮助。如果认可，且正是自己所需要的内容，就会觉得非常有价值，否则就认为上当了。

其实，我们可以从另一个角度来认识学习。对于基础知识我们必须要寻找一些非常准确且有价值的材料来学，而建立了知识框架后，我们就可以大面积的选择，有针对性地进行学习和吸收。

要把学习当作是淘宝，从别人的思想经验中寻找那些能够为我所用，能够触发自己灵感的东西，有选择性地进行吸收和消化。我经常买很多书来看，有很多书中的某些观点我并不赞成，但是我也买来看，有时候一本书中90%都是没用的，都是对我没有丝毫帮助的，而其中仅仅那么几句话能够打动我，触发灵感，让我思路大开，我就认为这本书买的非常值。

网友：这也就如同我们将多样的食物吃进腹中，然后只是吸收人体所需要的养分一样。

目不丁：呵呵，是的。

等有了一定的交易基础以后，就需要建立属于自己的交易系统，这个交易系统一定要与自己的资金状况、交易习惯、个人风格相匹配。

建立属于自己的交易系统是一个艰辛的过程，初期一定要按照你的方法进行以前最少一年的历史数据统计，以此来检测方法和系统的可行性。

当下定决心开始使用这套系统的时候，要坚定信心，用较为谨慎的资金管理原则来进行实战，通过实战进一步完善交易系统。

交易系统的完善是一个持续的过程，甚至需要始终伴随交易的全过程。

网友：也就是说，只要有交易就需要不断地完善，这些内容我以前在投资时代 168（www. tzsd168. com）网站上看到过相关的学习资料，对我有一定的帮助。

目不丁：是的。没有一劳永逸的方法。随着市场的不断变化，交易环境的不断变化，我们面对的情况永远不会是完全相同的，所以理论上讲，任何交易系统都需要不断地进行改进和完善。

完善交易系统也是能否实现持续盈利的关键，也只有拥有了自己的交易模式，才有机会成为成功的交易者。

网友：我明白了。学习只是成功交易的一部分，要想掌控好自己的交易，还必须要建立属于自己的东西，我先好好地认识一下自己，看我应该建立怎样的交易系统。

老纪点睛

要想持续获利就必须建立属于自己的交易系统

每名交易者都有自己的脾气秉性，每名交易者都有自己的操作喜好，所以必须要形成个性化的交易模式，每个成功的交易者都应该拥有一套属于自己的操作系统。

借鉴使用别人的方法，你可以获利一时；使用自己的操作系统，你可以获利一辈子。

我们可以选择自己熟练掌握，且认同度较高，能够和自己的操作风格相吻合的操作方法与自己完全融合，也可以通过改进和创新，形成自己独到的操作技巧。

学习不能抱着评判的学习态度，要把学习当作是淘宝，从别人的思想经验中寻找那些能够为我所用，能够触发自己灵感的东西，有选择性地进行吸收和消化。

一本书中就算 90%都是没用的，而其中仅仅那么几句话能够打动我，触发灵感，让我思路大开，我就认为这本书买的非常值。

对于基础知识我们必须要寻找一些非常准确且有价值的材料来学，而建立了知识框架后，我们就可以大面积的选择，有针对性地进行学习和吸收。等有了一定的交易基础以后，就需要建立属于自己的交易系统，这个交易系统一定要与自己的资金状况、交易习惯、个人风格相匹配。

完善交易系统也是能否实现持续盈利的关键，也只有拥有了自己的交易模式，才有机会成为成功的交易者。

第三篇

K线投机技术分析

K线是我们解读期货价格波动的最宝贵的语言之一，只有读懂了K线波动的性质，理解了K线形态内涵，才能运筹帷幄，把握好价格波动的方向和趋势。当我们真正掌握了K线形态与技术指标，并能够相互融合地进行技术分析时，实现盈利将会变得如此简单。

第 11 章
在突放巨量位置寻找大机会

大白菜：K 线形态中，什么样的位置是我们关注的位置呢？

独狼：能够吸引眼球的位置，都是值得我们关注的位置。比如说，在进行短线投机的操作时，我会经常寻找那些突然放巨量的位置进行密切关注，这些位置会很容易形成短期的趋势转折点。

大白菜：寻找突然放量的位置，把握趋势的转折点，是一个非常吸引人的话题，老师详细说说吧。

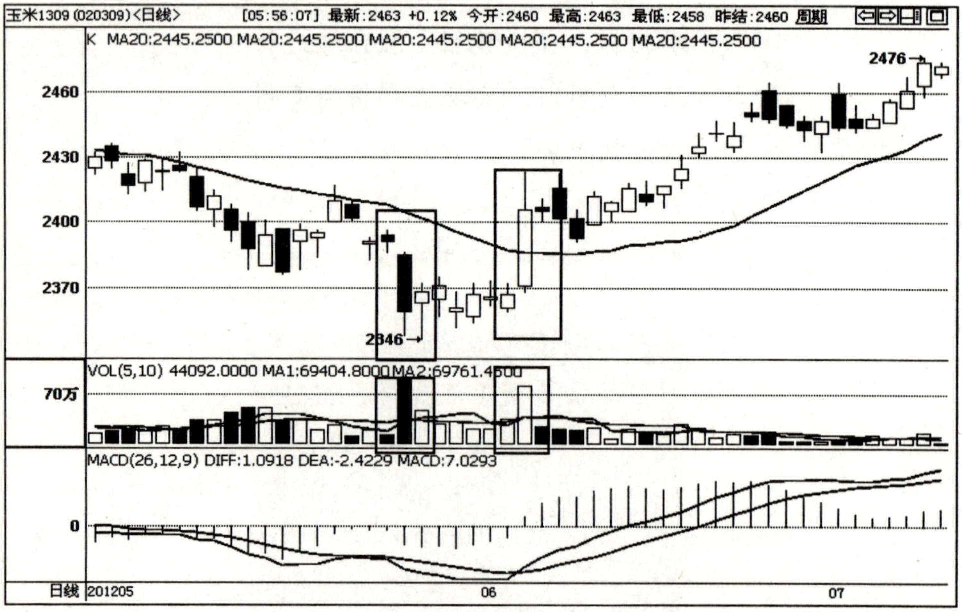

图 11—1

独狼：我们以图 11—1 玉米日 K 线走势图来进行详细说明。图 11—1 中 2012 年 5 月底玉米主力合约在相对低点形成了一根较为明显的放量大阴线。

当时下降趋势没有改变，而大阴线的形成往往会让人感觉到空头力量的强势，会让人形成期价还会进一步下跌的感觉。

而成交量的突然大幅放大，却让我们不得不冷静地分析当前大阴线本质。交易量的增加反映出了投资者对市场的分歧加大，不断有新的投资者开仓、平仓，这样不利于趋势的延续，非常容易形成短期的反趋势点。

大白菜：也就是说，在空头趋势中，出现突然放大的成交量，就有可能会改变趋势，形成多头市场。

独狼：这个不一定。突然放大量的位置对于短线趋势判断比较准确，而对于大趋势的方向把握就不是那么准确了，只能作为参考位置。

图 11—1 中低点放大量的阴线出现后，后期连续走出了止跌的小阳线。

大白菜：实盘中我们还是应该顺大势操作，空头市场中出现放大量阴线后，防止短期多头力量形成而带来的止跌或上涨，所以应该平掉空单。

独狼：是的。在 6 月初形成的放巨量阳线出现后，连续几个交易日期价都没有形成较为明显的涨幅。所以，对于放巨量的阳线，要防止多单风险。

我们再来看图 11—2 中 L2012 年 9 月主力合约的走势。期价在上涨过程中始终保持较为稳定的走势，临近 9 月下旬，突然跳空高开后，连续两根较有力的阳线向上推高期价。

如此强势的走势，很容易让投资者相信后期 L 的价格还会有上涨空间。但是，在相对高位，老空头耐不住压力割肉平仓，获利丰厚的老多头找到对手盘后趁机平仓。获利的多头资金有可能转为空头，新的空头多头入场换手，再次加剧了成交量的放大。

大白菜：所以在这个位置形成了相对的高点位置，随后期价开始一路下

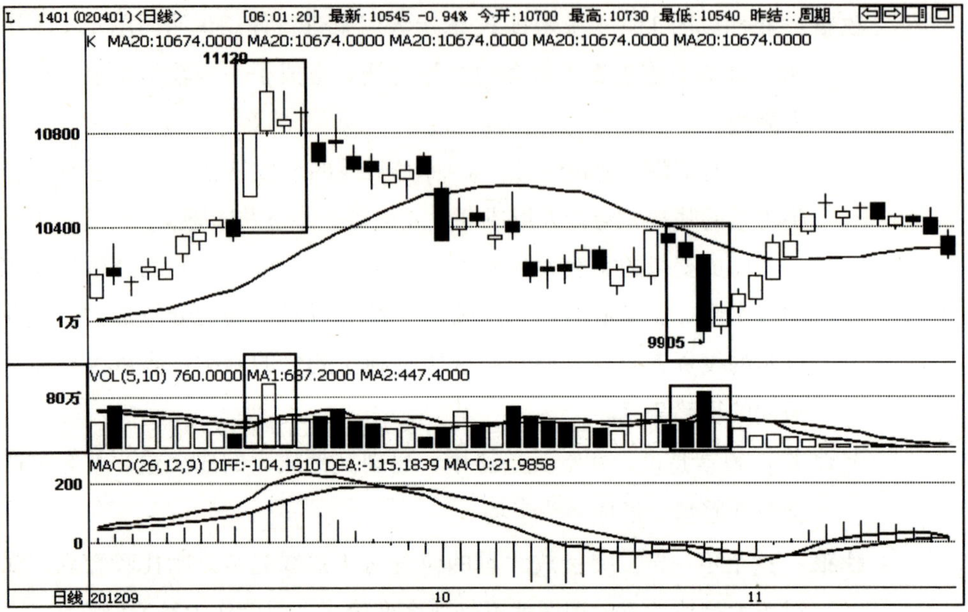

图 11—2

滑，直到 10 月底再次出现空头市场中放巨量阴线的走势，空头趋势才得以改变。

独狼：L 在这个时期的走势比较完美地展现了放巨量位置的重要性，实盘中这样的位置我们必须要重点关注。

大白菜：我找了一个案例，如图 11—3 所示，为豆粕日 K 线 2012 年 7 月走势图。图中在高点位置一根放大量的阳线终结了连续两个月的多头趋势，只要能够准确把握住这个技术要点，在多头市场中发现放量的大阳线后，进行做空获利其实简单多了。

独狼：任何一个技术都有其长处和短处，就如同十八般兵器各有各的优缺点一样，使用好这些技术要点，可以大大提高操作的成功率，但是我们无法保证每一个方法都能够一招制胜，如果这个方法真有，那期货投机也就太简单了。

放量点只是一个重点观察的位置，需要我们高度重视，认真对待。如果把只是作为辅助分析的一个重要工具之一，过度迷信的话，则是不可取的。

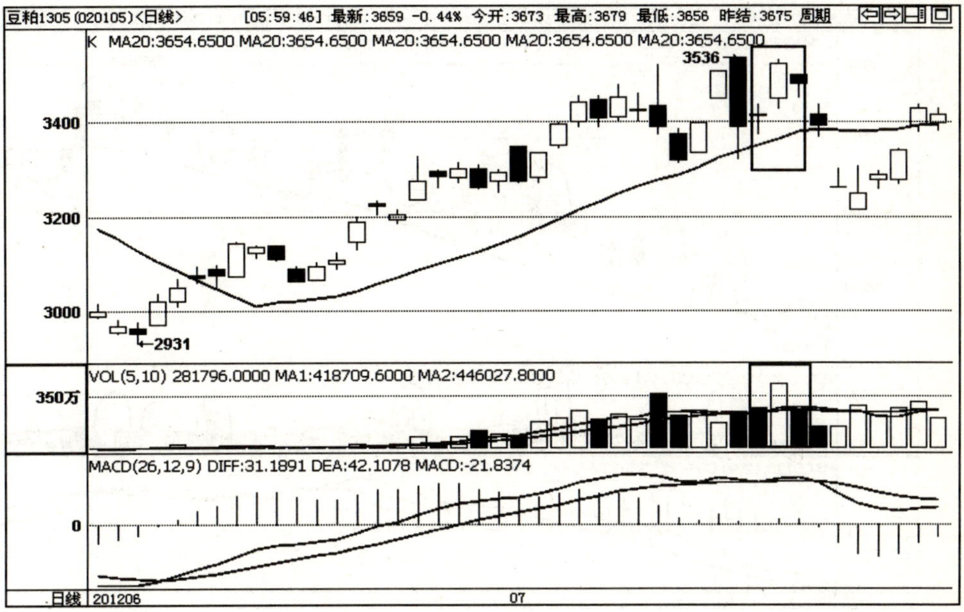

图 11—3

图 11—3 中这个案例，确实在高位一根放量的阳线结束了其多头趋势，但是，在实盘中我们不能将高位放巨量阳线的出现作为做空的市场依据，因为，并不是放量阳线必定能够让多头趋势终结。

突然出现的放巨量日 K 对未来 2～3 个交易日的短期投机影响较大，但是多空趋势的影响是有限的，需要结合更多的因素分析，来区别对待。

大白菜：那么对于突然大量的位置，我们是不是可以进行超短期的投机操作？

独狼：从理论上讲是可行的。完全可以将这个“兵器”作为短期投机的重要参考，并辅助短线投机操作。我们看图 11—4 中 PVC1305 合约走势，总的趋势是多头市场，在多头市场我们应该寻找怎样的操作机会呢？

大白菜：尽量寻找做多的机会进行做多获利。

独狼：是的。在多头市场中，出现阳线放巨量往往是后面交易日会出现调整的前兆，此时，若我们结合其他因素分析，综合判断后对后市

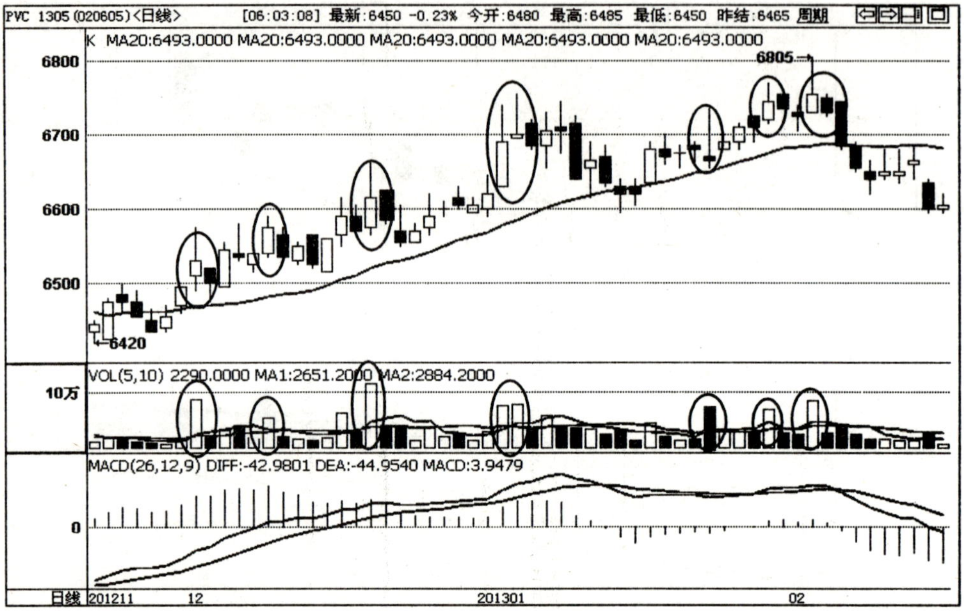

图 11—4

的多头市场信心不足的时候，可以尽可能地进行平仓。

图 11—4 中的实际走势，每一次放大量阳线后面均伴随着第二个交易日的价格下跌，这也反映出多空分歧加剧后，期价相对不稳定的情况。而在这些位置，并没有形成真正的多空市场大转换，大的价格上涨趋势依然保持的相对较好。

大白菜：这么一看我明白了，多头市场中的放巨量阳线是规避做多风险的位置，而空头市场中放量阴线是规避做空风险的重要位置。我们可以这些位置作为操作的重要参考依据，而不能将其作为趋势转换的判断依据。

独狼：是的。你理解得很快，只要把握住了这个要点，做到收放自如，使用起这些技巧才不会变形，让每一个方法都能够发挥其长处，而规避其不足。

大白菜：谢谢老师的交流和鼓励，通过不断地学习和丰富自己，我相信我也会成为投机高手。

老纪点睛

突放巨量的位置必须要重点关注

突然放巨量的位置很容易形成短期的趋势转折点，所以要密切关注。

交易量的增加反映出了投资者对市场的分歧加大，不断有新的投资者开仓、平仓，这样不利于趋势的延续，非常容易形成短期的反趋势点。

突然放大量的位置对于短线趋势判断比较准确，而对于大趋势的方向把握就不是那么准确了，只能作为参考位置。实盘中我们还是应该顺大势操作，空头市场中出现放大量阴线后，防止短期多头力量形成而带来的止跌或上涨，所以应该平掉空单。同理，对于放巨量的阳线，要防止多单风险。

在多头市场中，出现阳线放巨量往往是后面交易日会出现调整的前兆，此时，若我们结合其他因素分析，综合判断后对后市的多头市场信心不足的时候，尽可能地进行平仓。

第12章 跟着抛物线做趋势的技术要点

我爱期货：在实战中，我总是不能看清楚趋势的方向，也总是把握不住趋势转向的位置，有没有简单的方法可以让我能够顺势操作，能够在趋势转向的时候及时平仓？

独狼：基础的方法很多，也有很多现成的成熟指标可以帮助我们看清楚趋势走向。现在我教给你一个最为简单实用的指标——SAR指标，又叫抛物线指标或止损转向操作。

这个指标是一款非常经典的指标，其基本使用方法一目了然，期货价格在指标线的上方运行为多头市场，期货价格在指标线的下方运行为空头市场。这是一个最基础的判断，实战中不能仅局限于此，我们需要在此基础上有所延伸，挖掘其内在的潜力，提高指标的准确度。

我爱期货：对于SAR指标我有一些初步的了解，使用该指标判断涨跌的趋势还是有比较好的效果，但是没有考虑过如何更加灵活多变地使用该款指标，老师是怎样使用的呢？

独狼：如图12－1所示，首先我们要明白SAR指标的基本使用方法之一，趋势转变法：当期货价格从SAR曲线的上方开始向下突破SAR曲线时，预示着一轮下跌行情即将展开，市场的趋势将由多头市场向空头市场转变。同理，当期货价格从SAR曲线的下方开始向上突破SAR曲线时，预示着一轮上涨行情即将展开，市场的趋势将由空头市场向多头市场转变。

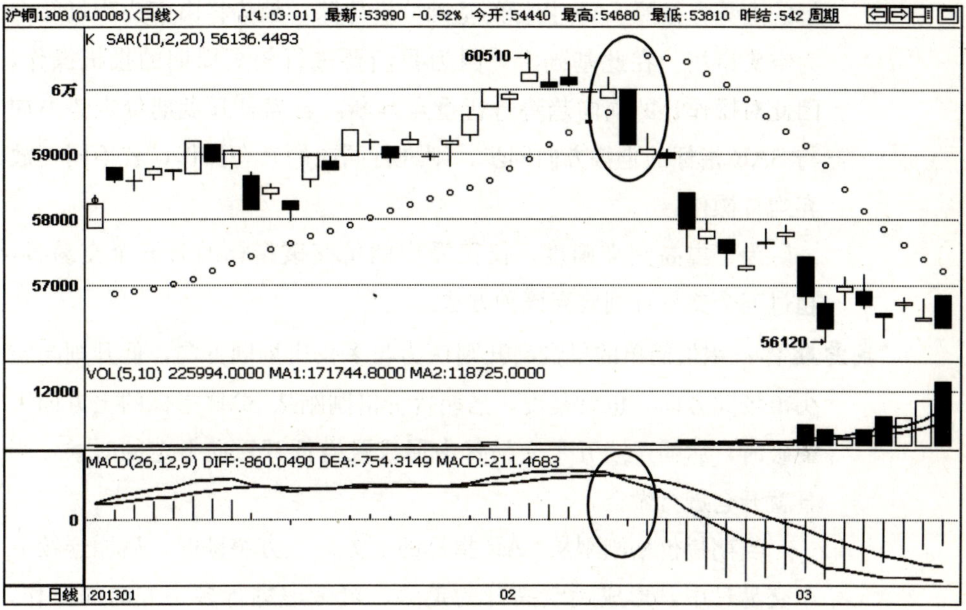

图 12—1

这个使用方法是最为基础的，虽然相对比较准确，可以在实盘中判断操作方向，但是还不能满足我对实盘出击条件准确度的要求。

我爱期货：在实盘操作中，我就是这么使用的，有时候确实很准，但是有时候却会频频出错，也曾想过为什么有时候不准了，怎样才能使用的更好，但是没有找到答案。

独狼：如何过滤一些不准确的信号呢？可以采用以下方法：

一是不能在多空力量相对平衡的市场中使用，通过对多空力量的判断，在双方力量发生较大分歧的位置使用。

二是发生指标被突破或者指标转向后，要对操作日的趋势方向进行判断，操作日的趋势方向与指标的方向同向，则可以顺势开仓。

三是可以考虑其他指标辅助分析，比如 SAR 指标与 MACD 指标同步出现方向性的改变后，就可以提升出击点的准确度。

下面我们结合这三点，进行实例说明，看如何提高准确度。这次我们主要在同向趋势上进行重点判断，以此来提升操作的准确度。

按照图 12—1 中所示，在圆圈位置出现了期货价格向下跌破指标的走势，按照 SAR 指标的基础分析思路，趋势将由多头市场转向为空头市场。在此基础上，因为我们要进行较短周期的投机操作，因此对操作日的同向趋势进行重点判断，若当日开盘期价走势方向与 SAR 指标的走势方向同步，则进行同向的开仓操作，若不同则放弃当日操作。

为了提高其准确度，仅仅操作期价突破指标的后五个交易日，超过五个交易日则放弃该种方法。

我爱期货： 用最简单的早盘高开则认为与多头市场同方向，低开则与空头市场同方向，也就是说，当期货价格刚刚从 SAR 指标的上方向下突破时，后面连续五个交易日中形成跳空低开后向下走的时候，当日就开仓进行做空。

当期货价格刚刚从 SAR 指标的下方向上方突破时，后面连续五个交易日中，形成跳空高开的走势，可考虑进行多头方向的操作，是这样吧?

独狼： 是的。可以这样理解。

SAR 指标往往对期货价格形成压力或者支撑效果，期货价格要想对 SAR 指标形成反向的突破，必须要有一定的反向量能，而这个量能一旦形成，顶破 SAR 指标后，短时间内会有一个相应的惯性作用，所以沿着突破方向顺势再度延续的概率还是相当大的。

这就如同我们用力去打破一个阻力点，当打破阻力点的瞬间，还有相对应的惯性作用会形成一个同向的延续行程。同理，在期货价格突破阻力的位置，只要期货价格下一个交易日能够延续这个行程，我们就可以顺势在当日进行同向的开仓，不能延续则不操作。

我爱期货： 这也是顺势而为的一种吧?

独狼： 是的，也是顺势而为。我们还是以图例来说明。如图 12—2 所示，为橡胶合约的走势，在第一个圆圈位置，一根较小的阴线先对 SAR 指标形成了向下的突破。

在突破当日，我们可以初步判断趋势有所转变，这里可以作为多单的平仓点和空单的观察点。后期的市场中，只要趋势不发生改

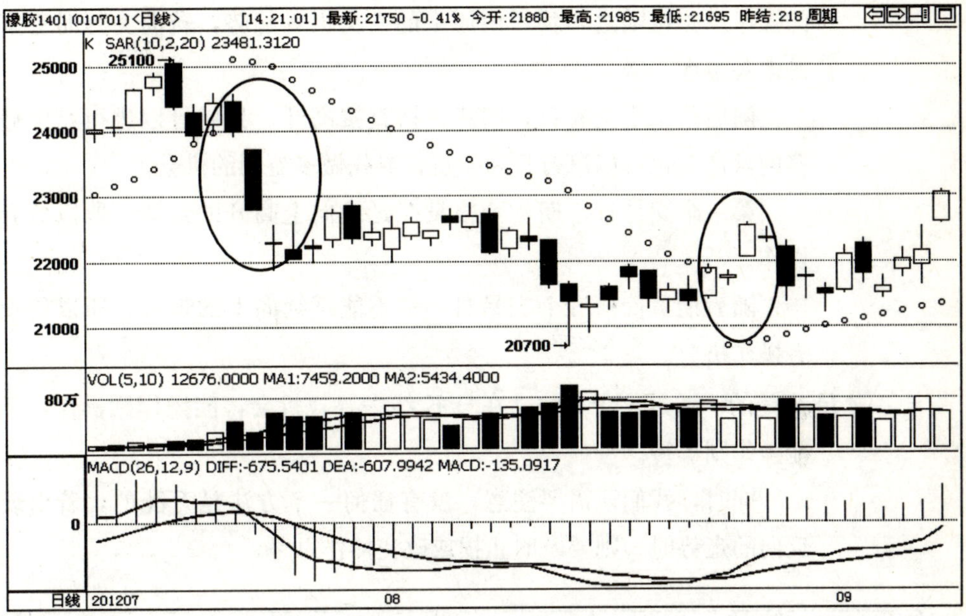

图 12—2

变，我们就要从多头市场的思维转换为空头市场思维，寻找做空的操作机会。

随后第二个交易日，期货价格低开，说明了趋势的有效延续性，按照预定的操作方法，我们可以顺势进行做空。

随后的第三个交易日，期货价格继续低开，若持有空单可以继续看空，若想进行日内操作，则可以在当日寻找做空的机会进行做空操作。

第四个交易日，期货价格再次低开，但是幅度和力度与前两个交易日相比，明显有所收敛，此时虽然可以继续进行做空，但是相对要更加谨慎。

第五个交易日，期货价格不能再次延续原空头市场的趋势，所以放弃做空操作，虽然不能开仓做空，但也有必要对原有持仓进行平仓。

我爱期货：第二个圆圈位置我来说。

当期货价格对 SAR 指标形成突破，指标开始转向的时候，我们的操作思路也随之转换，由原来的空头市场趋势，转向为暂时看多的多头市场趋势。

随后第二个交易日，期货价格直接高开，我们可以进行盘中做多的操作，也可以进行日内投机，寻找做多盈利的机会。

第三个交易日，期货价格没能延续向上高开的走势，所以放弃操作。

随后期货价格五个交易日，都不能延续向上的走势，所以均没有操作机会。

独狼：是的。通过这个方法，在日 K 线中寻找机会，能操作则操作，不能操作则等待。

同时，我们还需要注意，没有任何一个方法是万能的，若出现反向的走势时，则要及时止损或改变操作思路。

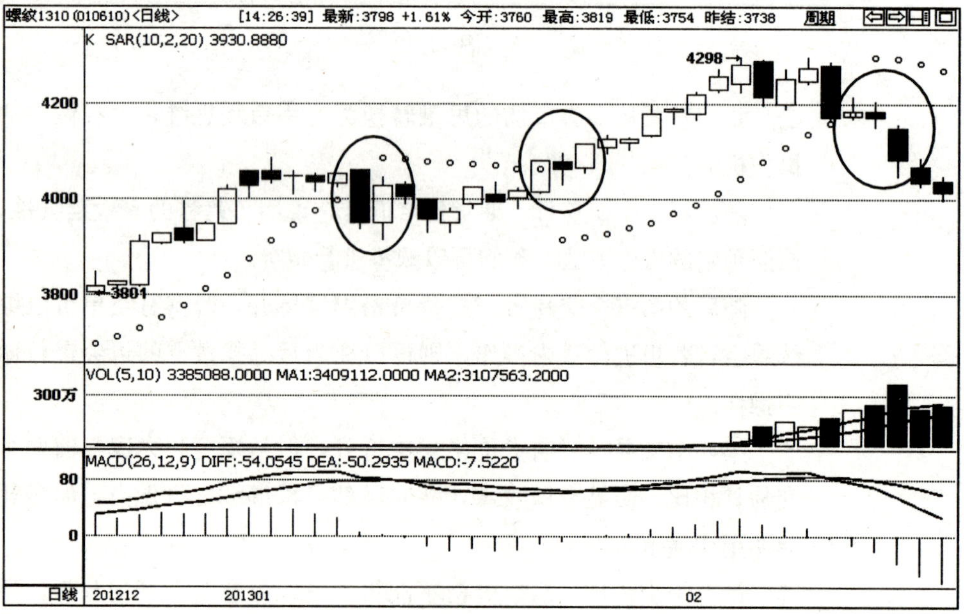

图 12—3

如图 12—3 所示，为螺纹 1310 日 K 线走势图，在第一个圆圈的位置，期货价格形成了较为明显的向下突破。此时我们要将多头市场思维转向到空头市场中，等待随后趋势能否再习惯性下跌，寻找做空机会。

第二个交易日，期货价格顺势低开并且形成了向下的走势，此时，按照预先制订的操作计划，可以进行做空开仓。

但是，期货价格并没有按照预期的方向向下运行，当期货价格上涨到上一日价格内部的时候，也就是阳线吃进上一个交易日内，就需要转变操作思路，终止看空的思维，该止损的要止损，想开空仓的要暂时放弃开空仓的想法。

我爱期货：要是后面再出现下跌的走势，我们是否还可以进行做空开仓?

独狼：当前面的交易日出现反向错误后，此次的突破就可以放弃跟踪，后期无论期货价格如何变化，只要不形成新的突破，都不在我们本次所使用的招式之内了，所以放弃操作。

当新的突破再次形成后，可以考虑再次进行操作。如图12—3中第二圆圈位置，期货价格有效突破了SAR指标的压制，我们可以跟踪趋势，只要当日形成向上的走势，就可以进行做多的开仓。

第二个圆圈位置，期货价格向下形成突破，我们要把握进行做空的机会，只要低开后趋势向下，我们就可以在日内寻找做空的机会，进行做空获利。

我爱期货：在突破的基础上，加上了同向趋势的判断，操作起来就更有信心了。虽然可能损失了一些操作机会，但是我觉得还是值得的。

独狼：我们追求的不是操作的次数，而是要提升成功率，要是能够做到出手必定盈利，那就厉害了。

在实盘操作中，我们还可以通过SAR角度、趋势长短的判断，来提高操作点的准确度。

我爱期货：如何使用，请老师详细说明。

独狼：如图12—4所示，为豆一1401日K线走势图，当SAR的角度越陡峭，其上涨或者下跌的力度越大，惯性也越强，而改变其涨跌趋势所需要的力量也将越大。

同样，SAR的角度越平缓，其涨跌的力度就小，趋势也不明显，

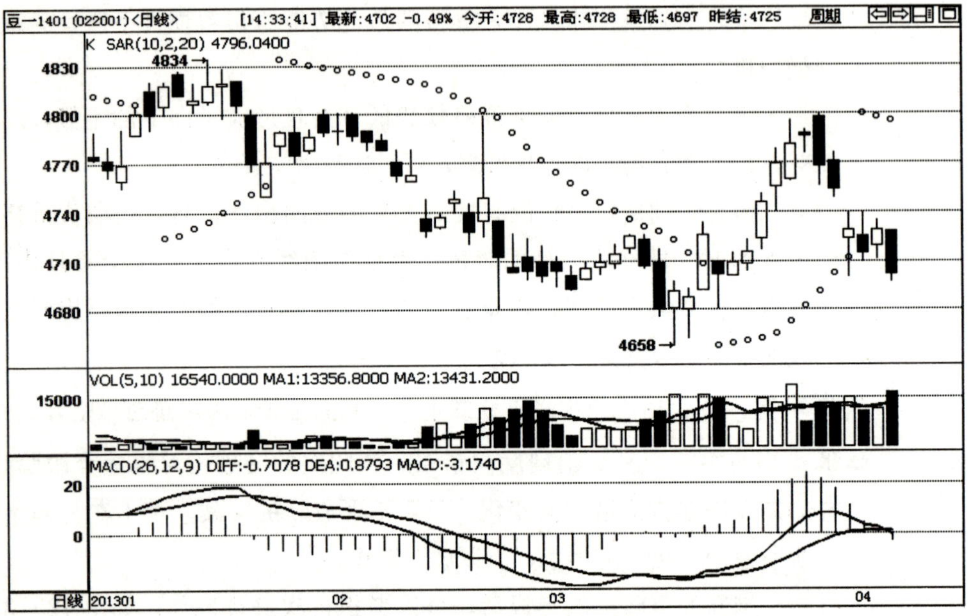

图 12—4

改变其涨跌方向所需要的反向作用力也不需要很大。

基于这个原理，当 SAR 指标的角度非常陡峭的时候，被期货价格有效突破时，其需要的反向作用力也会越大，而形成的惯性则越大。所以，突破后的近期几个交易日形成的与突破同向的走势也会更加容易形成惯性延续。

实盘中，我们可以尽量寻找那些指标角度较为陡峭的品种，形成突破后进行操作。

我爱期货：趋势长短是指趋势延续的时间吧？

独狼：是的。SAR 指标若长时间的延续向下的走势，形成的长时间空头市场，被突破后的方向趋势会相对较容易形成持续的走势。

所以，我们也可以寻找那些形成较长趋势的期货品种，在其形成有力突破的时候，重点观察。并且，可以将角度和趋势长短共同使用，选择那些更加符合操作的品种进行操作。

我爱期货：在 SAR 指标形成突破后，对其连续五个交易日的走势进行跟踪，寻找同向趋势的操作机会，这个方法是我今天又学到的一个新招式，老师的招式真是招招出彩。在此基础上，我对以前使用 SAR 指标的方法，进行一下升级，一定能有新的收获。

老纪点睛

“三种方法”有效过滤 SAR 指标伪信号

SAR 指标，又叫抛物线指标或止损转向操作。其基本使用方法是期货价格在指标线的上方运行为多头市场，期货价格在指标的下方运行为空头市场。实战中我们不能仅局限于此，我们需要在此基础上有所延伸或拓展。

三种方法可以有效过滤 SAR 指标的伪信号：

一是不能在多空力量相对平衡的市场中使用，用通过对多空力量的判断，在双方力量发生较大分歧的位置使用。

二是发生指标被突破或者指标转向后，要对操作日的趋势方向进行判断，操作日的趋势方向与指标的方向同向，则可以顺势开仓。

三是可以考虑其他指标辅助分析，可以提升出击点的准确度。

SAR 指标往往对期货价格形成压力或者支撑效果，期货价格要想对 SAR 指标形成反向的突破，必须要有一定的反向量能，而这个量能一旦形成，顶破 SAR 指标后，短时间内会有一个相应的惯性作用，所以沿着突破方向顺势再度延续的概率还是相当大的。

若出现反向错误后，可以放弃对突破的跟踪，后期无论期货价格如何变化，只要不形成新的突破，都放弃操作。

在实盘操作中，我们还可以通过 SAR 的涨跌力度、角度、趋势长短，来提高操作点的准确度。

第 13 章

在突破点开仓交易的技术要点

大白菜：在进行日内交易的时候，经常遇到一种比较尴尬的情况，那就是开仓以后期货价格既不上涨也不下跌，等耐不住寂寞刚一平仓，期货价格立即就沿着预期的方向波动，真的非常让人恼火。要是能及时在启动点上开仓，既可以省掉被市场折磨的横盘波段，又可以快速获利，那该多好。

目不丁：开仓后价格波动幅度相对较小，不能形成涨跌，主要是因为你的开仓点把握的不够好。如果想开仓在趋势的启动点上，可以采用突破后开仓的操作方法。

大白菜：突破后开仓？这个方法如何把握，老师详细说说吧。

目不丁：好的。我们来看图 13—1 螺纹 1310 的 5 分钟 K 线图。在该图中，期货价格从高点回落后，在相对低点位置止跌后横盘。在此期间，虽然期货价格止跌了，同时 MACD 指标也有向上的趋势，但是，没有形成明显的方向选择前，我们只做预测，不进行任何的操作。

随着时间的推移，价格在相对低的位置形成横向波动，这个横向波动的区间，就是市场中多空交易者的心理价位。

当期货价格在横盘的相对高点，做多和做空的分别平仓和开仓，形成压力将期货价格打压下来；在横盘的相对低点位置，做空和做多交易的投资者分别平仓和开仓，形成价格支撑，推动期货价格再次向上。大家共同认可的价格区间，在 K 线形态上形成了一个相对

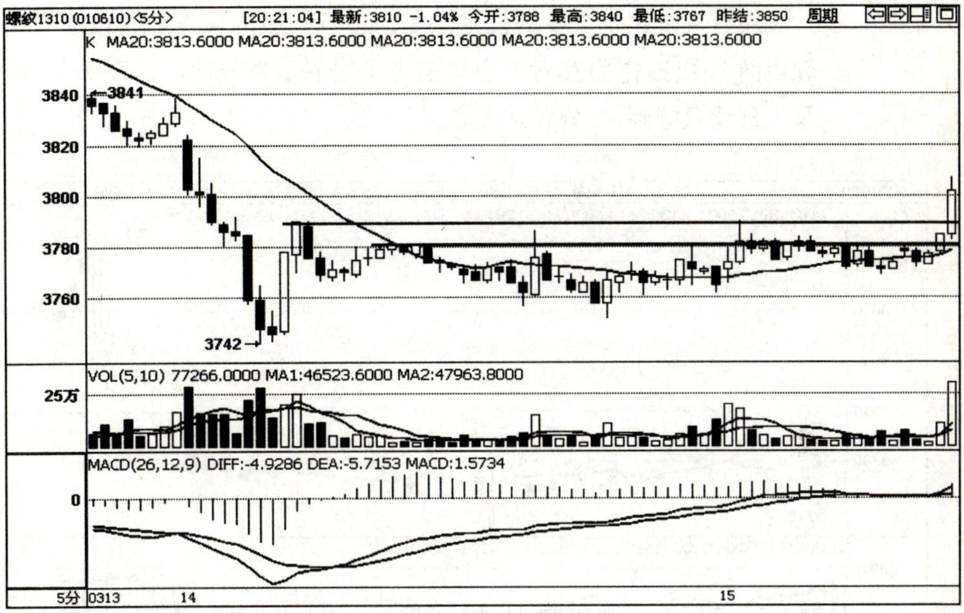

图 13—1

平稳、高低点较为明显的平台或者箱体。

后期，只要期货价格有效打破这种平衡，形成向上或者向下突破的时候，市场的交易模式将会改变，形成新的涨跌趋势。进行突破交易，就是要求我们在价格形成突破的时候，入场操作。

大白菜：在图 13—1 中的末端位置，期货价格向上形成了突破，创出了近期期价的新高，这个位置是不是一个突破入场的位置？

目不丁：是的。突破后往往会形成一个明显的启动点，寻找这样的启动点进行入场，会回避掉长时间横盘整理的尴尬局面。

大白菜：是不是只要价格形成突破，我们就可以进行操作？

目不丁：突破只是一种形态语言，要想提升成功率，还要把握很多辅助因素。有一点需要重点关注的是，无论是向上突破还是向下突破，在突破的时候，交易量一定要有明显的增加。

增加的交易量说明市场交易开始活跃，新的交易者参与了期货的交易，这样更容易改变原来的平衡格局。只有交易量活跃了，才能将市场中原来的交易模式打破。

还有一个比较重要的技术点是：进行突破的操作，尽量选周期较短的K线图作为参考，小周期上5分钟、3分钟，甚至1分钟，最大延续只能到15分钟。

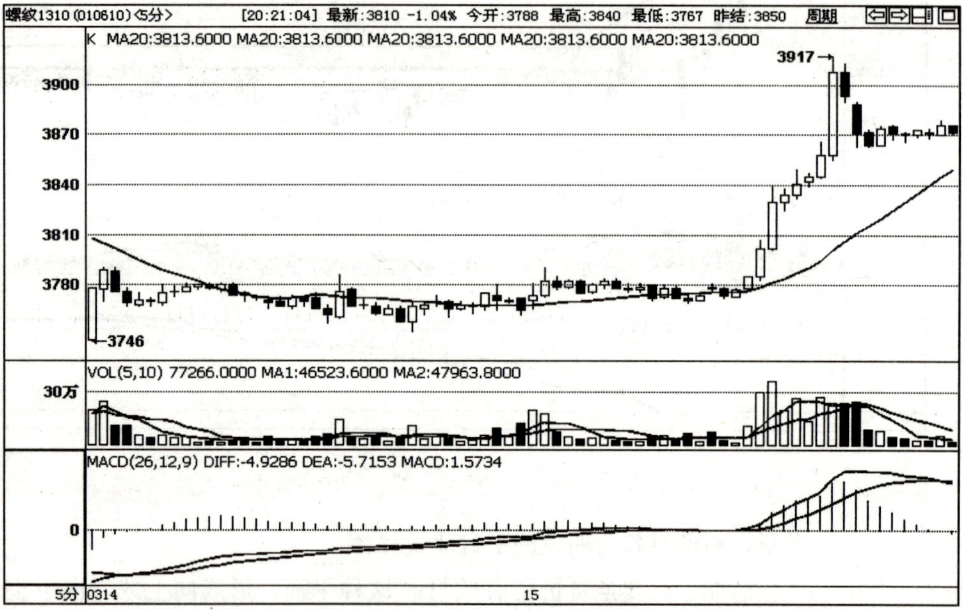

图 13—2

大白菜：因为突破是向上突破，所以我们进行多头市场操作，随后的走势如图13—2所示，形成了明显的上涨行情，持有多单获利比较丰厚。如果实盘中只做突破后的入场，就可以完全避免横盘整理的尴尬，同时可以获取丰厚的利润。

那么在什么时候进行止盈比较好呢？

目不丁：突破后只要涨跌趋势在参考周期的K线图上能够延续，就可以进行持仓的操作。趋势延续是个基础，在此基础上也可以进行更加灵活的平仓，比如用我们讲过的其他判断高低点或者涨跌趋势改变的方法进行平仓就可以。

大白菜：突破点开仓后，只要出现阳线就不平仓，连续九连阳后的首根较大调整幅度的阴线处进行平仓，这样既把握了获利的主动权，又可以防止更多的利润回吐，我觉得这个方法比较好。

目不丁：首根阴线平仓的方法可以，比较适合激进的投资者使用。每个人的操作方法不一定都要求完全一样，选择自己最为熟悉的，最有信心的方法，可以使操作更加灵活和准确。

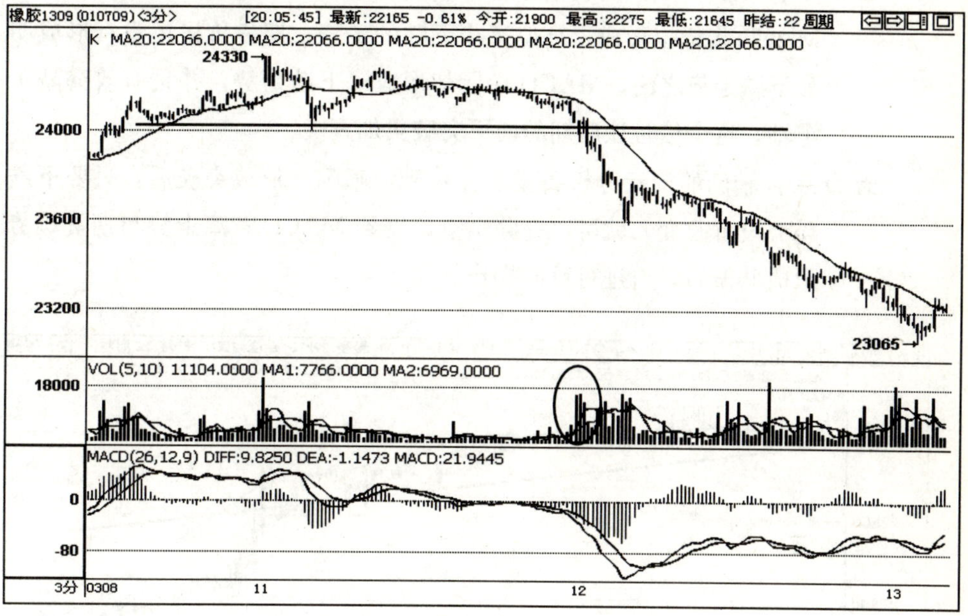

图 13—3

我们所交流的很多方法都是做多可以使用，反过来分析就可以进行做空使用。比如图 13—3 所示的橡胶 3 分钟 K 线图，就是形成向下突破的走势分析。

你能按照我们前面讨论过的内容，来寻找一下该图的技术点吗?

大白菜：好的。首先，因为我们采用的突破启动点的操作招式，所以尽量地选用周期较短的 K 线图做参考，因此选择了 3 分钟 K 线。

其次，期货价格涨到中高点位置后，形成了一个较为明显的横盘走势区间，在这个横盘区间，期价的高低点相对明确，按照我的操作习惯，不喜欢在横盘中等待，所以只对其进行跟踪，等到形成突破后再操作。

当期货价格在图 13—3 中圆圈位置形成了向下的突破后，观察其技术语言，期货价格有效跌破了前期横盘的低点支撑，同时交易量形成了突然放大的走势，所以可以在这里进行开仓。

是这样吧？

目不丁： 是的。除了突破信号外，期货价格在高位有转向的信号，同时 MACD 指标也形成了高位逐步下跌的走势。期货价格还没有形成明显下跌走势之前，MACD 指标却形成了下跌走势，并且有效突破了零轴，这个信号让后期的向下突破更加真实。

大白菜： 辅助的指标分析我没有注意到，呵呵。形成突破后，只要下跌趋势没有改变，就可以一路做空，直到 MACD 背离走势与期货趋势形成共振后，再进行反向操作。

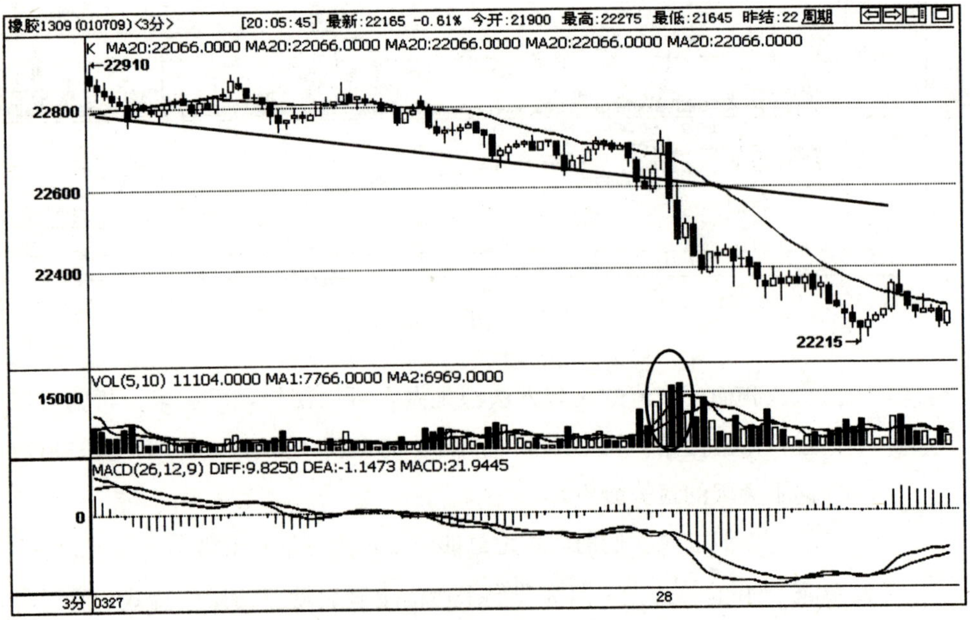

图 13—4

目不丁： 突破走势有很多种形式，最常用的是平台突破，还有趋势突破、关键支撑和压力位置的突破、心理价位的突破，等等形式以及变形。

大白菜： 太好了，这么多招式，老师都给我说说可以吗？

目不丁：我们再来说说突破的另外一种形态，趋势的同向突破。我们来看一下图13—4橡胶1309合约的3分钟K线图走势。

开始，3分钟K线图就形成了空头市场走势，期货价格沿着20日均线震荡下跌，形成了较为明显的波段。在下跌过程中，高点逐步降低，低点也随之不断下降，相对高低点形成了明显的趋势线。

但是，在圆圈位置，该品种的期货价格突然形成了放量大幅震荡的走势，随之期货价格打破了原有的下跌节奏，形成了更加猛烈的下跌。

此时的下跌有交易量的配合，并且改变了以前的下降趋势斜度，我们就可以定义该位置为同方向的突破位置，可以进行做空的操作。

大白菜：同方向的突破，也需要交易量的配合吗？

目不丁：没有交易量配合的同方向突破也能够引发进一步的下跌或者上涨，但是交易量活跃说明了有新的交易者入场，或者场中做多和做空的交易方式发生了本质的改变，只有市场结构发生改变，才会有更加明显的涨跌，也可以说，有了更加明显的涨跌改变了原趋势，必定会诱发交易者新的多空思路。

成交量的放大是突破方向判断的充分条件，而非必要条件。同时，我们还可以持仓量的变化来对涨跌进一步确认。持仓量增加的上涨，后期上涨的概率将会增加；而持仓量增加的下跌，后期的下跌概率也将会增加。

大白菜：这个招式真是一个好招式，把握好了突破点的操作，就如同找到了涨跌的启动点，准确入场后很容易就可以获得丰厚的利润。

目不丁：那也不一定。任何方法都是有缺陷的，也没有百分之百准确的招式。如图13—5所示，为螺纹期货的3分钟走势图，在圆圈标注的位置，期货价格形成了较为明确的放量突破走势，在这个位置可以进行做多的操作。

但是，后期期货价格并没有像我们预期的那样形成快速的上涨走势，而是在相对高点位置形成了横盘整理，横盘整理后还不够，再次下跌，跌回前面的平台位置，宣告圆圈位置的突破失败。

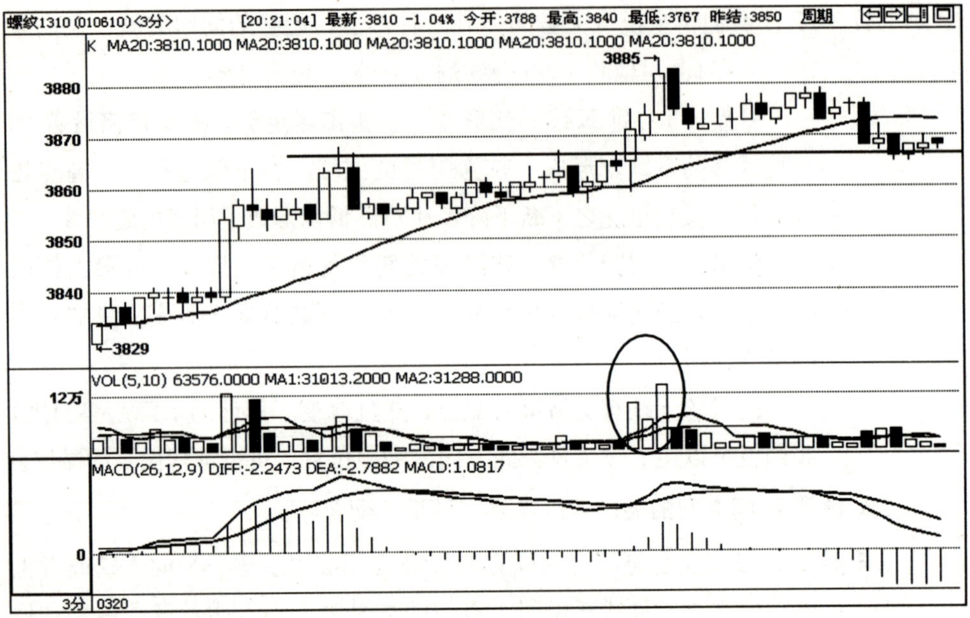

图 13—5

大白菜：遇到这种情况，是不是就需要启动我们的止损操作，对错误的单子进行快速止损，规避风险呢？

目不丁：当期货价格突破后，再次回落（向上突破）或者上涨（向下突破）到原来的价格区间，就必须要宣告突破失败，突破失败必须要做的事情就是平仓离场。

任何时候都要有风险意识，没有了风险意识就如同没有了保护伞，实现盈利时非常兴奋，产生亏损后极度懊恼的操作心态可千万不能有。

大白菜：谢谢老师。我是需要在操作心态方面好好修炼修炼，争取进行理性的操作。

还有，关键支撑和压力位置突破、心理价位突破其他方法的操作要点是什么呢？

目不丁：今天我们先学习到这里，后期再对其他突破方法及其变形的操作要点进行详细的探讨，好吗？

大白菜：好的。那我就先把本章学习的内容好好消化消化。

老纪点睛

突破位置要密切关注交易量变化

关注突破位置就是关注了市场的多空集中博弈的位置，突破位置往往也是最为吸引眼球的位置。

突破只是一种形态语言，要想提升成功率，还要把握很多辅助因素。但是，无论是向上突破还是向下突破，在突破的时候，交易量一定要有明显的增加。增加的交易量说明市场交易开始活跃，新的交易者参与了期货的交易，这样更容易改变原来的平衡格局。

虽然没有交易量配合的同方向突破也能够引发进一步的下跌或者上涨，但是交易量活跃说明有新的交易者入场，或者场中做多和做空的交易方式发生了本质改变，只有市场结构发生改变，才会有更加明显的涨跌，也可以说有更加明显的涨跌改变了原趋势，必定会诱发交易者新的多空思路。

成交量的放大是突破方向判断的充分条件，而非必要条件。同时，我们还可以结合持仓量的变化来对涨跌进一步确认。持仓量增加的上涨，后期上涨的概率将会增加，而持仓量增加的下跌，后期的下跌概率也将会增加。

当期货价格突破后，再次回落（向上突破）或者上涨（向下突破）到原来的价格区间，就必须要宣告突破的失败，突破失败必须要做的事情是平仓离场。

第14章 RSI指标的巧用与变形

蓝天：在实际操作中，跟踪趋势方面您觉得哪个指标好用？

目不丁：对于指标因人而异，每个人的理解都是不同的。不同的操作习惯，不同的操作方法，不同的系统、策略，所应该选定的指标也是不同的。

就我个人而言，MACD、KDJ、RSI、CCI、BOLL等经典指标我都是比较喜欢的，每个指标都能够在不同的环境中发挥不同的作用，对操作的指导意义非常重要。

蓝天：老师能举几个例子吗？

目不丁：好的。首先我们来说说RSI指标的使用。

RSI属于相对强弱指标，市场中的投资者大部分将参数选用6、12、24，为了避免其中比较多且杂乱的信号，我是将三条线的参数都调整为12，形成了一根清晰的指标线。其中一个比较常用的方法，就是跟踪RSI指标线的趋势，当指标线的趋势发生变化的时候，期价的波动方向将随之转向。

如图14—1所示，为焦炭1305合约走势图，RSI指标线在2012年12月开始突破50中轴，随后随着期价一路向上，形成了较为明显的趋势走势，同期期价上升指标线也共振上升，两者相互配合。在2013年1月初，RSI指标线在80高位见顶后回落，打破了上升趋势，同期期价也同步下跌，形成了一小波的下跌走势。

在接下来的走势中，当RSI指标打破指标自身形成的下跌趋势

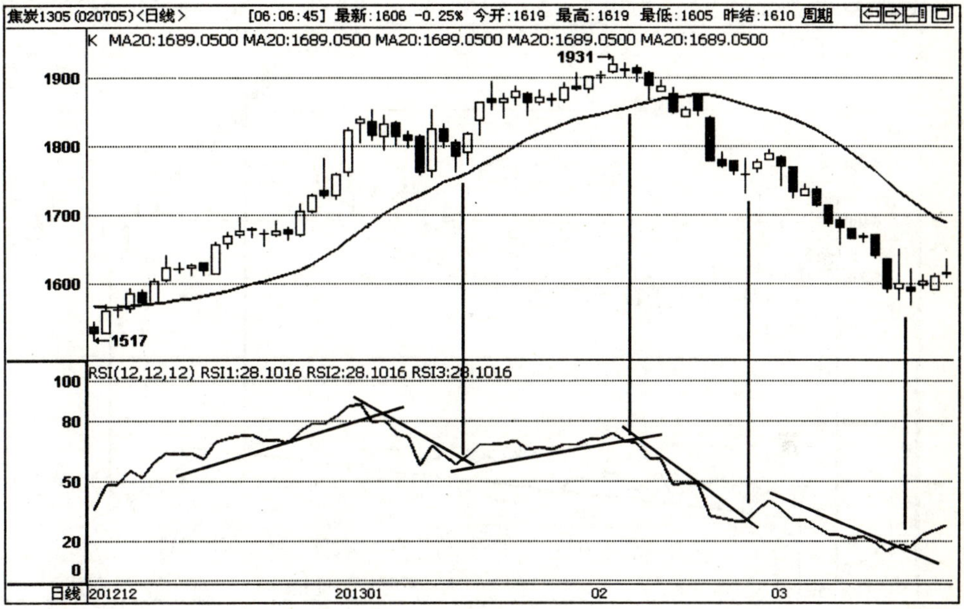

图 14—1

时，期价也止跌上涨。通过对期价走势和 RSI 指标的同步跟踪，我们不难发现，从 2012 年 12 月到 2013 年 3 月期间，每一次 RSI 指标趋势改变的时候，期价都会形成或多或少的多空转换走势。

蓝天：是的。通过图中画线不难看出期价与指标的走势有很明显的规律，只要我们能够把握住 RSI 指标趋势改变的位置，就很容易买到期价的相对高低点。

但是，我不明白的是，为什么选择 RSI 指标参数 12 来作为操作参考，而不选用其他的，比如 6 或 24 呢?

目不丁：这个首先要根据你操作的周期长短来确定；其次，也并不是说 12 就是最好的，最标准的。每个人的操作习惯不同，我个人比较喜欢用 12 做参数，因为经过长期的观察和实践，12 从周期上来讲，还是比较符合我自己的操作风格，使用起来也相对顺手一些。

蓝天：如图 14—2 所示，为白糖 1309 合约走势图，该合约在 2013 年 2 月走势中，RSI 指标的趋势作用也非常明显。2012 年 10 开始，RSI 指标从 50 下方开始运行，期价在低位横盘震荡，虽然期价没有形成

图 14—2

上涨，但是 RSI 指标低点逐步抬高，并且有逐步向上抬升的征兆。

12 月初，期价向上突破了整理平台的高点，形成了价格突破走势。RSI 指标也向上攀升。临近年底，期价连续拉升向上创出了新高，做多的投资者获利丰厚。当 RSI 指标在 2013 年 1 月上旬发生跌破趋势的时候，我们从看多白糖期货转为看空白糖期货，随后一轮新的下跌走势形成。

在对 RSI 进行持续跟踪后，当该指标再次打破下跌趋势时，我们再次转换多空方向，依然能够把握到一个不错的操作点。

目不丁：你讲得不错。只要我们能够在合适的市场，选对合适的指标，正确使用操作方法，想实现盈利一点儿都不难。

蓝天：RSI 指标参数设定为 12，然后对其趋势进行监控跟踪，这个方法真不错，算得上一招出奇制胜的狠招。

目不丁：该指标经过调整以后，若趋势改变发生在相对高点和相对低点位置，效果会更加明显，出击的准确率将会再次提升。

蓝天：多少算高，多少算低呢？

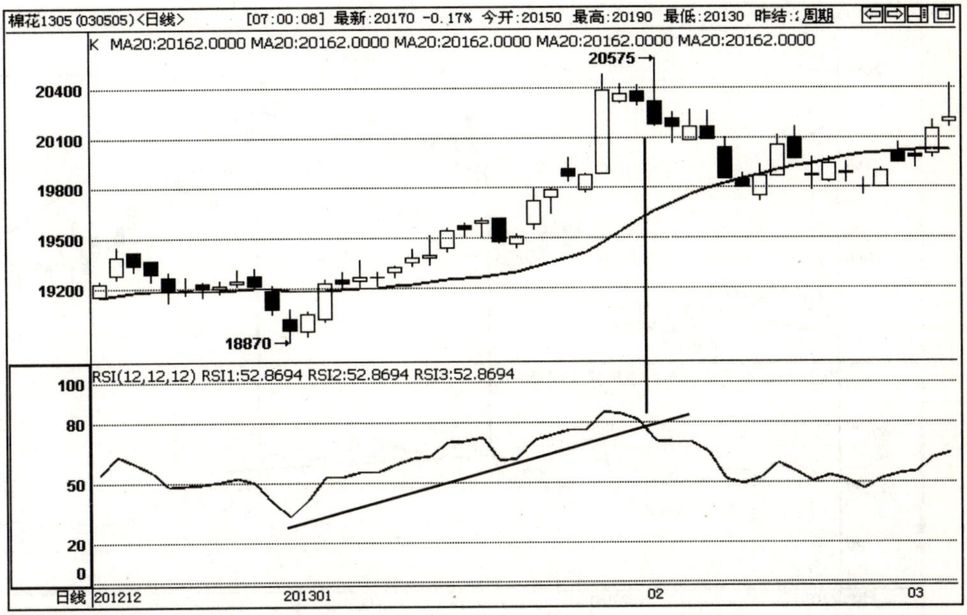

图 14—3

目不丁：RSI 的变动范围在 0～100 之间，强弱指标值一般分布在 20～80，而顶点及底点 70 及 30 通常为超卖及超买信号发生区，当多头趋势改变在 70 及以上，空头趋势改变在 30 及以下位置时，形成多空转换的概率将会更大。

如图 14—3 所示，棉花期货 2013 年初，期价在 1 月形成了快速拉升，RSI 指标很快进入 80 上方，随后伴随着期价的调整，指标形成了上升趋势被打破的走势。此时，我们需要警惕下跌风险，对手中的多头持仓进行平仓操作，就可以规避掉后面连续 6 个交易日的下跌。

蓝天：在跟踪 RSI 指标趋势变化的同时，兼顾高低定点强弱的分析，可以让该招式变得更加强悍。呵呵，我感觉我都有点儿像武林高手了。

目不丁：一款经典的指标就如同一把称手的兵器，而好的使用方法就如同招式，用顺了兵器，理解了招式的含义，就可以灵活多变地使用。

RSI 指标不仅可以用在同趋势的趋势打破上，还可以用在不同趋势的趋势打破上，这种变形的指标趋势打破走势。在实际操作中

图 14—4

我也经常使用。

蓝天：还可以变形使用，老师详细讲讲好吗？

目不丁：如图 14—4 所示，为甲醇 1305 合约走势。2013 年 1 月份期价逐步上涨，在相对高点位置一根大阳线拉升后，期价形成了小阴小阳的日 K 线形态，此时期价的上涨趋势没有改变，而 RSI 指标形成了一个较为明显但是幅度不是很大的下降趋势，此时我们就要对期价的上涨保持警惕态度，随时关注 RSI 指标的动向。

蓝天：也就是说，当趋势的下降角度和幅度被新的下降趋势打破的时候，就是期价趋势转换的位置。

目不丁：对！在 2 月中旬指标形成了更加明显的下跌走势，这个走势和前面的趋势虽然都是下跌，但是新的下跌力度明显大于前期下跌趋势的力度，形成了新的下跌形态。这种趋势的打破，对期价的涨跌分析也有很重要的参考意义。

蓝天：真可谓是举一反三。一个指标同一种招式有这么多不同的使用方法，在实盘操作中，只要掌握了这些方法，还有什么可害怕的。

老师，除了这个变形，该招式还有其他的变形吗？

目不丁：呵呵，希望你也能够学会举一反三，只要掌握各种招式的真正原理，就能够挖掘出更多好的招式。

蓝天：好的。我一定多学、多练、多思考，早日领会其中的奥妙。

老纪点睛

经典的指标也需要灵活使用才能发挥功效

RSI 指标是一款经典的指标，如何用好呢？

技术指标的选择因人而异，同一指标每个人的理解都是不同的。不同的操作习惯，不同的操作方法，不同的系统、策略，所应该选定的指标也是不同的。

RSI 指标的一个简单使用方法是将三条线的参数都调整为12，形成了一根清晰的指标线，跟踪 RSI 指标线的趋势，当指标线的趋势发生变化的时候，期价的波动方向将随之转向。

RSI 的变动范围在 0～100 之间，强弱指标值一般分布在 20～80，而顶点及底点 70 及 30 通常为超卖及超买信号发生区，当多头趋势改变在 70 及以上，空头趋势改变在 30 及以下位置时，形成多空转换的概率将会更大。

在跟踪 RSI 指标趋势变化的同时，兼顾高低定点强弱的分析，可以让该招式变得更加强悍。RSI 指标不仅可以用在同趋势的趋势打破上，还可以用在不同趋势的趋势打破上，这种变形的指标趋势打破走势，在实际操作中也经常使用。当趋势的下降角度和幅度被新的下降趋势打破的时候，是期价趋势转换的位置。

第 15 章 RSI 指标的背离与趋势

蓝天： 前期我们学习过 RSI 指标的趋势打破招式，我想，一种兵器不应该只有一个招式吧？老师能不能再教我们一些更多、更好的招式。

独狼： 哈哈，好的。今天我们来学习一下 RSI 指标的背离招式。

背离的使用在股票、期货等投资市场中是非常常见的，而且变化多端，每个投资者都有自己的理解和使用心得。也正是因为大家仁者见仁智者见智，使用不同的指标背离做参考，加之背离的有效性，该方法也是一种经久不衰的好方法。

虽然是好招式，但是在使用过程中也不可太机械，有所变化用其所长，才能将其发挥的更加淋漓尽致。

蓝天： 太好了。那么我们现在就说说如何更有效、更正确地使用 RSI 指标的背离吧？

独狼： 使用之前，我们还是同样将 RSI 指标的参数选定为 12，在软件中仅用 12 这一根指标线来作为参考。

如图 15—1 所示，焦炭 1305 合约在 2012 年底开始走出了一波逐步上行的上涨走势，同期 RSI 指标突破 50 中轴线，逐波上行，辅助支撑着期价上涨。

在进入 2013 年后，期价次高点稍作整理后再次向上拉升，到 2013 年 2 月形成了新高的走势，而此时我们来观察 RSI 指标，2013 年初 RSI 指标在 80 以上的位置，2013 年 2 月 RSI 指标却在 80 以下的位置。

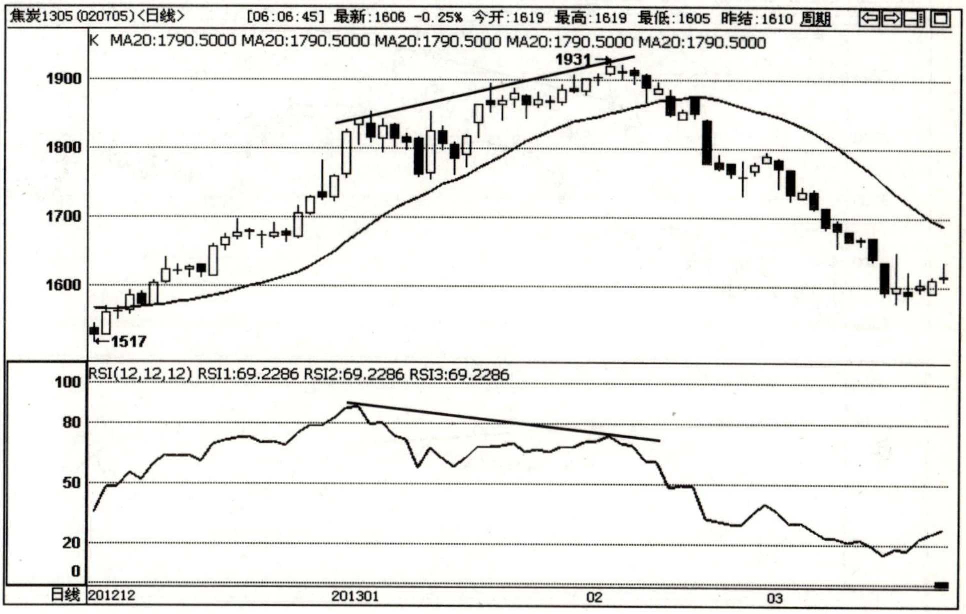

图 15—1

蓝天：也就是说，在这波走势中，期价形成了创新高的走势，而 RSI 指标不能形成创新高走势。

独狼：这种期货价格高点逐步抬高，而指标不能同步形成高点抬高走势，就是我们经常说到的背离走势。

背离走势形成以后，我们就要对期货品种原趋势方向保持警惕，盘口稍有变化，就随时做好平仓离场的准备。

蓝天：随后期货价格在高位滞涨下跌，RSI 指标也同步下跌，背离形态形成，一轮新的下跌行情形成。

在形成背离后，能否立即进行做空操作？

独狼：背离形成初期，只能对原趋势单进行平仓，尽量不要新开仓。等新的趋势走势形成后，再顺势操作比较保险。

同时我们还应该注意，运用 RSI 指标走势与期货价格走势相背离这个方法，判断的往往都是相对较大跨度的趋势走势，时间相对较长，幅度相对较大，所以不太适合操作周期太短的投机操作。

蓝天：有什么方法可以解决吗？

图 15—2

独狼：方法是有的，还是那句话，需要我们灵活多变地使用已有的招式。

蓝天：什么招式？老师快说说，我比较喜欢短线投机，如果能将这个招式与短线投机更好地结合起来，那就太好了。

独狼：我们可以将该方法与趋势打破的方法结合使用，两者相互支撑、相互配合会收到更好的效果。

比如图 15—2 所示的白糖走势图，虽然通过分析，我们可以找到指标与期价相背离的标准分析，但是，在相对高点与相对低点的区间中，依然有很大的波动空间，如果不过滤掉，不仅会有时间成本，而且同样会损失掉机会，若操作心态不好，则更容易形成被动的反向操作，得不偿失。

蓝天：为了克服这个问题，是不是我们在大方向判断上采用背离的方法，而在小趋势波段上依然采用趋势打破的招式呢？

独狼：是的。在实际操作中，RSI 指标趋势被打破的时候，我们还是要进行平仓操作的。而 RSI 指标与期货价格形成背离走势的时候，我们就要判断原有大趋势是否会反转了。

蓝天：从波段和周期对比来看，背离是判断顶底的大趋势招式，而趋势打破是相对较为灵活的快招。

图 15—3

独狼：还有一种背离走势的变形方法，在操作中我也经常用到。例如图 15—3棉花 2011 年 9～12 月走势中，期货价格从高点回落到低点后形成了横盘整理的走势，而 RSI 指标从 20 的相对较低位置低点逐步抬高，高点逐步向上延伸，没有跟随期货价格同步形成横向波动的走势。

这种走势与传统的背离走势不相符，属于背离走势的一种变形走势。

蓝天：传统的背离走势是期货价格不断创出新高，而指标不能创出新高，高点逐步向下的走势；或者期货价格两个波段低点逐步向下创出新低，而指标却形成了低点逐步抬高的背离走势。

当图 15—3 中的这种背离变形的走势是期价没有形成新高，而指标却能够逐步向上，形成上涨趋势，或者期货价格不能形成新低，指标却能形成较为明显的下降趋势。我分析的对吧？

独狼：基本正确。需要注意的是，期价横盘不创新高，而指标逐步向上形成上涨趋势，必须要建立在长期空头市场末端的位置；而期货价格横盘不创新低，指标却逐步下行形成下降趋势，必须要建立在多头市场末期。

同时，若能伴随新的指标趋势突破和期货价格形态的突破，那么成功率将会再度提高。

蓝天：真是招式连着招式，方法套着方法，不学习、不思考真的不行。

图 15—4

独狼：要想提高每个方法的准确度，必须在原雏形的基础上进行更加细腻的把握，有很多投资者对一些技巧和操作方法一知半解，只了解其表象，不去深度挖掘其内涵，就照搬使用，很难发挥其真正的作用。

蓝天：老师说到我心里去了。其实，我以前就属于这种人，背离的方法我也经常听说，了解一些，虽然觉得有道理，但总是用不好，觉得不够准确，今天经过老师这么一讲，我才知道是我使用的方法不对，没有做到活学活用。

独狼：其实很多经典的方法大家都了解到了，但是就是没有更深入地思考和总结。比如这个 RSI 指标与期货价格走势背离的方法，若再加上 RSI 指标强弱位置的判断，准确度会再提高一成。看一下图 15—4 菜油的走势，你来进行观察和思考，看能不能抓住要点。

蓝天：是不是见到 70 以上高点的背离形态，在 RSI 指标运行到临近 80 的位置后，期价向上而指标不能有效突破 80 位置，形成了滞后的走势，随后在相对高点位置，RSI 指标与期货价格走势形成了标准的背离走势？

独狼：对的。在指标 70 以上走出的背离形态会更加准确。

蓝天：一个简单的背离走势，里面还有这么多的细节需要把握，我真的低估了技术分析的复杂性，今天收获真大，谢谢老师。

独狼：不客气。其他的使用技巧也可以登录投资时代 168（www. tzsd168. com）网站查阅。

老纪点睛

传统指标的升华操作需要建立在扎实的技术分析功底上

RSI 指标的使用方法很多，能够真正用得出神入化的交易者却不多。要想用好这款指标，仅仅知道一些传统的指标背景信息是不够的，只有真正理解了其指标波动性质及内涵，才能够用好，才可以在不走样的基础上进行升华使用。

当 RSI 指标（12）背离走势形成以后，我们就要对期货品种原趋势方向保持警惕，盘口稍有变化，就随时做好平仓离场的准备。

背离形成初期，只能对原趋势单进行平仓，尽量不要新开仓。等新的趋势走势形成后，再顺势操作比较保险。

运用 RSI 指标走势与期货价格走势相背离这个方法，判断的往往都是相对较大跨度的趋势走势，时间相对较长，幅度相对较大，所以不太适合操作周期太短的投机操作。

传统的背离走势是期货价格不断创出新高，而指标不能创出新高，高点逐步向下的走势；或者期货价格两个波段低点逐步向下创出新低，而指标却形成了低点逐步抬高的背离走势。

横盘与指标的不同步走势也是背离的一种变形走势。期价横盘不创新高，而指标逐步向上形成上涨趋势，必须要建立在长期空头市场末端的位置；而期货价格横盘不创新低，指标却逐步下行形成下降趋势，必须要建立在多头市场末期。

背离走势若能伴随新的指标趋势突破和期货价格形态的突破，那么成功率将会再度提高。

第16章
指标与形态的契合分析

听风紫云：我看老师实盘操作时，有时候用的移动均价线的参数是20，有时候是30，有的时候还是120。是不是不同的周期，采用不同的参数，还是有别的窍门，能详细说明一下吗？

独狼：你的观察很仔细。MA均线的设置与周期以及使用方法每个人都有每个人的理解，是技术指标分析的一种常用工具，也是技术派必须要掌握和熟练应用的一项技能。

日常的使用方法我们都能够接触到，在这个基础上，我讲均线的使用进行了更加灵活的升级，也就是在不同的周期，不同的环境，不同的品种上，使用不同的参数，让期货价格的走势与所选择的均线形成完美的契合，对操作进行分析。

听风紫云：形成契合，而且是不同周期，不同环境，不同品种上使用不同的参数，不太好操作吧？老师还是详细地跟我们说说吧。

独狼：好的。我们以图16—1为例来进行详细说明。图中是橡胶1309合约2012年3月18～21日走势的3分钟K线图，我们来使用均线寻找其技术操作点。

假设我们使用大家都比较喜欢使用的20、30、60、120参数来设置均线，四条均线都在相互缠绕，并且期价的涨跌起到支撑和压力作用。但是，在这些均线中，往往会有一根是与当前周期和走势相互契合的，也就是它的存在，对期货价格涨跌影响是最为明显的。

听风紫云：为什么会存在一根与期货价格相互契合的均线？

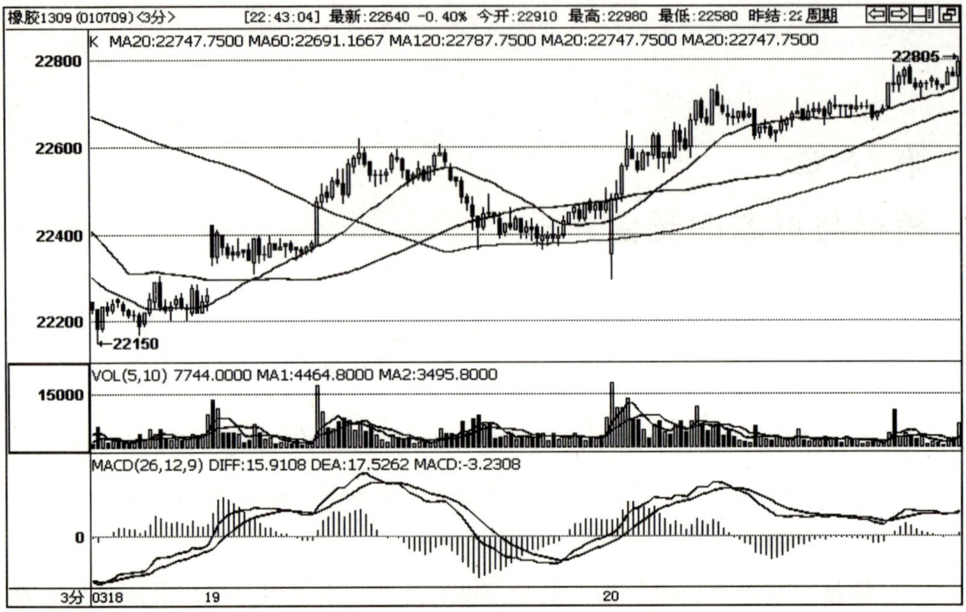

图 16—1

独狼：在市场中，投资者在一段时期往往会重点关注某一个品种，并对该品种进行反复操作，这些交易者的个人操作习惯是相对固定的。在这个周期中，参与交易的投资者人员逐步更替，但短时间里只要人员变换不多，就很容易形成一种整体的操作惯性，这种操作惯性在短时期中会有一定的延续。

所以，只要我们发现形成了趋势，然后在通过不同周期的调试，寻找与之能够形成相对完美的契合均线，这根均线能够对期价的涨跌形成明显的支撑和压力作用，就可以依据这根均线辅助后市操作。

听风紫云：这是遵循了我们所说过的，趋势和延续，历史会重演，只要市场环境和交易者不发生根本性和大面积的更替，相对能够形成惯性的交易会延续。

独狼：通过观察，不难找出在当前橡胶 3 分钟 K 线走势中，与之相互契合的均线是参数是 20，所以我们可以选择 20 作为当前的契合均线，进行操作分析。

听风紫云：按照老师的要求，我们将均线参数设置为 20，且只保留这一

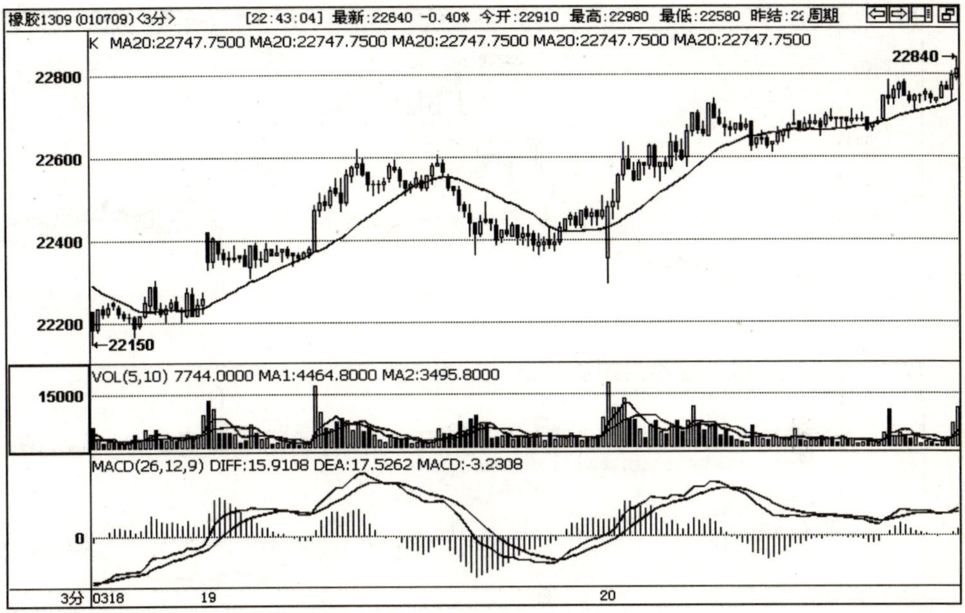

图 16—2

根均线，形成如图 16—2 所示的走势形态。经过调整后发现，在该周期参数为 20 的均线与其走势相互契合的还算不错，历史走势显示出，前期只要能够按照均线的支撑和压力，在支撑、压力以及突破位置进行操作，会有相当不错的整体收益。

独狼：是这样的。设置完成后，20 均线的效果非常明显，实盘中，我们不仅要依靠均线来进行操作，同时还要结合其他技术分析方法共同使用，效果会更为明显。

比如图 16—2 中我们在均线形成支撑、压力或者突破的位置，再结合 MACD 的趋势及突破位置进行同期研判，会取得非常不错的效果。

听风紫云：那好吧，我们就依据当前的设置，对该品种进行持续地跟踪，看看该品种在均线的影响下，会不会让我们的操作更容易获利。

独狼：只要不发生太大的变化，短期内已经形成明显效应的均线会延续效果，并一定会对后期走势起到重要的作用。

听风紫云：如图 16—3 所示，我们对该品种进行持续跟踪。

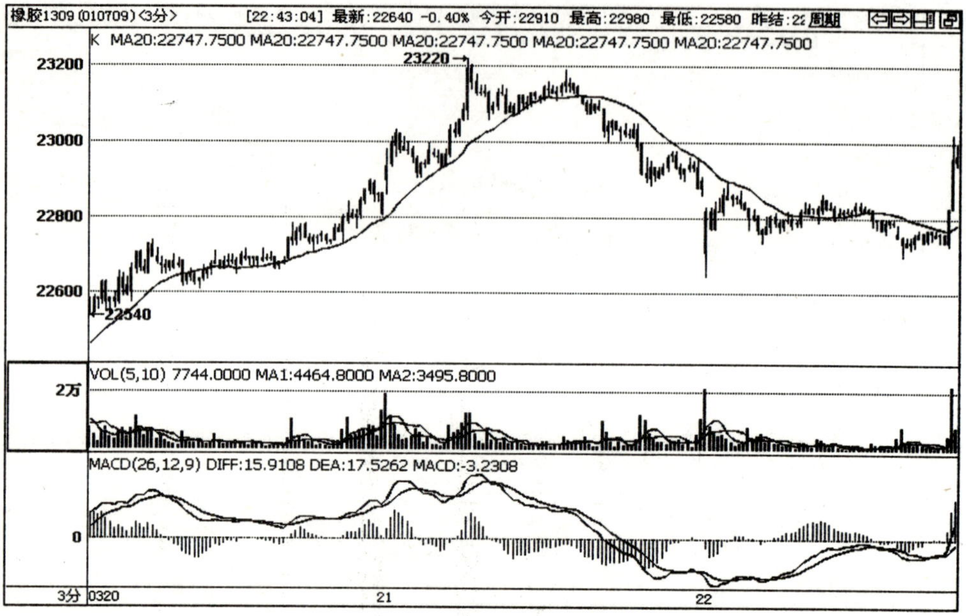

图 16—3

在两个交易日内，3 分钟 K 线走势和参数为 20 的均线相互契合效果还是比较好的，在我们发觉契合位置和形成支撑后做多，很快就迎来了一波快速拉升。

当形成高点后，对均线有效突破后，新的空头市场形成，在均线下方只能通过做空来实现获利。

独狼：通过均线对后期期货价格走势进行分析操作，虽然有几次会出现成功率不是很高的伪信号，但是，整体来看效果还是非常好的。只要严格按照技术分析来走，就能够形成整体非常可观的短线利润。

听风紫云：技术分析没有绝对完美的 100%的成功率，这样明显的效果已经非常不错了，通过均线契合的方法，让我能够形成清晰的操作思路，非常棒。

独狼：均线的参数需要调整，同时品种的周期也需要不断地调整，通过参数的调整和周期的调整寻找到最为契合的配合，才能将均线的效果发挥到极致。

如图 16—4 所示，在螺纹 1310 合约 2013 年 1 月份走势中，通过

图 16—4

多条均线和多周期的相互配合，我们找到了最为契合的是 5 分钟 K 线与参数为 120 的均线配合更加完美，所以后期操作就可以依据这根均线作为参考。

听风紫云：那么多的均线，那么多的周期，需要一个周期、一个均线的反复挑选吗？很容易乱的。

独狼：其实也很简单。首先我们通过别的因素分析，确定了相对某个期货品种进行操作的时候，或者发现某个品种的走势形成了趋势后，就在该品种的某个周期中，设置多条常用的均线，然后在每个周期中逐一走一遍，这样就很容易找到比较合适的配合。

这里需要说明的是，若没有相对比较完美的契合均线，就放弃该品种的操作，或者选用其他方法进行操作，不是所有的品种时刻都有这样的契合均线。

听风紫云：我知道了。有合适的就使用，没有合适的就等待，或者放弃操作。这也是不贪心，机会不成熟不操作的原则体现。

独狼：下面，我们依据前面所找到的与该品种 5 分钟周期 K 线最为契合

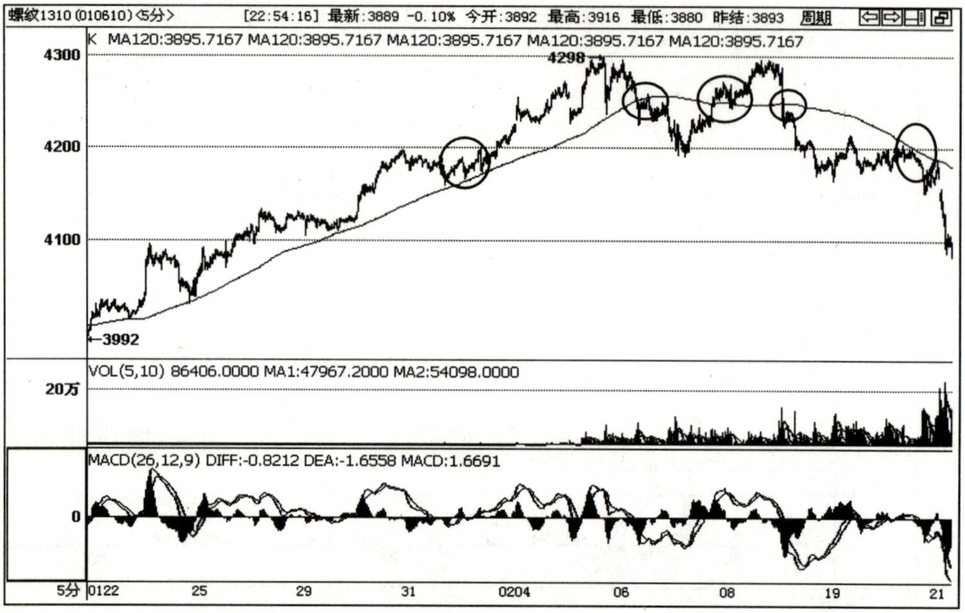

图 16—5

的均线为依据，指导操作。我们看，连续跟踪后形成了如图 16—5 所示的走势形态。

图中我们用圆圈将每一次与均线形成接触的位置找出来，在期货价格与均线形成接触形成支撑时，按照原趋势方向开仓，若支撑和压力不能形成效果，则止损后反趋势开仓。

如此循环操作，只要依照均线来执行多空方向的选择，就能很容易形成利润。

听风紫云：是的。第一个圆圈位置是我们寻找到契合均线的位置，后面几个圆圈位置是操作的重要位置，效果还是不错的。

独狼：仅仅只用契合的均线来操作，成功率还是远远不够的。当我们寻找到了这根重要均线后，还可以通过其他指标分析，来提高操作的成功率。

比如，我们可以在当前位置的技术分析中加上 MACD 的技术分析，这样效果会更好，当高点和低点形成，就可以主动地进行提前平仓。

当期货价格与均线相互作用时，也可以通过MACD来判断是等待支撑和压力效果出现再进行同趋势操作，还是等待形成突破后进行反趋势操作，这样又可以过滤一大批伪信号。

听风紫云：老师不但有好的招式，还总是用好的方法将这些招式进行延伸，提升其可操作性和成功率，若把这些招式用活了，看来以后我还得多登录投资时代168网站（www.tzsd168.com），与老师多多交流，多多学习，快速提高。

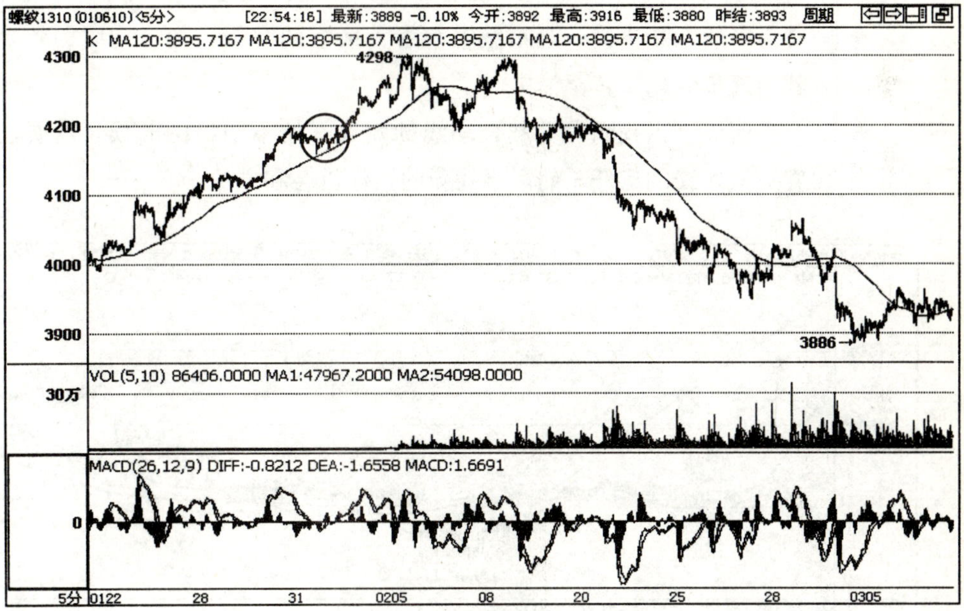

图16—6

独狼：非常欢迎。只要我的时间允许，我还是会经常在网站的论坛上与大家多多交流。通过交流可以让我的操作思路更加清晰，也可以沉淀技术方法，完善操作系统，对我自己来说也是很有帮助的。

况且，通过交流我也能够在大家身上学到很多东西，这些都是收获。

听风紫云：老师太谦虚客气了。按照老师说的方法，用MACD的走势与契合均线相互配合使用，我们继续对螺纹5分钟K线进行跟踪。从

图 16—6 中的走势我们不难看出，后期相当长的一段时间里，这条契合均线对期货价格的影响还是非常明显的，只要把握了这根契合均线，盈利真的非常简单。

独狼：任何一个压力总有被突破的时候，任何一个支撑也有支撑不住的时候。同样，任何一条契合均线也会有逐步失效的时候。

契合均线形成的原因，是因为受到市场参与者的操作习惯和操作系统影响，形成惯性思维模式后，只要这些参与者不形成大批量的更替，该惯性思维模式就会保持。但是，随着时间的不断推移，交易者的不断更换，当市场参与者大换血的时候，契合均线的效果就会逐步淡化，直至消失。

所以，当我们发觉契合均线的效果开始不明显的时候，就要放弃对该均线的信任，然后寻找新的操作机会和方法。

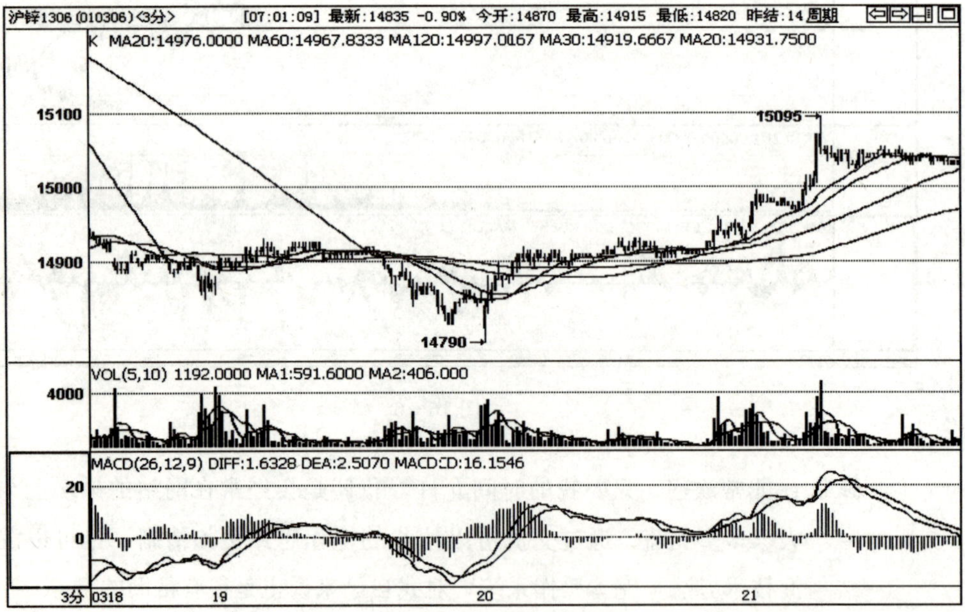

图 16—7

听风紫云：契合均线的操作，让我明白了为什么在老师的操作分析中，总是有不同的周期，不同参数的均线。感谢老师本次的交流，回头我要认真地进行复盘学习，寻找历史数据，消化一下本次交流学习的内容。

独狼：还没完呢。契合均线的基础说完了，还有变形和共振等其他延伸的招式还没有学习，这么快就要走了？

听风紫云：太好了，我以为这个方法就这些呢。契合均线的变形如何使用，这个我也想学学。

独狼：任何一个方法都有一个基础做铺垫，比如我们常说的金叉、死叉、方向性突破等技术指标上共有的信号，大家可能觉得这些信号的出现并不能真正指导操作，其实是不对的。

很多经典指标的经典信号，都是一些更为经典的操作方法的基础，这些经典指标的经典信号之所以当前使用对市场操作的指导效果不明显，一是因为用的人多了，形成了共振，大家都在这个位置这么看，那就会让信号形成变形；二是因为使用它的人只是看到了表象，没有看到实质。

因此，我的习惯是在一些经典的操作招式上，对其进行升华，会收到意想不到的效果。

我们先来提一个问题：如图 16—7 所示，在沪锌 1306 合约 3 分钟走势图中，哪条均线会形成契合均线？

听风紫云：相对而言，参数为 30 的均线，契合的更好一些。参数为 60 的均线，也有一定的契合作用。

独狼：操作周期相对短一些 30 均线效果会好些，而操作周期相对长一点儿，60 均线会好一些。

听风紫云：那我们应该选择哪条均线作为它的契合均线呢？是不是进行短期投机的话，就选择 30，稍微长期一点儿的就选择 60？

独狼：你所说的方法也可以，但还有一种更好的方法。其实有两条均线都能够形成契合效果是一种好现象，我们可以同时使用这两条均线作为契合均线指导后期操作，会起到更好的效果。

听风紫云：是啊！多了一个参考不是更好吗？本来我还在为选择哪个而头疼呢，没想到表面看上去的坏事情却变成了好事情。我们将其他

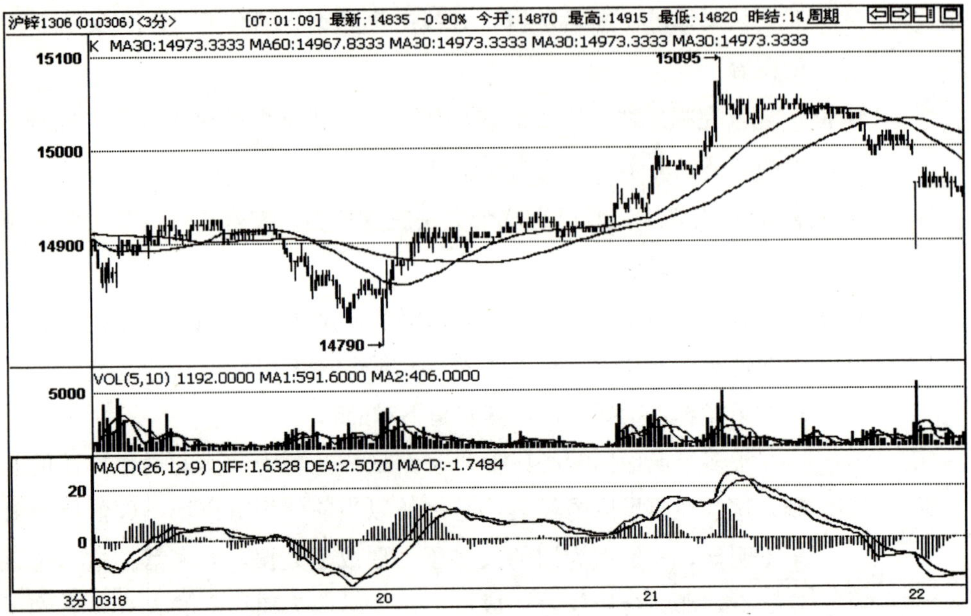

图 16—8

多余的均线去掉，只留下 30 和 60 两条均线，形成了如图 16—8 所示的走势图，这样依据这两条重要均线对后期的操作进行分析，效果一定会比一条更好。

独狼：两条均线同时使用，我们不仅可以参考其支撑、压力、方向转变、重要位置突破，同时还可以参照其交叉、共振等分析方法，这样招式更多了，操作起来也就更灵活了。

实际操作中，还可以配合 MACD 或者其他常用的技术指标，操作成功率会提高更多。

听风紫云：丰富了招式后，我们继续对沪锌 3 分钟的走势进行跟踪观察，寻找操作机会。

独狼：如图 16—9 所示，在后期，短期均线形成了走势上的支撑与压制作用，而长期均线配合在高点位置形成突破与交叉操作的技术点，MACD 也起到了重要的辅助分析作用。两均线共振契合操作形成的突破点，让我们很容易抓到一波大行情。

听风紫云：真是掌握了有效的方法，想不实现盈利都难，一个招式不能

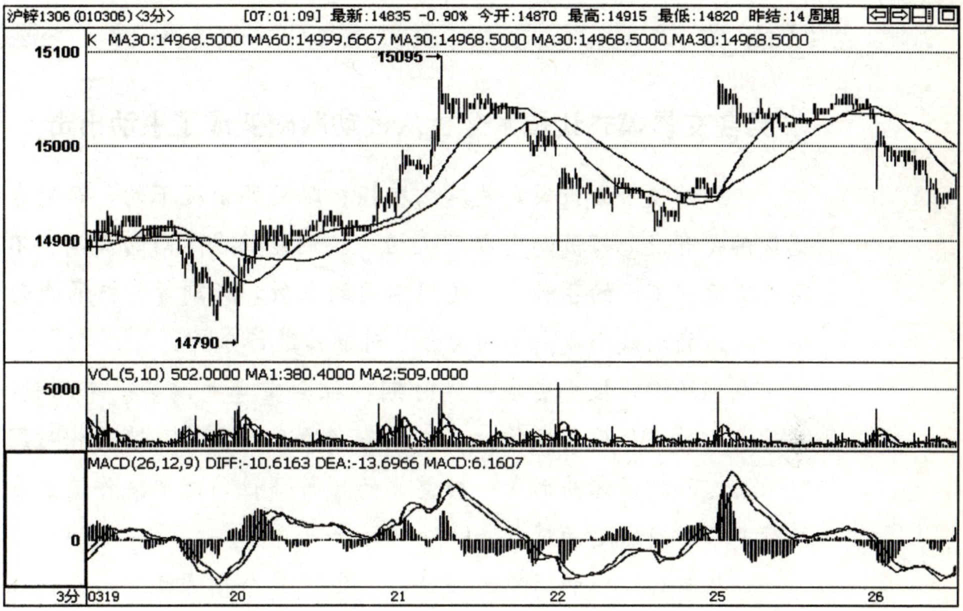

图 16—9

只学其皮毛，更要理解其本质，挖掘其内涵，随机应变，灵活使用，才能有效打败敌手。

独狼：呵呵，听你说起来真像是一个武林高手在练习武功，与人过招。

听风紫云：老师给我们的就是期货冷兵器，传授的就是短线投机的肉搏技巧，当然我们就像是武林高手一样，在市场中不断地与人拼杀，对吧？哈哈。

独狼：也可以这么说。市场确实很残酷，一招之间，一念之差，不是成功就是失败。本招式的变形还有一个要点，就是有两条契合的均线可以同时使用，要是在增加就没有意义了。只能求精，不能求多。

听风紫云：好的，我记下了。

老纪点睛

契合交易模式让技术分析从被动跟随变成了主动出击

传统的技术分析模式是建立在指标跟随的前提下的，而契合交易模式有效地将被动变成了主动。我们能够在不同的周期、不同的环境、不同的品种上，使用不同的参数，让期货价格的走势与所选择的均线形成完美的契合，对操作进行分析。

在市场中，投资者在一段时期往往会重点关注某一个品种，并对该品种进行反复操作，这些交易者的个人操作习惯是相对固定的，这样就很容易形成一种整体的操作惯性，这个操作惯性在短时期中会有一定的延续。

寻找契合均线的简单方法是，确定了某个期货品种后，就在该品种的某个周期中，设置多条常用的均线，然后在每个周期中逐一走一遍，这样就很容易找到比较合适的配合。

契合均线形成的原因，是因为受到市场参与者的操作习惯和操作系统影响，形成惯性思维模式后，只要这些参与者不形成大批量的更替，该惯性思维模式就会保持。

第17章 单指标契合的多空分析

jacky：通过学习我了解到了不少的操作方法，这些方法有的是看趋势的，有的是看支撑和压力位置的，有的是寻找高低点的，但是在实际操作中，总觉得使用得不够好，达不到预期的效果，这是为什么？

独狼：首先要明确一个观点，就是任何方法、任何指标都不是万能的，都有缺陷。就如同任何兵器、任何招式都有破绽和短处一样，只有发挥其优势，合理使用，才能让这些方法对操作有良好的帮助。

jacky：那有没有好的方法，可以进一步提高成功率呢？

独狼：我们前面讲过多指标共振的方法，今天讲一讲单指标多周期集中点的合力分析。

jacky：太好了，那我们开始吧。

独狼：我们还是以图例进行详细说明，如图17－1所示的豆粕1309合约的3分钟K线图，在第一个圆圈位置，形成了较为明显的突破走势，这个位置也成为了后期期价上涨的启动点，如果能在这个位置开多仓，则会有一个不错的短线收益。

这个位置的技术特点你能够总结出来多少？

jacky：这个位置是K线形态转势的位置，3分钟K线从移动均线的下方逐步向上突破了多条均线，形成了均线突破的走势。有效的突破后，均线压力变成了支撑，所以后期期价上涨。

独狼：我们知道均线对期货价格有着支撑和压力作用，当期货价格在均线的下方接触均线，突破前均线是压力，突破后压力就变成了支撑；

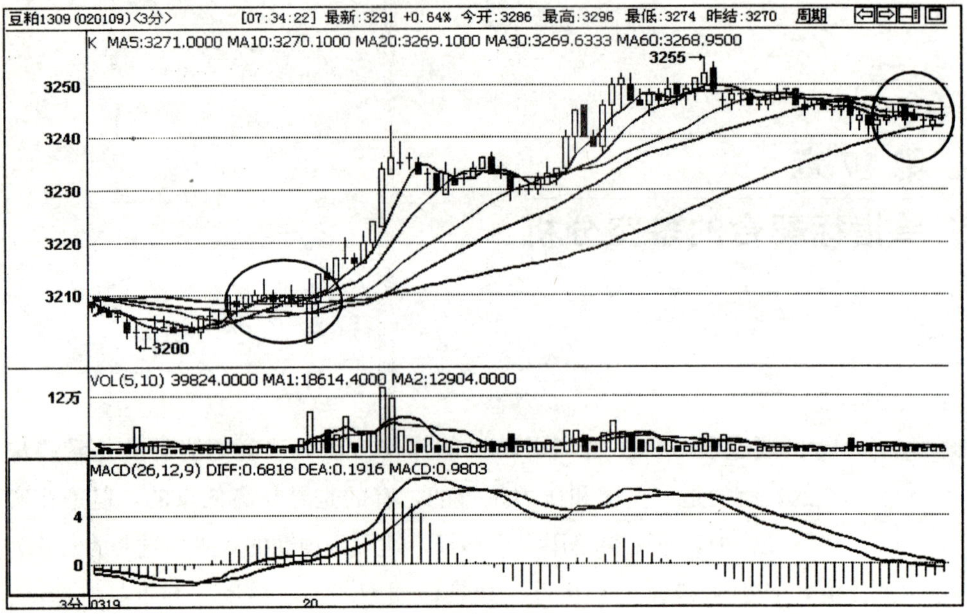

图 17—1

当期货价格在均线的上方，突破前均线是支撑，突破后支撑就变成了压力。

同时，再结合均线的趋势走向，对期货价格进行综合判断，压力和支撑与突破之间的关系将会更加明确。

这只是单根均线对期货价格的影响。

试想一下，如果把多根均线的作用集中起来，是不是就能形成一个集中的力量，对期货价格的分析效果会不会更好呢?

jacky：是啊！一根筷子很容易就被折断，一把筷子的力量就会增加很多。把这个道理用到期货市场中，也是相同的。老师的意思是，同时考虑多条均线对期货价格的共振作用吧?

独狼：是的。我们单根均线比较分散的时候，会分别对期货价格波动有影响。实盘操作中，我们寻找到多根均线集中在一个点的位置，这些均线集中的位置就是对期货价格形成集中影响的位置，其作用会非常的好。

当然，这个集中是相对集中的位置，只要价格距离不是很远就可以。

jacky：这么一说，再看圆圈位置的突破，是有效突破了多条均线的位置，所以这个突破效果更加明显，更加有说服力，更值得操作。

独狼：是这样的。那么我们再看看第二个圈示位置，是不是期货价格再次面临多条均线集中的位置？

jacky：是的。第二个圆圈的位置多条均线再次集中，这个位置是形成向上的支撑和突破，还是形成向下的破位，对期货价格后期的波动有着重要的影响作用，是一个需要重点关注的位置。

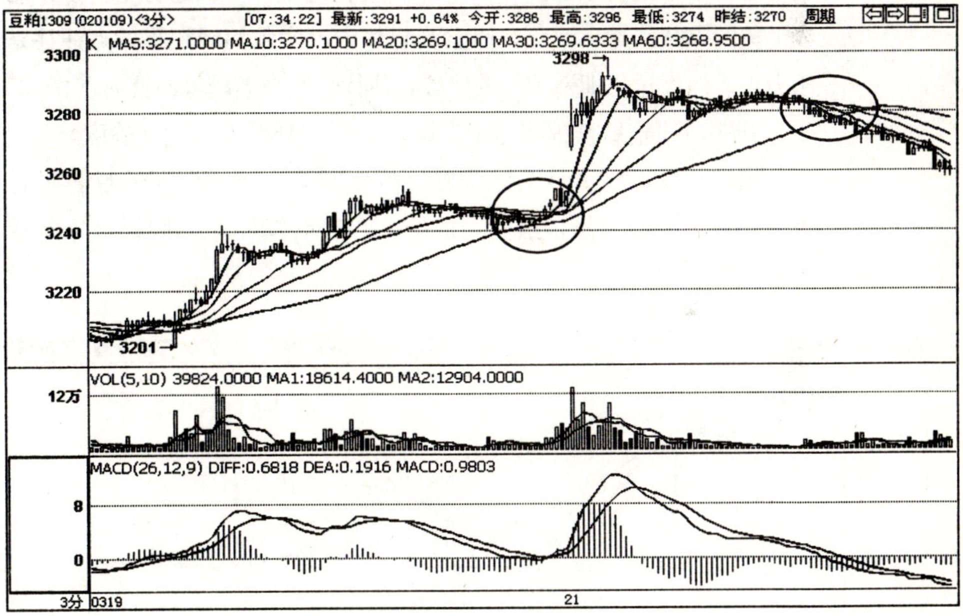

图 17—2

独狼：我们再来看图 17—1 的延续图，如图 17—2 所示，第一个圆圈位置是图 17—1 中第二次形成多条均线集中的位置，而第二个圆圈同样是多条均线集中的位置。

jacky：虽然都是多条均线集中的位置，但是第一个圆圈位置形成了支撑和突破效果后，期货价格快速上涨，做多可以快速获利；而第二个圆圈位置，若做多就会形成亏损，做空才是对的。

独狼：这就是说，虽然指标集合点会形成合力，会对期货价格产生一定的集中推动力量，但是这个力量同样会被集中打破，若被集中打破，其效果也是非常明显的。就如同两军作战，当一方集中力量向对方发起攻击，在本回合中会很容易战胜对方。

但是，这次集中的攻击一旦失败，就会一蹶不振，很久不能再次组织进攻，造成很大的损伤。

jacky：那么如何避免操作失误呢？

独狼：首先，要保持顺势而为的操作思路，当趋势形成以后，尽最大可能地将分析结果偏向顺从趋势的一方。也就是说，多头趋势中，多条均线汇集的点往往是支撑点，而空头趋势中，多条均线汇集的点往往是压力点。而经过长期整理后的突破，往往是原来老趋势的转向点。

其次，要辅助其他指标配合使用，提升判断方向的准确度。

第三，可以在这个关键位置进行多观察，当方向明确后再进行操作。稍稍的慢一步，虽然会放掉一小段利润，但是同样可以有效规避风险。

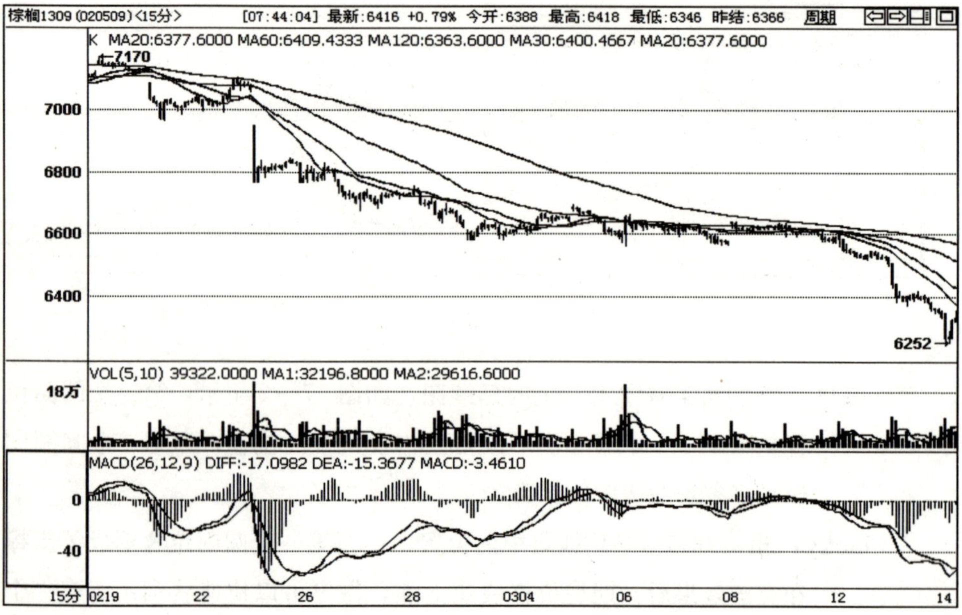

图 17—3

jacky：通过这三个简单的方法，让操作思路更加清晰了，如图 17－3 所示，棕榈 1309 合约的 15 分钟 K 线也多次形成明显的多条均线集中力量的操作点，在这些操作点上，如果能按照以上三条来把握，既可以把握到破位的转向点，也可以把握到压力的二次做空启动位置。

独狼：运用这个操作模式还要注意，期货价格与均线的走势最好是在下跌过程中是均线压期价，而不是期货价格攻击均线。同样，上涨过程中形成的支撑效果必须是均线主动迎上去推动支撑期货价格，而不是期货价格向下主动去攻击均线的支撑。

主动攻击的力量往往会比被动的力量强大很多，同样都是相互作用，但性质是完全不同的。

jacky：也就是说，期货价格最好是保持原趋势方向的波动或者横盘，而均线主动迎上来对期货价格作用，这样价格会继续按照原趋势方向运行。而价格主动改变原趋势方向，快速试探均线的时候更容易形成突破的走势。

独狼：不仅是均线指标操作遵循这个原则，其他指标若与价格走势相互配合使用，也必须服从这个原则，把握好主动与被动非常重要。

jacky：如图 17－4 所示，白糖 1309 日 K 线图在 2012 年底形成了多条均线集中，为什么形成突破后，价格并没有形成一波长期的趋势，随后就再次下跌。遇到这种情况应该如何处理？

独狼：这个位置使用该方法有以下几个问题：

一是 K 线的周期选择过长，虽然日 K 线采用多条均线集中的位置来判断后市波动是可以的，但是因为期货价格波动的性质与股票和股指期货不同，所以周期不宜选择过长，更不能在周 K 线上使用。

二是四条均线的集中度不够，越是周期长的 K 线组合，对其集中度的要求越高，均线交叉黏合度不够就会导致力量的不集中。

三是在大周期中做小波段是短线投机的原则之一，若能按照这个原则，形成突破后不追求更大的波段，则相对较小的短线投机操作依然可以有很不错的收获。不是方法不好，也不是使用位置不对，而是你的收益预期定的太高了。

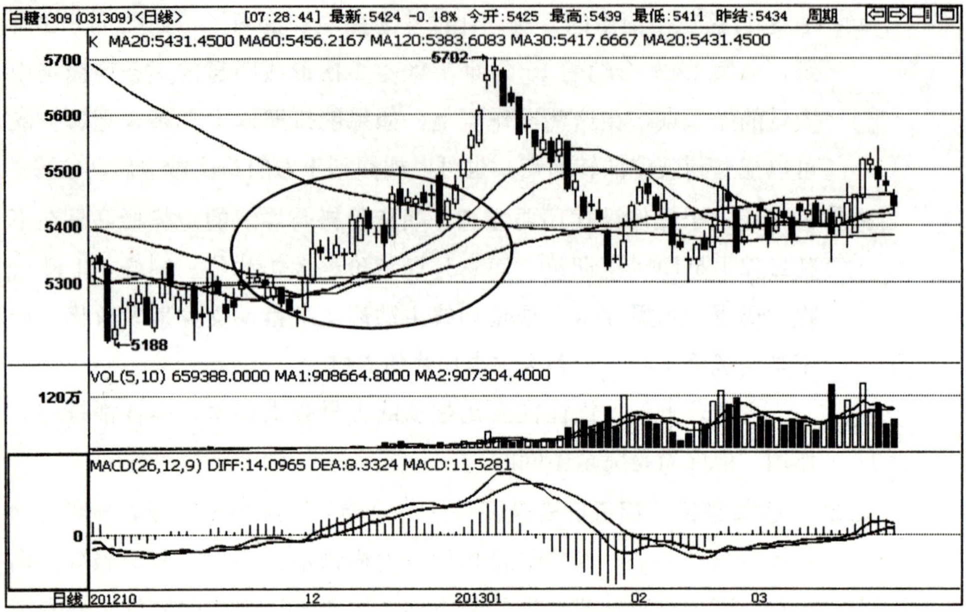

图 17—4

jacky：是啊！过于贪婪了。其实，在日 K 线上，能够通过技术分析把握到这样的操作点也是非常不错的，贪婪会让操作变形。

独狼：如果我们看后面 3 月底的位置，这个位置均线的集中度相对就比前面的好的多，如果有多个目标品种可以选择，则应尽量选择这种集中度相对比较好的位置进行分析操作。

jacky：看来有了好的方法，使用不当也不行。谢谢老师。

老纪点睛

共振模式诠释了团结就是力量的真理

任何方法、任何指标都不是万能的，都有缺陷。多指标共振、单指标多周期集中点的合力分析都可以提高技术分析的准确度。

一根筷子很容易就被折断，一把筷子的力量就会增加很多。把这个道理用到期货市场中，也是相同的。单根均线比较分散的时候，会分别对期货价格波动有影响，多根均线集中在一个点的位置，是对期货价格形成集中影响的位置，其作用会非常好。

虽然指标集合点会形成合力，会对期货价格产生一定的集中推动力量，但是这个力量同样会被集中打破，若被集中打破，其效果也是非常明显的。

避免单指标合力分析出现失误的方法有三点：

首先，要保持顺势而为的操作思路，当趋势形成以后，尽最大可能地将分析结果偏向顺从趋势的一方。

其次，要辅助其他指标配合使用，提升判断方向的准确度。

第三，可以在关键位置进行多观察，当方向明确后再进行操作。

进行单指标合力分析操作要注意三点：

一是K线的周期选择不要过长。

二是四条均线要相对集中，最好黏合。

三是必须坚持在大周期中做小波段。

第四篇

日内分时技术分析

分时技术是投机交易的核心内容，通过日内分时技术的学习，能够提高操作的准确度，更容易找到最佳的开仓、平仓时点，把握操作主动权。扎实的分时技术是我们实现盈利的必修功底，需细心揣摩，不可小觑。

第18章 看懂分时图上的六组重要信息

蓝天：进行日内投机交易，我们经常要看分时走势，通过分时走势寻找到较为准确的开仓和平仓位置，如果能够对分时走势掌握的非常精准，那么日内投机获利就不是问题了。

可是实际操作中，我的分时图技术分析能力不是很强，我们能不能进行一些关于分时走势的学习呢？

目不丁：当然可以。从今天开始，我们针对如何把握好分时走势进行重点交流，希望对你有所帮助。

蓝天：太好了，下面我还是继续认真地做好笔记。

老师，我们今天先从什么地方开始学习呢？

目不丁：我们先从分时走势需要重点关注哪些技术要素来学习，知道了需要重点关注哪些技术点后，再逐一地对一些好的操作方法进行讲解，可以吗？

蓝天：非常好啊！先全面地建立一个整体的认识，再突出重点地掌握一些技术方法，这样更容易建立比较系统的思维模式。

目不丁：那我们开始吧。首先我们以图18－1PTA1309合约2013年4月8日分时走势图为例，来详细交流一下分时最重要的分析因素之一：价格和趋势。

这个非常容易理解。我们做期货交易，时刻都需要关注价格变化，想实现盈利就必须要在价格上寻找差额。而分时图中最重要的也是价格走势，所有技术要素都是围绕价格而辅助设计的，所以价

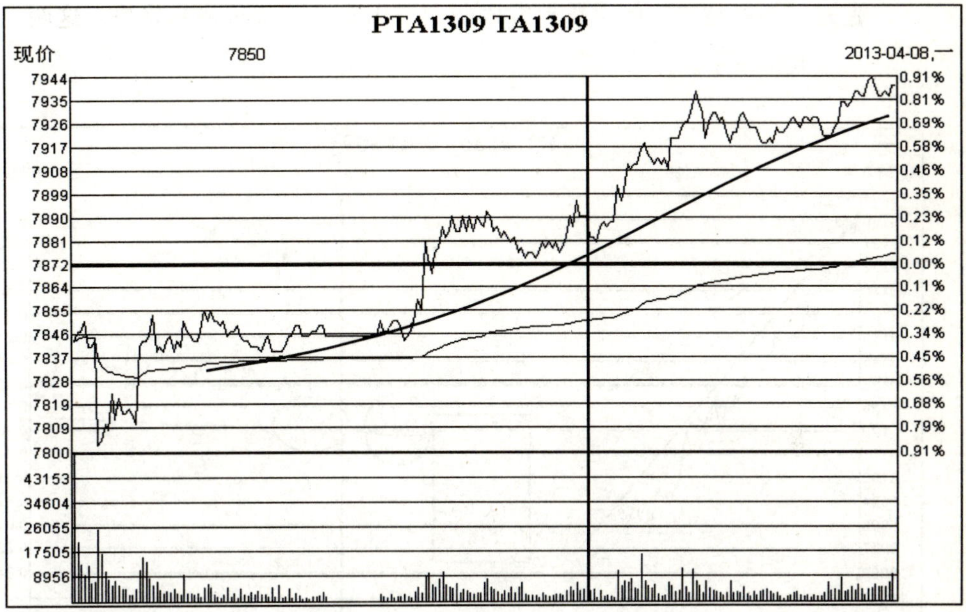

图 18—1

格是期货交易的第一要素，也是分时图中最为重要的分析因素。

图 18—1 中的价格曲线是当天期货价格波动的分时点连线图，反映了期货价格的变化，也是我们进行日内交易和技术分析重点关注的一根曲线。

蓝天：价格确实是我们最为关心的因素，老师为什么把趋势与价格放到同等位置，是想说趋势与价格是同等重要的吗？

目不丁：我们常说，要顺势而为，要判断当前市场环境是多头市场还是空头市场，这些都是在强调趋势的重要性。

技术分析的重要理论基础之一，就是假设期货价格会延续当前趋势运行，没有了这一假设条件，就失去了技术分析的意义。所以，分析趋势方向也是非常重要的。只有通过对趋势进行准确判断，才能明确当前市场环境，预测下一步期货价格波动方向。

同时，根据期货投资者的交易周期不同，所选择的趋势大小也不同。大趋势中往往包含中趋势，中趋势中包含小趋势，实盘操作中一定要根据自己的交易周期，选择比较匹配的趋势周期。

蓝天：分时技术分析中最为重要的两个因素是期货价格和趋势，这两点我记下了。

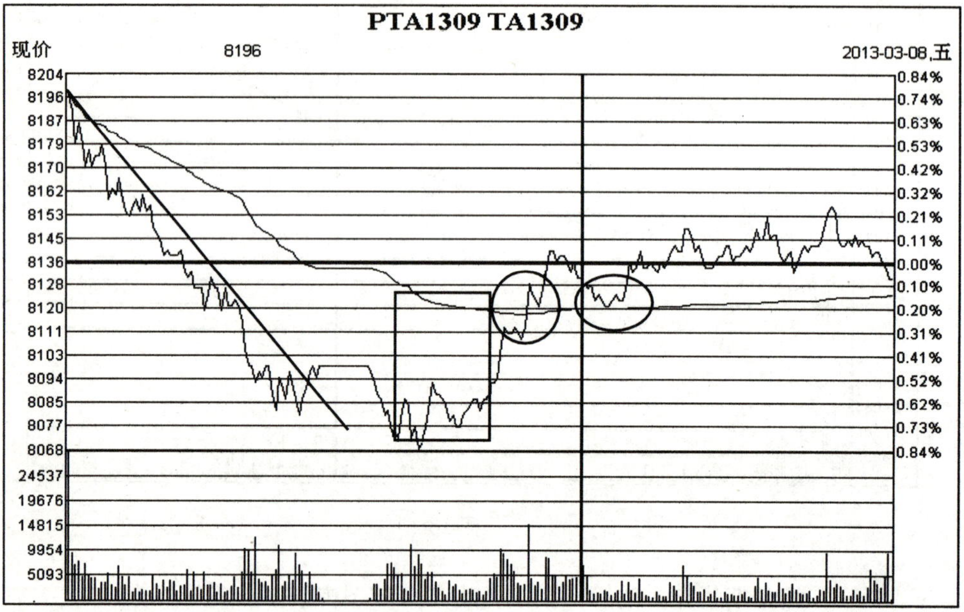

图 18—2

目不丁：接下来需要关注分时均价线的方向与位置对期货价格的重要影响。我们以图 18—2PTA1309 合约 2013 年 3 月 8 日分时走势图为例，来进行详细说明。

图 18—2 中，在期货价格附近跟随期货价格平滑移动的线就是分时均价线，均价线可以反映出本交易日所有交易者的平均成交价格。

当期货价格在分时均价线的下方运行的时候，我们可以简单地理解为，当前大部分做空的交易者是处在盈利状态的，空头相对比较强势，本交易日期货价格处在下跌状态的概率相对较大。

当期货价格在分时均价线的上方运行的时候，我们可以简单地理解为，当前大部分做多的投资者是处在盈利状态的，多头相对比较强势，本交易日期货价格处在上涨状态的概率相对较大。

蓝天：我们是不是也可以将均价线作为多空双方的分水岭，只要期货价格能够在分时均价线的上方，我们就可以看作多头市场，而期货价格在分时均价线的下方，我们就可以看作是空头市场？

目不丁：可以这样进行简单的初步判断。比如图 18—2 所示走势中，在早上期货价格延续下跌趋势的时候，均价线同步向下，期货价格始终在均价线下方运行，所以可以找机会做空。

因为均价线与期货价格最终的结算价非常接近，所以均价线一般都会对期货价格有一个吸引作用。在图 18—2 中方框的位置，期货价格因为距离分时均价线较远，所以再次向均价线有一个靠拢的走势。

随后在第一个圆圈的位置，期货价格有效突破了均价线的压制，在第二个圆圈的位置，期货价格又受到了均线的支撑。

这些位置的变化，对期价后期的走势都有着非常重要的分析意义，我们只有真正读懂了这些技术点的盘口语言，才能够准确地对期价后期的变化进行预测。

蓝天：这些位置变化对期货价格有着怎样的影响，我们以后是不是都要进行详细的学习？

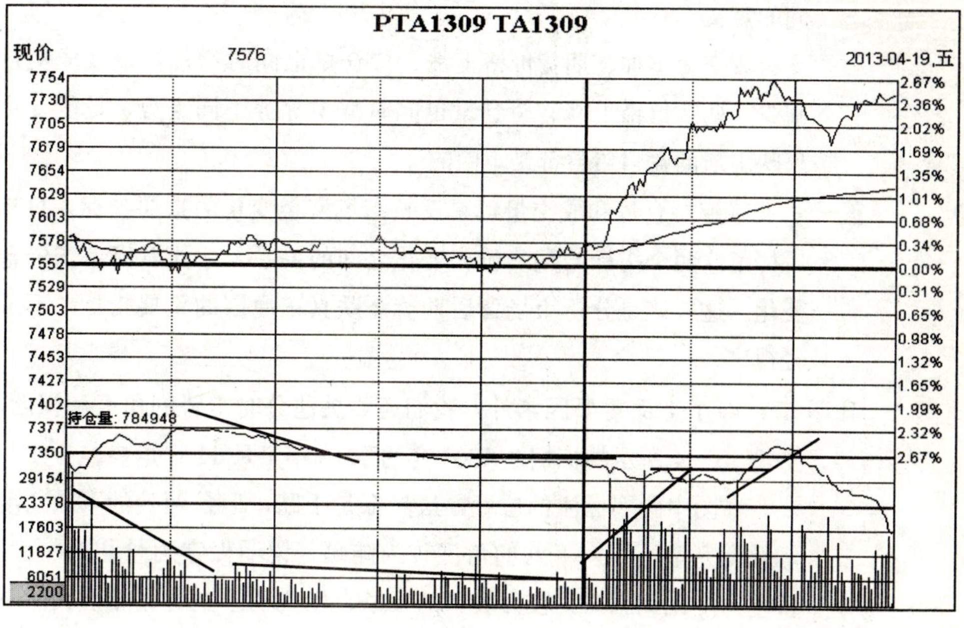

图 18—3

目不丁：只要有机会，我们都会进行详细讲解的，现在我们以图 18－3PTA1309 合约 2013 年 4 月 19 日分时走势图为例，再来了解一下成交量和持仓量的重要性。

在分时走势图的下方，分别是成交量和持仓量。持仓量是以曲线的形式表示出来的，成交量是以柱状图的形式表现出来的，每根柱状图的长度反映了当时分钟交易量的累加。持仓量和交易量反映了市场中的交易活跃程度和多空分歧大小。

蓝天：成交量我们以前在进行股票交易的时候经常用到，持仓量有别于股票交易，是在期货市场才有的一个新的分析因素。

目不丁：通过分析持仓量的变化，可以分析市场多空力量的大小、变化以及多空力量更新状况，是非常重要的一个因素。持仓量与成交量相互配合使用，可以初步判断出市场大概的方向，以及交易者在做什么、想做什么，这对后期期货价格走势的预测有很重要的意义。

如图 18－3 所示，我们需要关注成交量的放大、缩小与期货价格的变化。同时，还要关注持仓量的增加与减少同期货价格涨跌之间的意义。

成交量增加、期货价格上涨、持仓量也同时增加，以及成交量减少、期货价格上涨、持仓量也同时减少等等不同走势、量能变化反映出来的盘口语言都是不同的。

蓝天：我理解持仓量和成交量都是反映市场资金变化的重要指标，只有掌握了这两个指标与期货价格变化之间的关系，才能看懂市场资金变化。这应该是分析市场背后期价涨跌真正原因的重要指标，不可轻视。

目不丁：除了上面重要因素外，我们还要关注分时走势的角度和幅度，如图 18－4 所示的棕榈油 1305 合约 2013 年 1 月 11 日走势。

在图中圆圈标注的位置，虽然都是下跌，但是两处的下跌角度和幅度完全不同。下跌的角度较为陡峭，说明做空力量相对较大，多空力度比例悬殊；较为缓和的下跌，则说明多空力量相差相对不够悬殊，但是空方占据上风。

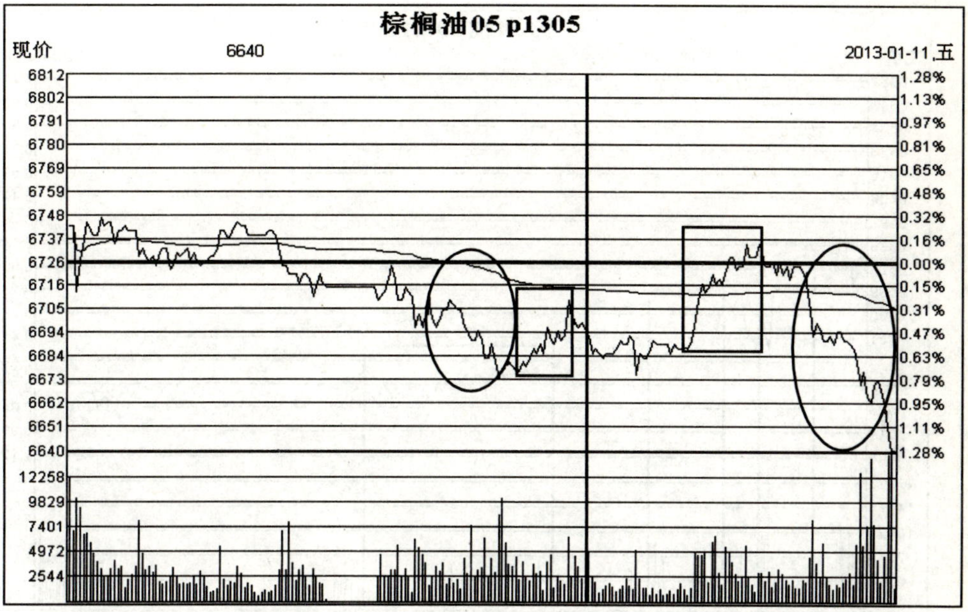

图 18—4

同样道理，在两个方框标注的位置，虽然都形成了上涨，但是两处的上涨力度完全不同。为什么不同，你可以说说吗？

蓝天：两处虽然都形成了上涨走势，但是两处的上涨角度不同，上涨的幅度也是不同的。相对比较上涨角度较大的位置，说明做多力量比做空力量明显大很多，所以后期的上涨会更加有力。

目不丁：是这样的。我们通过对分时走势的角度、幅度进行对比，可以从侧面看出多空博弈的胜负及力量悬殊情况，这样有利于我们对后期走势的准确判断。

蓝天：对于较大幅度的快速下跌，其有效突破支撑位置的概率就相对较大些，而对于角度较大的上涨，我们就有理由相信其突破压力位的概率更大一些。如同图 18—4 中第二个方框的位置，期价上涨的一刹那，角度要明显大于第一个方框位置的上涨，所以其有效突破分时均线压力的概率就大一些，突破后还能够再进一步地上涨。

目不丁：我们再来看第五组需要重点关注的因素——波长和力度。如

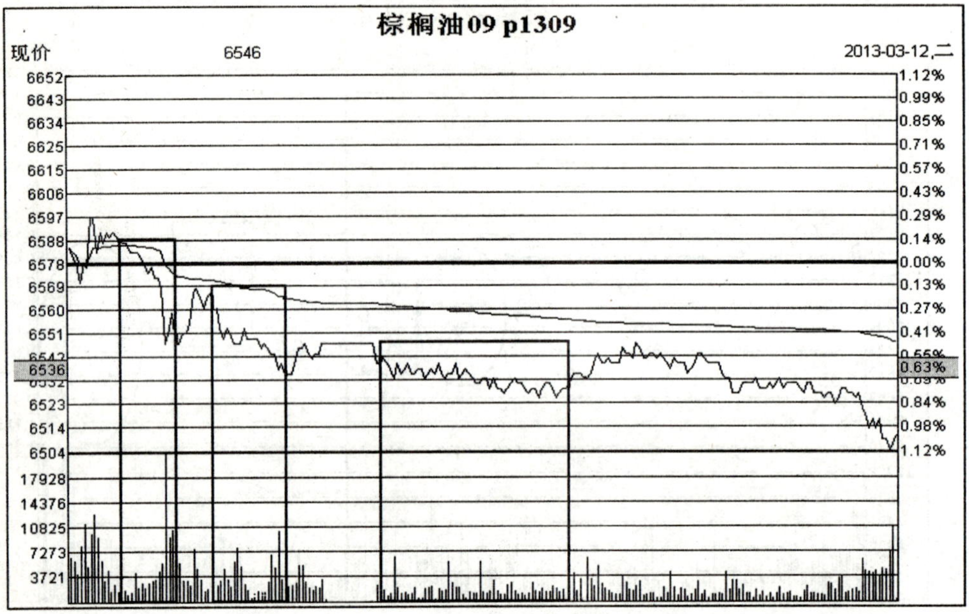

图 18—5

图 18—5所示的棕榈油 1309 合约 2013 年 3 月 12 日走势。

我们用三个方框来标注了不同位置、不同形态、不同波长和不同力度的三波下跌走势，其实盘操作中所传递出来的信息也是完全不同的。

蓝天： 很明显，我们能够从分时图走势中看到，第一波的下跌波长较长，力度较大，幅度也相对较大；第二波次之；第三波下跌比较缓慢，幅度虽然不是很大，但是持续的时间较长，角度也相对比较平缓一些。

目不丁： 为什么会出现这样的结果？一方面是因为其走势与期货价格所处的位置以及市场环境等有密切关系；另一方面是因为第一波下跌有了较大的成交量配合，第二波成交量随之减少，第三波下跌成交量相对更少。

我们前面说过，成交量是期货价格波动的动力，是资金博弈的展现，没有了成交量，期货价格的下跌就失去了动力。

所以，三段走势虽然都是下跌，但是其力度是不同的，而下跌的持续性不同，影响了波长的不同。实盘中，我们可以通过对下跌力度和波长的分析，判断出期货价格后续下跌的可延续性。

蓝天：角度和幅度与力度和波长似乎有相同之处，为什么不把它们放到一组呢?

目不丁：力度含有成交量，波长与量能持续性有关，是从更深层次反映资金博弈状态的一组因素。而角度和幅度所反映的是形态，所以两者是不同的。

蓝天：我明白了，两者的本质是不同的。

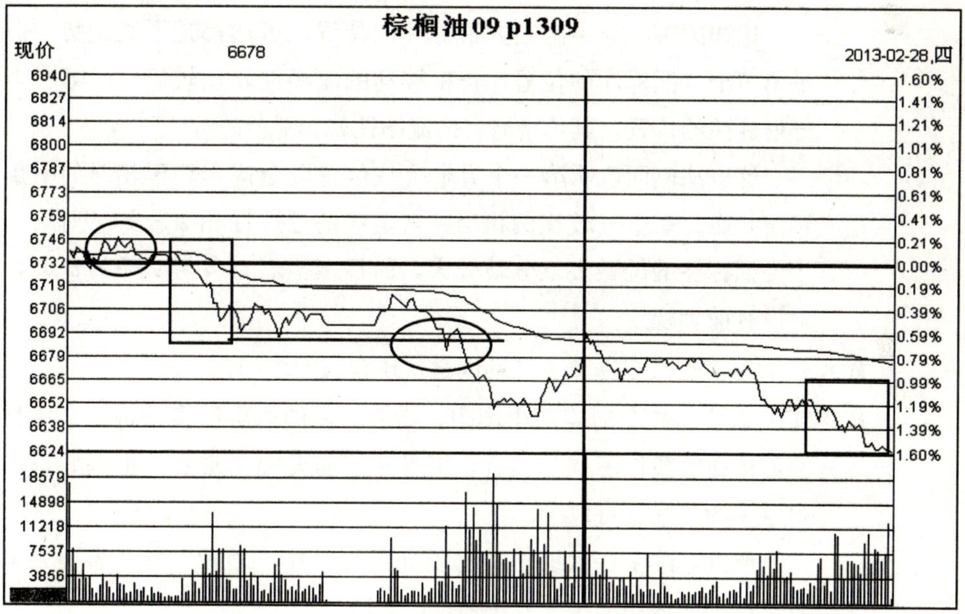

图 18—6

目不丁：第六组因素是形态和流畅度。如图 18—6 所示，为棕榈油 1309 合约 2013 年 2 月 28 日走势图。

在第一个圆圈的位置出现了三重顶的小形态，在第二个圆圈的位置出现了向下突破支撑的经典形态，在这张分时图上，还有 V 形反转形态、头肩顶形态等。有很多比较经典的形态图出现在分时走势中，都是需要我们重点关注的。

这些被市场认可的经典走势形态，能够从本质反映资金博弈情况，而期货分时走势往往体现的是资金的多空博弈。只要形态符合，量价配合完美，就需要引起我们的高度重视，弄清楚该种形态出现在当前位置的意义，会对后期分析预测有着重要的帮助。

蓝天：那么还有流畅度呢?

目不丁：流畅度能够反映出当前资金博弈的趋势性以及稳定性。流畅度较好的分时走势其技术分析的价值更高，经典走势的可重复性更强。所以我们可以关注一些分时走势流畅度较好的品种，进行技术分析预测。

比如图 18－6 中两个方框标注的位置，虽然都是下跌走势，但是第一个方框标注的位置，价格波动的流畅性就比较好，而第二个方框标注的位置，其价格波动的流畅性就相对差一些。

这也从侧面说明第一个方框标注位置资金博弈趋于相对的平衡稳定状态，多空分歧比例相当，其走势的延续性相对较好。而第二个方框标注的位置多空分歧较大，而且多空双方参与交易的资金相对没有前者稳定。

蓝天：学习了这么多需要关注的因素，还有第七组吗?

目不丁：其实，在分时走势中图中，需要关注的内容很多，每一个信息都能传递给我们不同的语言，但是我们需要突出重点，把握好自己最拿手的一些就可以了。

所以，除了这六组相对比较重要的以外，还有一些，需要大家自己根据所惯用的操作方法去重点挖掘。

蓝天：好的。谢谢老师的交流，一下子让我的思路清晰了很多，以前看分时走势什么都关心，什么也都看不透，这次的交流对我帮助很大，后期希望能够针对以上内容进行更深度的交流。

老纪点睛

知道看什么才能明白需要做什么

看分时图要知道看什么，关注什么信息，其中最为重要的六组信息是：

第一组信息：价格和趋势

期货交易时刻都需要关注价格变化，想实现盈利就必须要在价格上寻找差额。同时，通过对趋势进行准确判断，才能明确当前市场环境，预测下一步期货价格波动方向。

第二组信息：分时均价线的方向与位置

可以简单地将均价线作为多空双方的分水岭，只要期货价格能够在分时均价线的上方，我们就可以看作多头市场，而期货价格在分时均价线的下方，我们就可以看作是空头市场。

第三组信息：成交量和持仓量

持仓量与成交量相互配合使用，可以初步判断出市场大概的方向，以及交易者在做什么、想做什么，这对后期期货价格走势的预测有很重要的意义。

第四组信息：分时走势的角度和幅度

通过对分时走势的角度、幅度进行对比，可以从侧面看出多空博弈的胜负及力量悬殊情况，这样有利于我们对后期走势的准确判断。

第五组信息：波长和力度

不同形态、不同波长和不同力度的涨跌走势，其实盘操作中所传递出来的信息也是完全不同的。

第六组信息：形态和流畅度

流畅度能够反映出当前资金博弈的趋势性以及稳定性，形态反映了价格波动的性质。

第 19 章 如何在分时启动点上择机开仓

紫岳：在进行日内投机操作中，经常是开仓后期价表现非常呆滞，长期横盘在很小的范围内波动，当耐不住寂寞进行平仓后，期价立即发起攻击，非常尴尬。如何才能把握到行情的启动点呢?

独狼：能够把握行情的启动点确实有着非常重要的意义。

一方面，在启动点开仓，更容易获取比较可观的利润。

另一方面，在启动点上我们更容易看清期货价格的波动方向。

对于准确把握行情启动点的方法很多，最为常用也是最为有效的方法，是不见兔子不撒鹰的方法，即突破位置顺势开仓的方法。

紫岳：那我们现在开始对这个方法进行详细的说明吧。

独狼：好的。我们以图 19—1 豆油 1309 合约 2013 年 1 月 18 日走势图为例，对价格形成突破后如何进行操作进行跟踪说明。

对于突破可以总结为价格突破、形态突破、量能突破、趋势突破、重要支撑压力位置突破等突破，其中价格突破最为直观和重要，其他几种突破方法与价格突破也有着很多共性，所以本次我们重点对价格突破的操作进行说明，也希望大家能够学会举一反三。

紫岳：本次我们重点学习价格突破的相关操作要点，后期别的突破方法也希望老师能够交流，如果实在没空就放到投资时代 168 网站（www. tzsd168. com）中的交流区，我们再举一反三后，对照自学可以吗?

独狼：呵呵，好的。

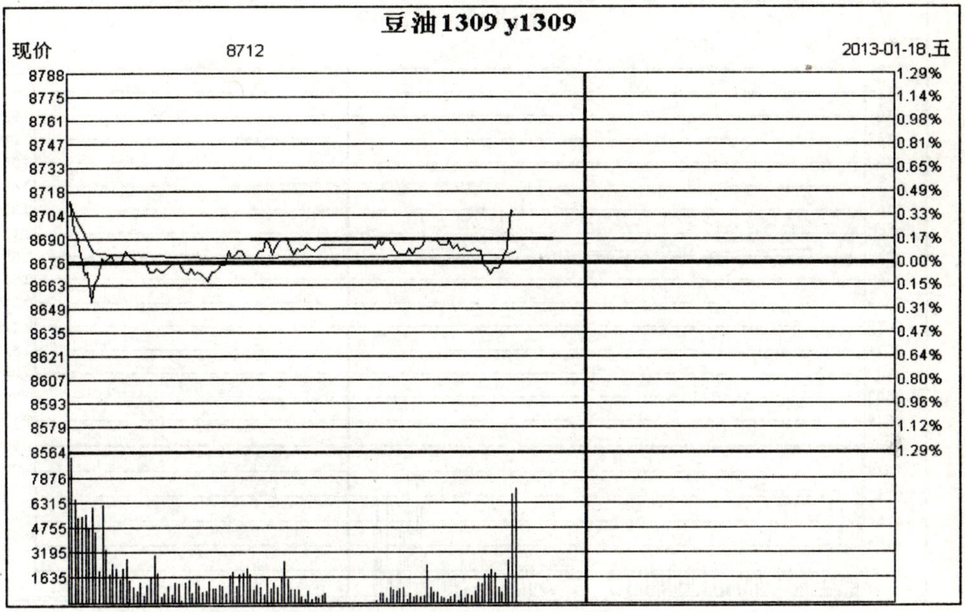

图 19—1

如图 19—1 中所示位置，在这个位置期货价格形成了放量上涨的走势，并且有效突破了分时均线的压力和前期横盘期间形成的价格高点。

对于此次的突破，一是成交量较为支持，二是期货价格突破的是前面横盘期间多次触及而没能有效逾越的价格，所以突破是有效的。我们可以从理论上把该点位视为有效突破形成的一波行情的启动点。

对于该行情是否能够真正延续是需要后期跟踪判断的，当前位置我们可以作为行情启动点来进行开仓。

紫岳：听老师的话外之意是要说，虽然可以作为启动位置来开仓，但是必须要做好止损的准备，是吗？

独狼：非常正确。对于形成的首次突破，若量价配合比较完美，成功的概率一般较大，所以值得重点关注。同时，首次突破的走势也是能够获得可观利润的位置，所以值得重点关注。

但是，由于行情刚刚展开，而且是需要快人一步开仓，所以对

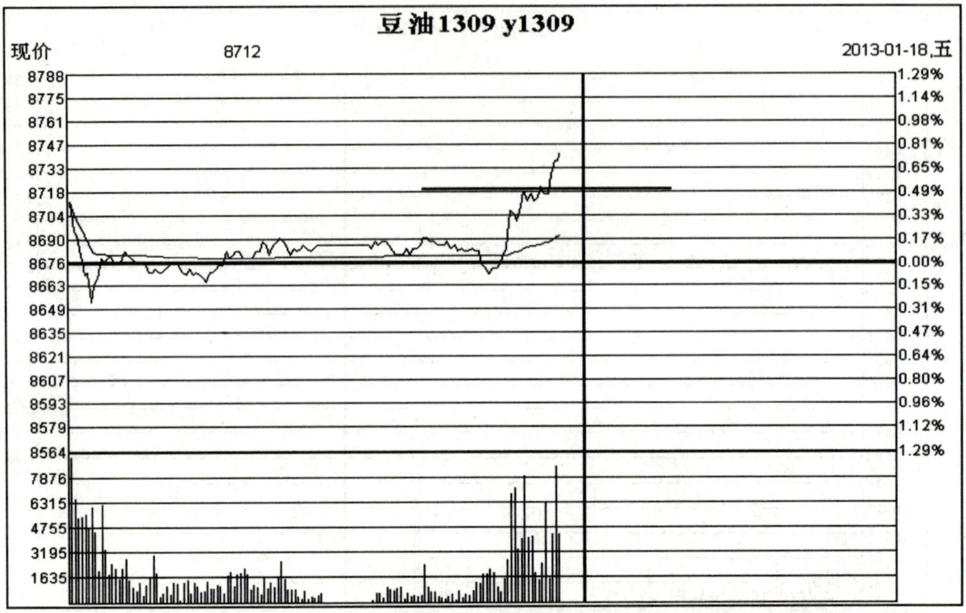

图 19—2

能否形成真正的行情还有待进一步观察，因此，此时止损保护就显得更加重要。

紫岳：所谓风险往往与收益是对等的，想实现较大的收益，肯定会冒更大的风险，这点是可以理解的。想买在启动点上，还想不冒风险是不现实的。

独狼：我们接着对豆油 1309 合约 2013 年 1 月 18 日走势进行跟踪。如图 19—2所示，突破形成了有效突破，期货价格延续上涨，并且在相对高位形成高位小幅震荡后，再次拉升。

当期货价格有了一定涨幅后，在高位形成一次多空换手就等于是积蓄量能，再次形成的突破就形成了二次突破。二次突破也是可以继续参与的，二次突破形成后，期货价格还能否继续延续原趋势上涨，其走势变化对后期多空博弈影响较大。

紫岳：相对于第一次的突破，二次突破的前奏显得就比较短了，期货价格在高位震荡整理的时间没有第一次突破之前蓄势时间长，是不是说二次突破后的价格上涨空间没有第一次的大？

独狼：两个位置的蓄势是不同的，第一次突破前的蓄势是为了打破原平稳趋势，并且要激发交易者的热情，形成较为活跃的交易环境；而第二次的突破是为了进行短暂的整理，对一些分歧较大的资金进行消化，所以相对更为短暂。

相反，第二次突破整理蓄势的时间越长，后期趋势延续的力度反而会越发无力，恰到好处的位置和时长的蓄势会对后期趋势延续提供更加充足的动力。

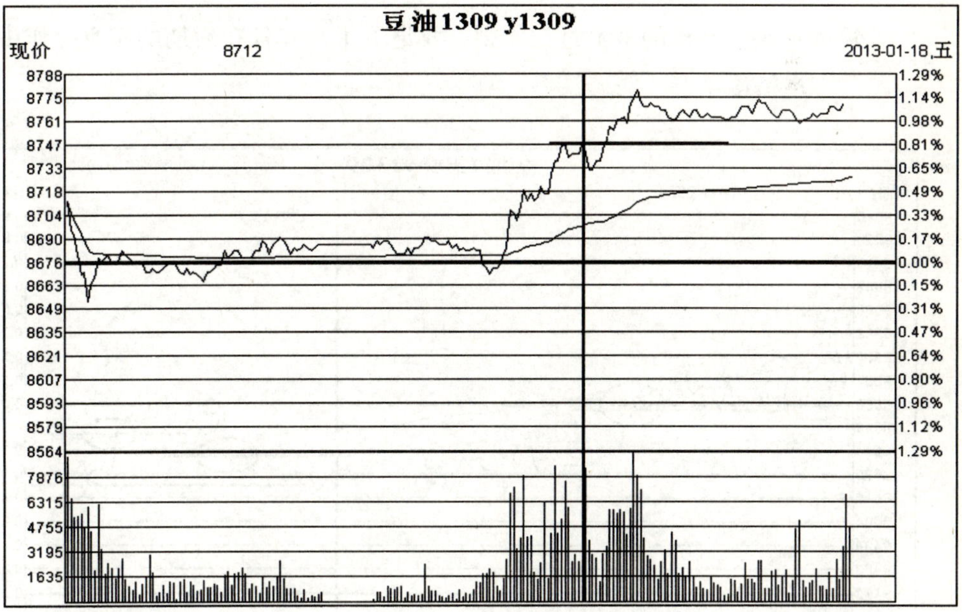

图 19—3

紫岳：二次上涨后，只要市场环境不变，我们是不是还可以期待第三次的上涨，直到趋势走完？

独狼：从涨跌方向和概率分析，只要趋势不反转，我们就可以跟随已经启动的行情顺势操作，直到行情走完。但是，实盘操作中，若是要追求快速启动的行情利润，仅针对突破行情来讲，我们要遵循事不过三的操作原则。

如图 19—3 所示，对豆油 1309 合约 2013 年 1 月 18 日走势进行跟踪，在标注位置形成了第三次的价格突破走势，在这个位置我们虽然可以继续按照突破来进行操作，但是此时需要放大风险权重，对市场环境等因素的配合要求也更加苛刻。

紫岳：也就是说，第三次突破后，我们就不再期待第四次、第五次的突破走势。

独狼：是的。虽然有时候也会出现第四次、第五次的突破走势，但是，那不是我们所追求的高位突破操作。按照事不过三原则，我们要放弃，这也是遵循高概率的原则。

紫岳：突破操作的事不过三原则，我记下了，并且在后期的实盘操作中严格遵守。

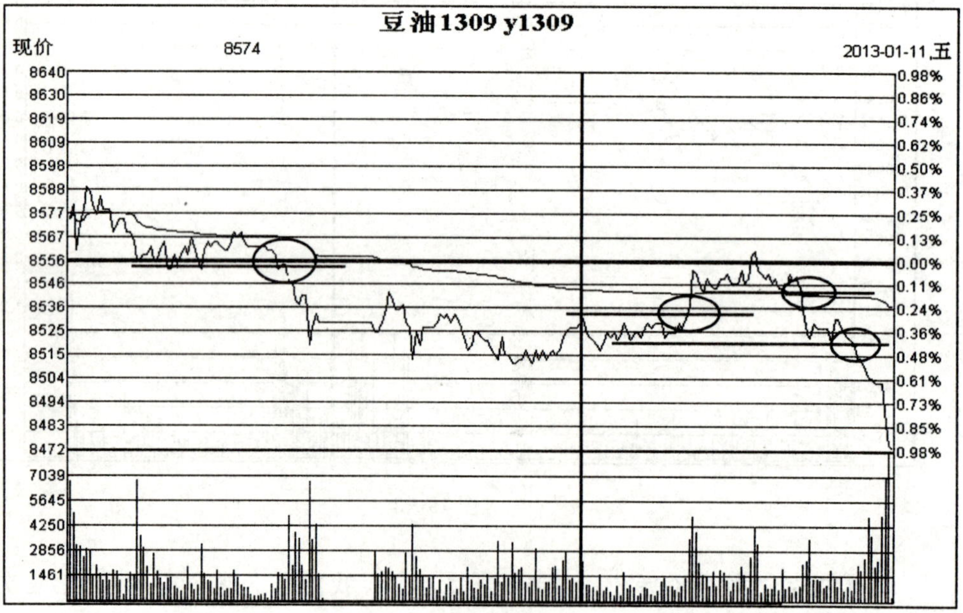

图 19—4

独狼：当然了，价格突破只是诸多突破操作中的一种，是突破操作的基础，也是寻找行情启动点打基础的一种辅助操作方法，虽然简单，但是意义重大。

紫岳：我自己也对以前操作过的历史走势进行了复盘学习，如图 19—4

所示的豆油 1309 合约 2013 年 1 月 11 日分时走势图。

当时没有注意，现在回过头来看，图 19－4 中多处都形成了比较明显的突破走势。第一个圆圈位置，形成了对前期调整低点的向下突破，随后形成了快速下跌。

第二个圆圈位置，形成了对前期横盘高点的价格突破，随后再次对分时均价线形成了突破。

第三个圆圈位置，形成了对前期整理低点的有效突破，同时伴随着向下对分时均价线的突破。

第四个圆圈位置，再次形成了对前期调整低点的价格突破，并且形成快速的下跌走势。

看来只要把握好这些突破的位置，就能把握住行情的启动点，可以很快地实现短线投机利润。如果再运用突破来对分时进行分析，期货日内投机好像真的很简单。

独狼：呵呵，要是都真的这么简单就好了。我们本章所讲解的只是突破的基础，后期有机会我们还要对其进行深度讲解，否则只是掌握这些基础是不足以应对复杂多变的市场的。

比如图 19－4 中，四个突破虽然都能够形成同向趋势的利润，但是其本质还都是有区别的，尤其是最后的一次突破走势，虽然能够给交易者带来最大的利润，但是其存在着严重的失真，更是需要引起警惕的一种走势。

紫岳：啊？这么严重。看来我还需要加深学习。老师一定要再进一步详细说明。

独狼：今天我们先把这些基础的东西掌握好，后期我们找机会进行深度学习。

老纪点睛

把握好了突破走势就等于把握住了涨跌的启动点

谁都想开仓在涨跌的启动点上，但是如何才能做到开仓后期货价格立即按自己的开仓方向波动呢？

对于准确把握行情启动点的方法很多，最为常用也是最为有效的方法是不见兔子不撒鹰的方法，即突破位置顺势开仓的方法。一方面，在启动点开仓，更容易获取比较可观的利润；另一方面，在启动点上我们更容易看清期货价格的波动方向。

突破可以总结为价格突破、形态突破、量能突破、趋势突破、重要支撑压力位置突破等突破，其中价格突破最为直观和重要，其他的几种突破方法与价格突破也有着很多共性。

当期货价格有了一定涨幅后，在高位形成一次多空换手就等于是积蓄量能，再次形成的突破就形成了二次突破。二次突破也是可以继续参与的，二次突破形成后，期货价格还能否继续延续原趋势上涨，其走势变化对后期多空博弈影响较大。

第三次突破后，我们就不再期待第四次、第五次的突破走势，即：突破的事不过三原则。

第20章 分时最佳平仓位置的操作技巧

jacky：在实盘操作中，我总是不能在最佳的位置离场，有时候本来已经获利了，却因为平仓位置把握得不好，使利润大大缩水。如何才能找到一个较好的平仓位置呢？

目不丁：首先，所有较好的离场位置都是相对而言的，没有绝对完美的离场点；其次，当收益达到预期目标的时候，随时离场都是正确的；第三，在出现亏损后，需要执行止损纪律时，只要能够严格按照操作计划操作，就是正确的。

当然，在把握相对较佳的离场位置方面也是有一定技巧的，可以通过这些技巧来提高操作的准确度。

jacky：那我们针对离场位置的把握，进行一次学习，老师教我几个小技巧吧。

目不丁：如图20—1所示，为CU1309合约2013年3月21日走势图，早盘期货价格沿着分时均线进行短暂的横盘整理后，快速拉升。此时，若我们手中的多单实现了快速获利，就可以在上涨的最火爆时机，主动地进行平仓离场。

jacky：怎样的情况算是上涨最为火爆的时机？

目不丁：我们可以通过上涨的速度、角度和高点相对历史走势的波动幅度，来进行综合判断。

当一个期货品种形成了快速的波动，市场中的交易者会出现较为明显的获利和亏损，价格的快速波动会刺激交易者进行平仓或者

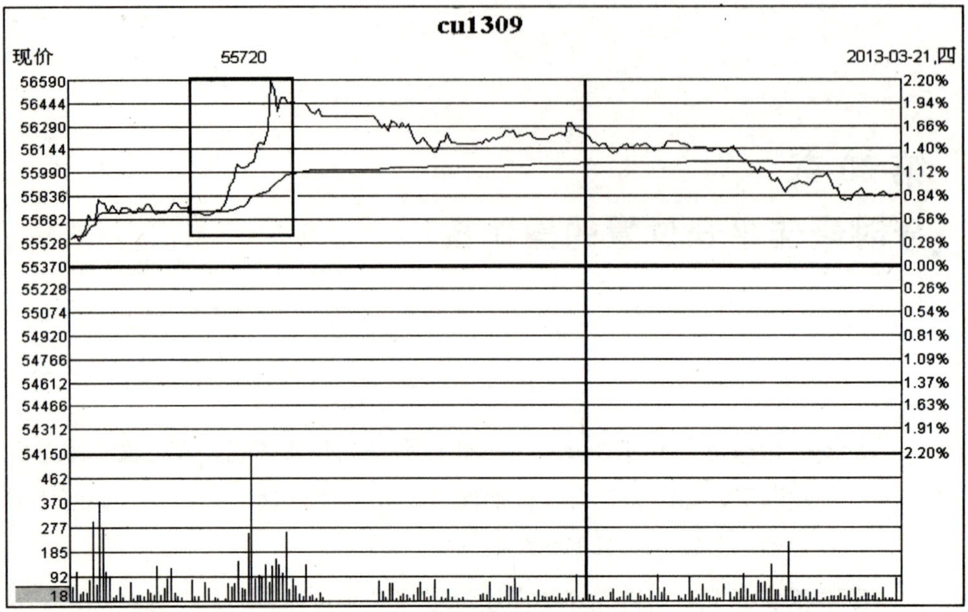

图 20—1

建仓。因此，在价格形成较为激进的涨跌后，往往是市场交易分歧加大，交易量增加，交易性质发生改变的时候，从概率上讲出现急速上涨后，快速回落的概率将会增加，所以有必要对手中已经获利丰厚的持仓进行平仓操作。

jacky：那么在高点平仓后，是否可以立即反向开仓？

目不丁：不可以。平仓是为了落袋为安，规避掉快速涨跌后的不确定因素，但是不能因为快速的涨跌而判断会出现短期反转走势。离场是暂时的，是给交易一个喘息的机会，等看清楚市场中资金博弈的方向后，才可以再次进行第二次的开仓。

jacky：我知道了。也就是说，在交易中，突发的快速拉升或者下跌，会消耗掉多头或者空头过多的资金，所以需要在单方资金消耗过多时，主动离场进行落袋为安的平仓操作。

目不丁：比如图 20—1 中所示的品种，对于短线投机者来说，快速拉升会让更多的获利盘平仓，所以需要给空头一个喘息的机会，有必要暂时离场。

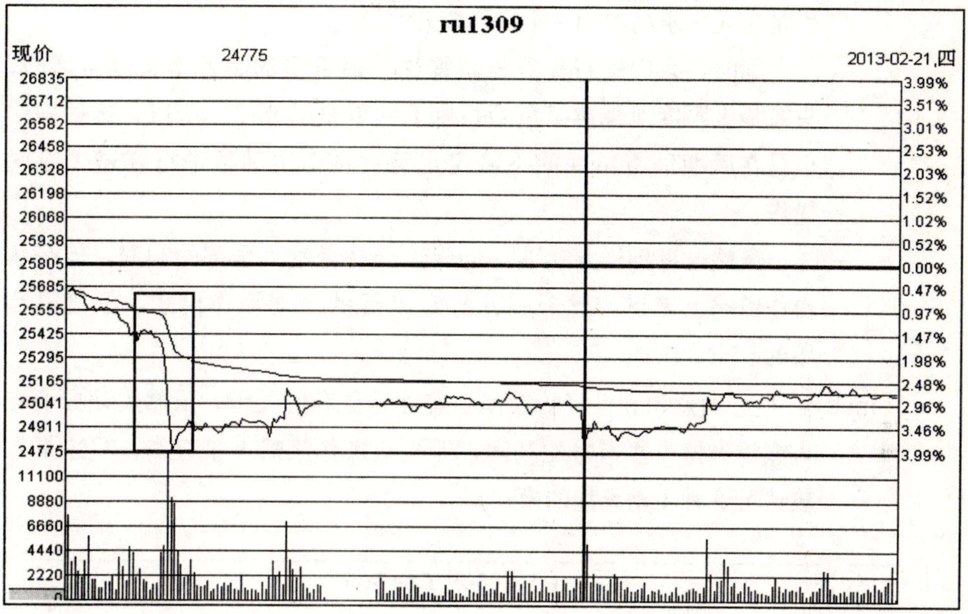

图 20—2

jacky：如图 20—2 所示，RU1309 合约早盘走势，出现了快速的下跌，符合角度过大、速度过快，且低点集中放量的特征，在最后一波快速下跌的时候，若持有获利单，我们就有必要进行及时的获利平仓了。

目不丁：是的。上涨的高点和下跌的低点其性质是相同的。

在分时走势中，出现角度较大、速度较快的涨跌，若同时在重要支撑价位和压力价位出现集中的放量走势时，就一定要注意了。

集中的量能放大说明市场中交易开始活跃，涨跌有效刺激了交易者的神经，多空分歧加大，交易量增加，会对期货价格的变化有着重要的影响作用，对于已经实现快速获利的交易者，有必要在后面将会出现不确定性走势的时候，主动地提前离场。

jacky：在快速涨跌后主动离场属于左侧交易的一种，算是主动出击的操作类型吧？

目不丁：如果能够在交易中把握先机，就能够抓住盈利的关键因素，尤其是进行短线投机操作的时候，一定要比别人快一步。所以这种操作是先人一步的主动出击操作模式。

同时，我们进行短线投机操作，最重要的是要学会规避风险，只有最大限度地规避了风险，剩下的就是盈利了。所以，这种操作也是在后期即将出现的不确定走势之前，主动地进行规避风险的操作。

虽然这种操作方式不一定能让交易者吃到全部的利润，但是从操作策略上来讲，属于一种非常可行的主动操作模式，是值得运用的。

jacky：良好的意识和良好的操作心态才是盈利的关键，虽然主动离场有可能损失掉一些未来的利润，但是从操作策略上来权衡，我还是比较认可这种主动离场的模式。

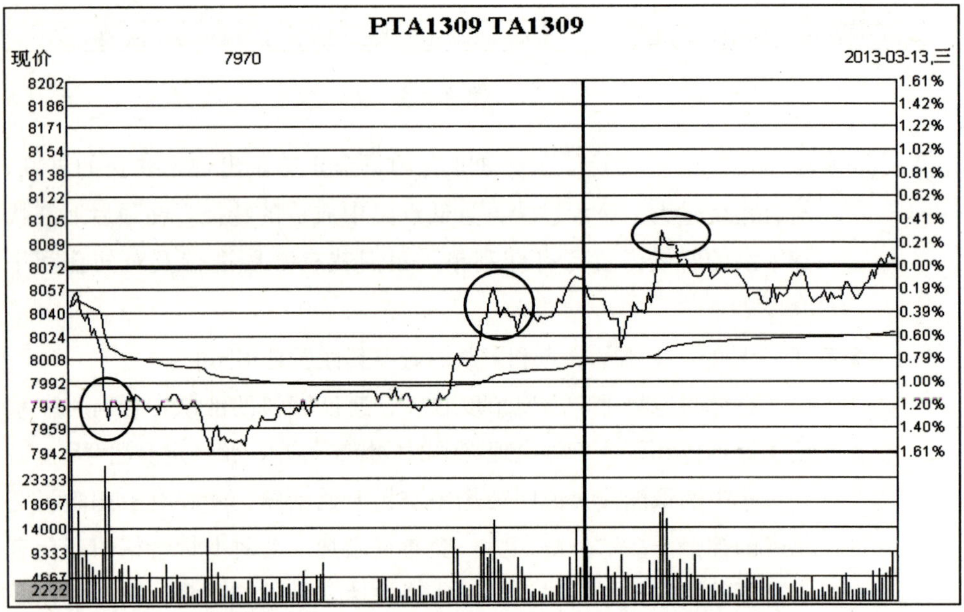

图 20—3

目不丁：我们再来看如图20—3所示的 PTA1309 合约 2013 年 3 月 13 日走势图。

上午开盘不久，期货价格即形成了快速的下跌走势，在下跌的相对低点位置，也就是第一个圆圈的位置时，从当时盘面走势来分析，已经形成了快速下跌，且下跌幅度相对较大，角度相对比较陡峭的走势。此时结合成交量的变化，虽然不是开盘后最大的量能，但相对也是比较大的量能点，所以可以进行主动地离场操作。

离场后虽然经过短暂的横盘，期货价格再次形成了小幅度的下跌，但是也不能否定上一次操作的正确性。

jacky：是这样的。每一次的操作都是独立的，而且市场中没有绝对完美的操作，能够把握住大方向，做对大多数的交易，整体上能够实现盈利就是非常难得的事情了，太过于苛刻的要求，反而会让交易无法进行下去。

目不丁：在期货价格经过整理后，有效突破分时均价线向上运行，此时若再出现快速拉升、角度过大且高点放量的走势，同样是多单平仓的有利位置。

如图 20—3 中第二个圆圈所示位置和第三个圆圈所示位置，这两个位置对手中的获利单进行平仓操作，都是可取的。

问你一个问题：你回答一下第二个圆圈位置和第三个圆圈位置为什么没有让期货价格出现过于激烈的反向走势，反而后期的走势还能延续小幅度的上涨呢?

jacky：应该是这两个位置期货价格虽然角度相对较大、涨幅相对较多、速度相对较快，但是其涨幅、角度、速度和高点的量能不是非常的大，所以其反向走势和对前面的修复度就不太明显，是这样吗?

目不丁：是的。就如同两个人博弈，你给出的力度有多大，另一方反击的力度就会有多大。市场中多空资金的博弈也是这样的。

同时，我们还要注意，虽然在第二和第三个圆圈位置，是相对比较好的离场位置，但是这绝对不是同向趋势开仓的位置，也不是反向趋势开仓的位置。

jacky：是啊，太关键了，不是你提醒我都忽略了这一点。

目不丁：我们再来看如图 20—4 所示的沪铝 1306 合约 2013 年 3 月 17 日分时走势图。

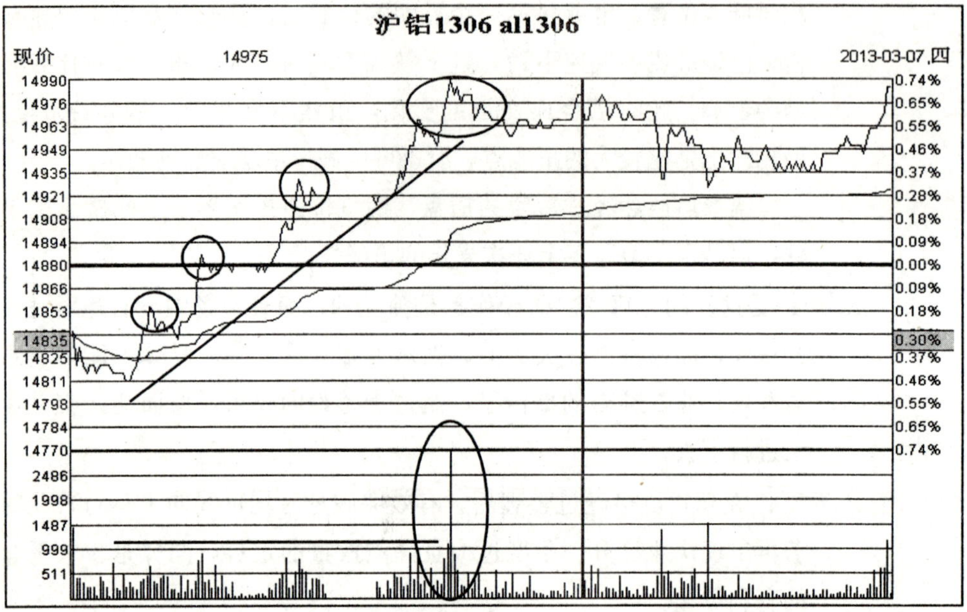

图 20—4

上午开盘后期货价格稍作整理便展开了阶梯式的上涨走势，在上涨过程中，从严格意义上来讲，头三个圆圈的位置都具有一定的离场条件。

在每一个圆圈的位置，期价都符合快速拉升、幅度相对也算得上较大、角度相对也算得上较陡，若按照操作模式和操作计划符合盈利幅度，在这三个位置离场也属于正确的操作。

若单从技术模型上来分析，头三个圆圈位置虽然符合了速度、幅度和角度条件，但是交易量没有相对的放大，所以也存在一定的保留交易。

jacky：这三个位置，属于标准的不能够同趋势方向开仓的位置，这点对操作的帮助也是非常大的。

目不丁：台阶式的上涨，在每个台阶的相对高点滞涨位置都是多空双方分歧加大的位置，开仓平仓相互交融，新多入场、多空换手等交易完成后，当多头力量趋向时，新的上涨就开始了。

当多空分歧过于集中，交易量会集中放大，就如第四个圆圈位置，之所以会形成相对高点，最明显的一个技术特征就是在该位置交易量出现了较大幅度的增加。

jacky：在交易量不增加的位置，我们保持谨慎的操作思路，若符合操作计划的获利幅度，或者其他因素支持离场，则可以选择离场。而在成交量放大的位置，就需要进行主动的离场，规避后期不确定的风险。

前面上涨不放量，所以还有继续上涨的机会，真正的高点才会出现放量，所以说既要关注价格变化，还要关注量能变化，是这样吧？

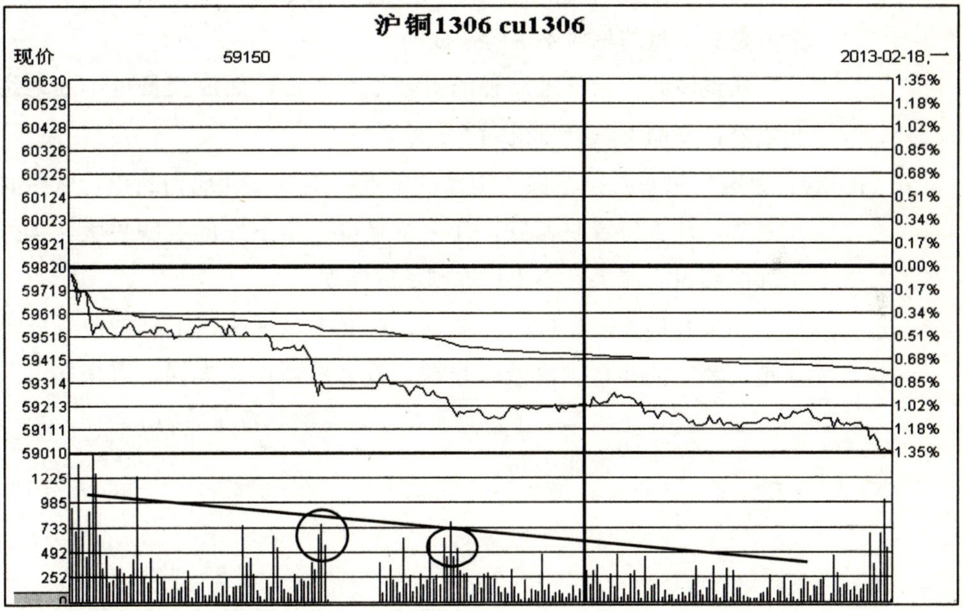

图 20—5

目不丁：是的。我们不仅要关注期货价格的变化，还要关注放量的程度、放量的位置，最好还要结合持仓量的变化来共同分析，效果就更好了。

关于持仓量的分析，投资时代 168 网站（www.tzsd168.com）上交流区的一些相关知识可以先做预习，我们后期有机会再深度挖掘，今天我们重点对本章内容进行消化。

jacky：好的。其实学习不在于多，而在于精，只要所学习的技术点都能够理解透了，掌握好了，关键的位置使用准确了，就足够了。如果不能掌握透彻，学的再多也用不好，用的不准确，位置不对，反而会起到不好的效果。

目不丁：是这样的。以图 20—5 沪铜 1306 合约 2013 年 2 月 18 日走势为例，期货价格开盘后就延续了下跌走势，在下跌过程中，出现了多次的快速下跌走势，其中最为明显的相对快速、大幅度、大角度的下跌在上午我们的两个圆圈位置。

这两个位置出现后，之所以后期还能继续延续下跌，其主要因素就是交易量的相对不活跃造成的。

从整体看，当日该品种的价格不断下滑，而成交量也不断地逐步萎缩，从而下跌趋势得到了有效延续。

jacky：是啊！只有真正把握了操作的重点，能够准确地判断出什么位置是真跌，什么位置是假跌，什么位置进一步下跌的概率更大，操作上才能够得心应手，不出现原则性的错误。

如果我们不能掌握操作要点，在上午出现快速下跌的位置就草草地判断后期即将上涨或者止跌，就会出现操作失误。看来知道某个方法不行，还要学会了，理解透了，掌握熟练了才行。

学无止境，熟能生巧。

老纪点睛

最佳交易位置必须要与成熟的交易理念相融合

正确的操作理念非常重要，想平仓在最佳时点上，要先明白一个道理，即：

首先，所有较好的离场位置都是相对而言的，没有绝对完美的离场点；其次，当收益达到预期目标的时候，随时离场都是正确的；第三，在出现亏损后，需要执行止损纪律时，只要能够严格按照操作计划操作，就是正确的。

当一个期货品种形成了快速的波动，市场中的交易者会出现较为明显的获利和亏损，价格的快速波动会刺激交易者进行平仓或者建仓，因此，在价格形成较为激进的涨跌后，往往是市场交易分歧加大、交易量增加、交易性质发生改变的时候，从概率上讲，出现急速上涨后，快速回落的概率将会增加，所以有必要对手中已经获利丰厚的持仓进行平仓操作。

在分时走势中，出现角度较大、速度较快的涨跌，若同时在重要支撑价位和压力价位出现集中的放量走势时，就一定要注意了。

涨跌有效刺激了交易者的神经，多空分歧加大，交易量增加，会对期货价格的变化有着重要的影响作用，对于已经实现快速获利的交易者，有必要在后面将会出现不确定性走势的时候，主动地提前离场。

第 21 章 围绕分时均线展开的多空分析

gaolegao：通过不断地学习和交流，我觉得近期的操作思路明显清晰多了，而且交易的时候也不觉得那么盲目和手忙脚乱了。

今天我们再学习点儿什么内容呢？

独狼：我们今天学习一个比较常态化的通用开仓模式，这个方法是分时走势中比较常见的形态，如果能够掌握好了，对找到较好的开仓位置有很大帮助。

gaolegao：好的。多掌握一些通用的模式，可以让操作基础更加牢固，那我们现在开始吧。

独狼：好的。我们先来看如图 21－1 所示的玻璃 1309 合约 2013 年 1 月 28 日走势图。

以前我们说过，分时均价线对期货价格有着很重要的作用，分时均价线能够从侧面反映出当前市场环境属于多头市场还是空头市场，也能够反映出当日进行日内投机的大部分交易者是多头获利还是空头获利。所以，分时均价线往往会成为交易者操作参考的重要移动均线。

基于以上分析，对于期价突破或者接触分时均价线的时候，都会引起交易者高度重视，而在分时均价线附近的走势能够反映出交易者的交易心态和大体方向。反映到实盘走势中，期货价格在分时均价线的上方回落到分时均价线附近时，往往会受到支撑。同样，期货价格从分时均价线的下方上涨到分时均价线附近时，往往会存

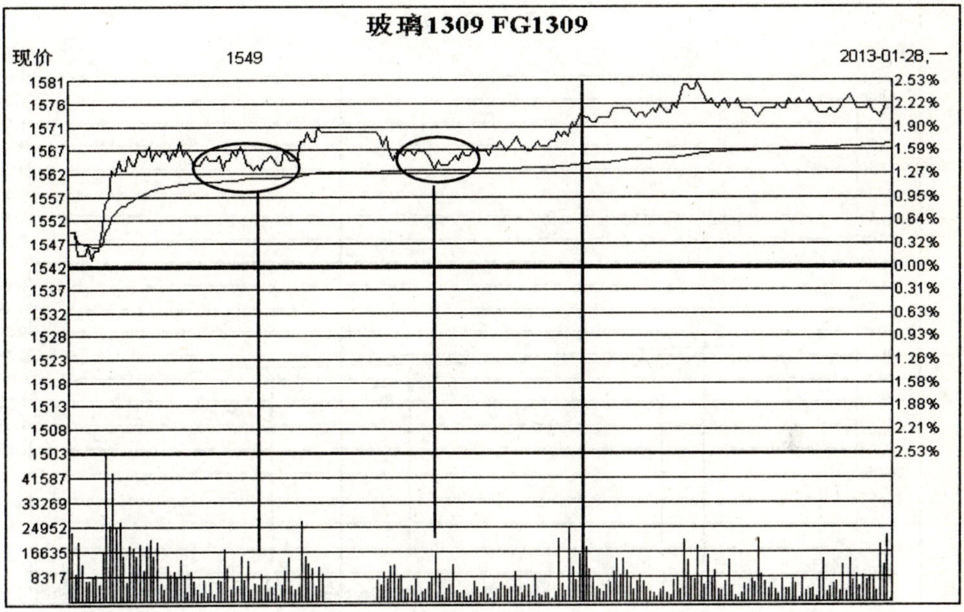

图 21—1

在一定的压力。

所以，当我们判断好市场大方向后，决定要开仓的时候，可以参照这个原则，在分时均价线的附近进行同向开仓。

gaolegao：也就是说，在做多的时候，期货价格受到分时均价线支撑时开仓；做空时，期价受到分时均价线压力的时候开仓，这样成功率会相对大些。

独狼：是的。这是一个最为基础的判断，在这个判断基础上，我们还需要加入别的分析因素。如图 21—1 中所示，通过市场的综合判断，以及期货价格所处的位置，我们决定择机做多。

在圆圈的位置，期货价格受到了分时均价线支撑，所以这两个位置都是相对比较好的开仓位置。

gaolegao：老师请看 PTA1305 合约 2013 年 1 月 9 日分时走势图，如图 21—2所示。

图 21—2 中，期货价格开盘后直接下探，随后延续了分时均价线下方运行的走势。通过对市场综合分析判断，以及当天早盘走势，

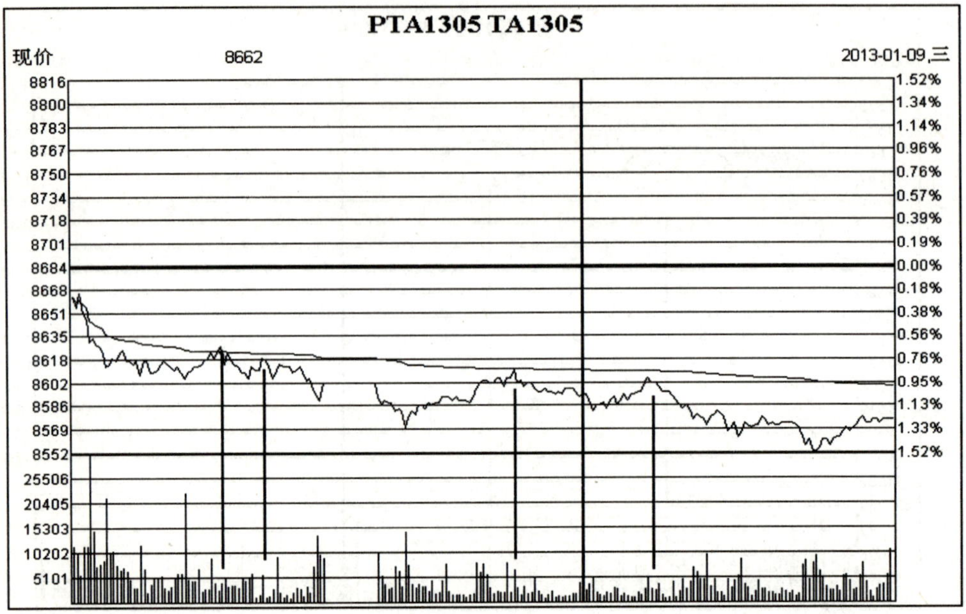

图 21—2

需要择机做空。在实际操作中，我们可以采用期货价格受到均价线压制的时候开仓。

图 21—2 中有几个比较明显的分时均价线的压力位置，当期货价格运行到这个位置的时候，受到均价线的反压，展开了新的下跌走势。

独狼：这个案例比较典型，是比较标准的价格受到均价线压制的走势图。

在实盘操作中，我们不仅需要对期货价格、趋势和分时均价线所处的位置及形态进行关注，还要对成交量进行关注。

成交量代表了多空双方交易的积极性，反映了期货价格是否具有冲破压力的潜在能力。

gaolegao：什么样的量能配合该种走势会更完美呢？

独狼：交易活跃的成交量，说明期货价格具有突破压力的能力，而交易平淡的成交量，说白了是场中的交易者不愿意对当前阵地进行激烈争夺，所以延续原趋势的概率就较大。

gaolegao：我知道了，均线的作用就如同一道阻力线，要想突破该阻力，必须施加以更大的反向作用力，才可以突破阻力。

独狼：如图 21—2 中所示的四个受到均线压制的位置，成交量没有得到有效放大，在相对关键的位置，交易活跃度没有增加，压力效果产生延续原趋势方向继续下跌的概率将增加。

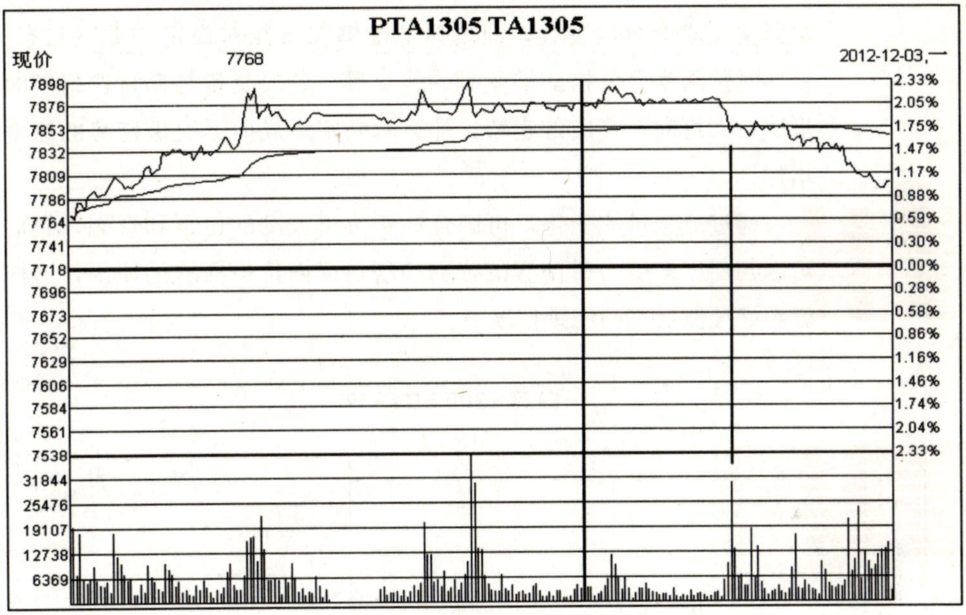

图 21—3

gaolegao：那么，如图 21—3 所示，在 PTA1305 合约 2012 年 12 月 3 日分时走势图中，形成向下突破的原因是因为成交量的增加对吧？

独狼：成交量相对增加，是形成突破的一个重要因素，但不是必要因素。

在实盘操作中，当期货分时能够形成趋势单向运行时，我们可以顺势开仓。期货价格向分时均价线靠拢的位置，是一个成功率相对比较高的较佳位置。在这个位置上是不是会真正形成支撑或者压力，还需要结合当时的成交量、市场环境、分时形态等多个因素。

在没有突发增大的成交量配合下，一般形成突破的概率较小，而量能相对稳定时，均价线的支撑和压力效果会更加有效。所以实盘操作中，需要将成交量作为重要的参考依据。

图 21—3 中 PTA 的分时走势，在期货价格与分时均价线交融的时刻，成交量集中放大形成了一个集中的做空力量，使得分时均价线的支撑效果被打破。

gaolegao：也就是说，在期货价格与分时均价线非常接近的时候，我们可以关注成交量的变化，只要量能能够保持相对稳定的缩减状态，就暂时预测当前价格能够受到均线支撑。若成交量与期货价格同时形成放大可向下突破的走势，那么就断定形成向下突破走势的概率增加。

通过成交量的变化，再结合期货价格波动的位置和形态，我们可以判断出多空力量博弈的强弱表现，读懂价格涨跌的原因，这样就更好预测后期的涨跌情况了。

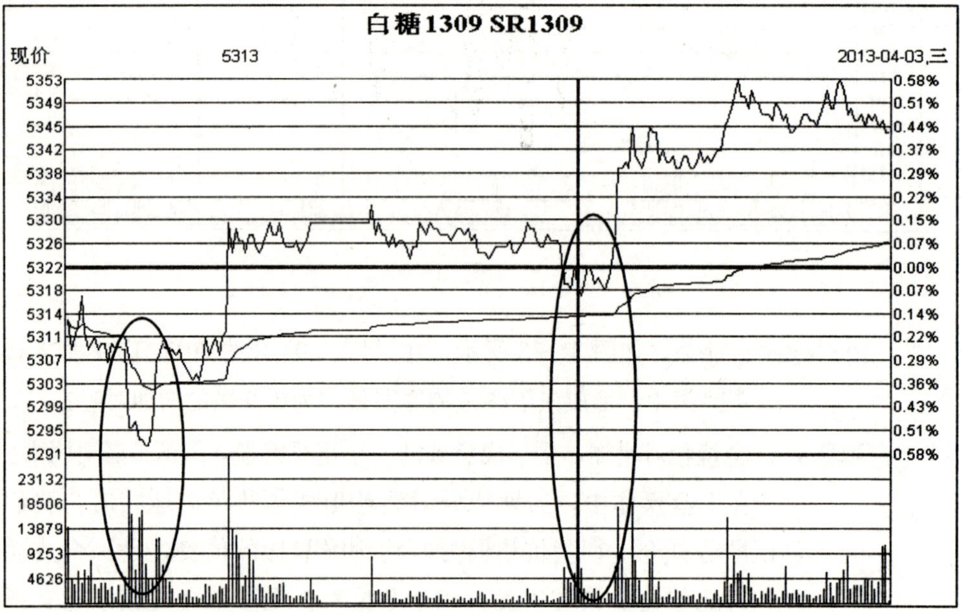

图 21—4

独狼：我们再来看白糖 1309 合约 2013 年 4 月 3 日的分时走势图，如图 21—4所示。

图中有几个比较明显的均线支撑、压力和突破走势，虽然都是作用在同一根分时均价线上，也是同一品种同一天的走势，但是因为其所处位置、分时走势形态以及量能变化的不同，而出现的结果也是不同的。

gaolegao：是这样的。开盘有一个短暂的回落和冲高走势，随后期价下跌，然后再反抽向上突破了分时均价线，此处的成交量是放大的，所以能够形成突破。之后形成了回踩支撑，此处的成交量是缩减的，所以支撑有效。

在临近上午收盘期货价格再次回落到分时均价线附近，虽然成交量稍有放大，但是整体量能还是萎缩的，反而在快速上涨时放出了成交量。所以，后面紧跟的上涨也是有效的。

可以这样理解当日的分时走势吧？

独狼：你的分析能力正在逐步增强，只要能够坚持不断地学习和练习下去，就一定能够掌握这些操作技巧。

前面我们所说的交易量放大是当时的放大，在实盘走势中变化莫测，往往会出现变形的走势，但是其本质和内涵是相同的，你要能够理解了涨跌背后的原因，就不难掌握了。

gaolegao：是什么样的变形呢？

独狼：放量其实是一种力量的体现，是多空双方博弈的结果，如果对突破的一方有利则会形成突破，而对突破一方不利的放量反而会增强均线的支撑和压力作用，首先要明白这一点。

还有，就是放量既然是突破一方发力攻击的结果，那么就存在提前蓄势和当即发力突破两种模式。图 21－4 中所示的第一个圆圈位置，就是一种提前消耗空方力量的走势，下跌的过程中成交量的快速放大，将交易中现有的空方力量集中消耗，所以才会有了后期的快速拉升。

gaolegao：对呀！认真分析一下，还真是这个道理，用多空博弈的思路去思考市场的涨跌，很多想不明白的问题都会迎刃而解，看来每一种走势都需要我们深度挖掘。自从在投资时代 168（www.tzsd168.com）网站与老师及大家进行交流后，我发现我的思路不断地开阔了，以前看到的只是涨跌的表面现象，现在能够学会看本质了。

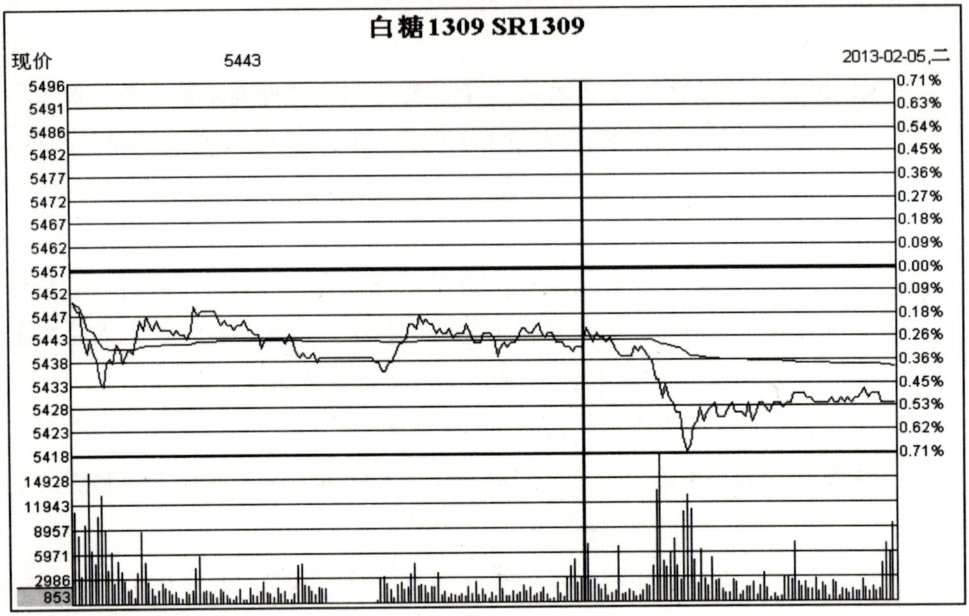

图 21—5

独狼：学习是无止境的，只有不断地学习、总结和完善，再在实盘操作中不断地发现问题，改正错误，就会不断地进步和提高，这样总有一天能够达到预期的目标。

实盘操作中没有万能的方法，所以每一种方法都有弊端，如图 21—5所示的白糖 1309 合约 2013 年 2 月 5 日分时走势，均价线也不是万能的，虽然其作用明显，但是有时候也会形成不断绕线走势，在很长一个时间段中，都会形成每一次的突破都是假突破，每一次的支撑和压力都是无效的情况。

尤其是在牛皮行情中，这种走势更为常见，会让我们不知所措。

gaolegao：所谓的牛皮行情就是指那种走势呆滞、期货价格无厘头的横盘和小范围的涨跌走势。对于这种行情，只能够放弃，太磨人了。

独狼：看不懂，信号不明显，就放弃操作，是一种比较明智的选择。

分时均价线支撑与压力效果最好选择在能够形成较为明确趋势的行情中，适合有涨跌幅度的趋势行情，而不适合牛皮市。

对于期货价格距离均线太近的走势，没有太多的参考价值，所以也需要放弃。对于前期已经形成来回穿的品种，也不要使用本操作技巧。

任何操作方法用对了市场、用对了环境才能发挥作用。有时候经常听到网友说，某某方法不行，而有的网友却说非常好用，其原因就是没有在合适的环境中使用。

gaolegao：是的。没有万能的方法，就如同各种功夫和招式都有破绽，各种兵器都有其优势和短点，能够找到成功率相对较高的操作技巧，快人一步就已经很了不起了，同时用好了，用对了才能发挥其效果，我还得继续努力啊。

老纪点睛

分时均价线与价格波动相互配合分析有利于培养理性的操作思维

在分时走势图中，分时均价线的作用是别的指标难以替代的，要学会使用并发挥其重要作用。

分时均价线能够从侧面反映出当前市场环境属于多头市场还是空头市场，也能够反映出当日进行日内投机的大部分交易者是多头获利还是空头获利。所以，分时均价线往往会成为交易者操作参考的重要移动均线。

期货价格在分时均价线的上方回落到分时均价线附近时，往往会受到支撑。同样，期货价格从分时均价线的下方上涨到分时均价线附近时，往往会存在一定的压力。当我们判断好市场大方向后，决定要开仓的时候，可以参照这个原则，在分时均价线的附近进行同向开仓。

通过成交量的变化，再结合期货价格波动的位置和形态，我们可以判断出多空力量博弈的强弱表现，读懂价格涨跌的原因，这样就更好预测后期的涨跌情况了。放量其实也是一种力量的体现，是多空双方博弈的结果，如果对突破的一方有利则会形成突破，而对突破一方不利的放量反而会增强均线的支撑和压力作用。

对于期货价格距离均线太近的反复穿线走势，没有太多的参考价值，要放弃分析。

第22章 分时波动高低点的分析与掌控

蓝天：顺势操作在期货交易中非常重要，以前做股票的时候我没有感受到，现在通过期货交易更加体会到了顺势的重要性，顺势操作后似乎能够起到事半功倍的作用。

独狼：是的。顺势操作确实非常重要，看对方向后还必须把握好节奏，尤其日内短线投机，方向和节奏都很重要，看对方向可以保证我们的操作具有了获利的基础，而把握好节奏可以让我们的交易实现获利。

蓝天：怎样才能把握好节奏呢？什么样的节奏才是我们需要的节奏？

独狼：每个人的交易周期不同，所遵循的节奏也会不同，所以对于不同的交易者，其看方向和把握节奏的周期需要自行调整。我们暂时以日内交易为基础，探讨一下如何在日内交易中，对形成稳定趋势走势的品种顺势操作。

蓝天：好的。老师请详细说明。

独狼：如图22—1所示的螺纹钢1305合约2013年1月10日分时走势图，就属于盘中形成明显趋势的分时走势，在这种走势中我们需要把握几个操作要点。

一是交易量的变化，我们从理论上确定为趋势形成，有了明显的高低点走势后，只要成交量不发生非常明显的变化，其趋势一般会得到延续，而且涨跌的幅度会相对固定。

二是波动幅度的变化，当市场环境不发生根本的变化时，趋势

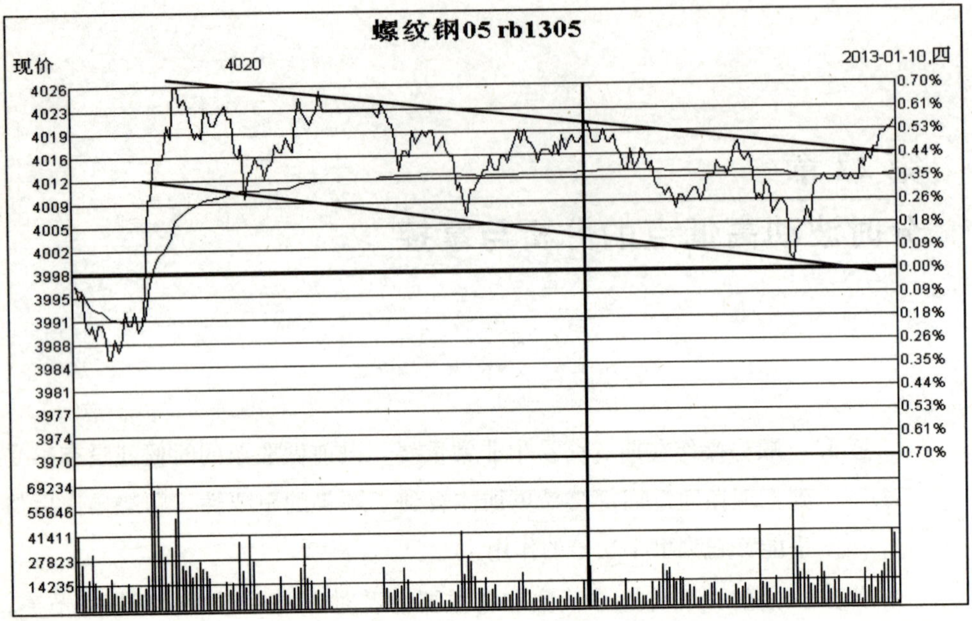

图 22—1

一旦形成，就会延续一段时间，并且在交易中延续高低点的波动幅度，直到市场环境发生变化。

三是涨跌速度的变化，只要趋势形成，没有触及到重要支撑和压力位置之前，市场交易环境不发生变化，交易活跃度不发生变化，其涨跌的速度相对会比较稳定，能够得到延续。

蓝天： 如果以上条件都成立，那么通过前期的走势，我们就可以判断出后面期货价格波动的大致方向和大致走势，这样就等于有了比较清晰的预测，找准机会实现盈利就相对比较简单了。

独狼： 理论上是这样的，只要各方面因素能够完全符合，顺势操作起来将比较简单了。

如果要顺趋势做空，开仓点选择在趋势的高点位置就可以，避免在下跌的低点开仓。

如果波动的幅度空间能够满足自己的交易目标，则可以在高低点位置顺势进行投机操作。

蓝天： 这里所说的高低点波动，是不是就是所谓的节奏，找准了高低点，就等于踏对了节奏？

独狼：操作节奏一个是期货价格波动的涨跌节奏，另一个是操作中自有资金的开仓、平仓操作节奏，顺势进行的单方向开仓与平仓节奏与涨跌节奏同步，才可以让交易者不至于手忙脚乱。

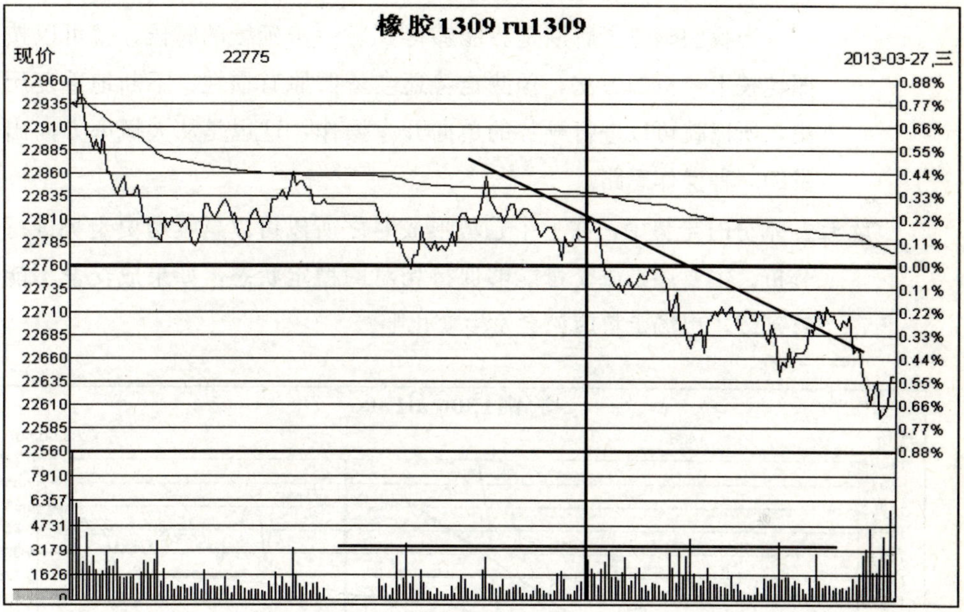

图 22—2

我们再来看橡胶 1309 合约 2013 年 3 月 27 日分时走势图，如图 22—2所示。

该品种上午走势偏弱，从开盘后就开始延续下跌走势，在临近中午时，期货价格逐步形成下跌，并在下午得到进一步延续。

下午的破位下跌，形成了新的趋势，同时我们结合成交量的变化来分析，其趋势的波动性质比较中规中矩，属于资金自然博弈形成的下跌走势，所以在这种比较稳定的趋势形成之处，就可以择机在高点进行顺趋势方向的单向操作。

蓝天：趋势的形成，必须要参考成交量的变化，只有成交量能够相对比较稳定，才能确定其趋势的可操作性有多大，是否能够进一步延续趋势，才可以确定能否进行顺趋势的单向开仓操作。

独狼：交易量的变化反映了市场环境的变化，同时也反映了市场多空双方资金博弈情况，只要市场环境不发生根本改变，多空双方的资金博弈依然能够延续历史形态，那么我们就可以运用纯技术分析的思路来看待问题，确定后期走势会得到进一步延续。

当我们确定了后期走势能够得到进一步延续的时候，就可以按照纯技术分析的方法，预测走势还会依照原有惯性，不断地重复历史，所以就可以进行顺势的单向开仓操作，这也是从大概率方向出发的一种操作思路。

蓝天：本分时走势中，在下午趋势形成时之所以可以延续历史走势进行分析，主要还是成交量能够保持相对的稳定状态，如果成交量不能够延续，市场走势应该会发生变化吧？

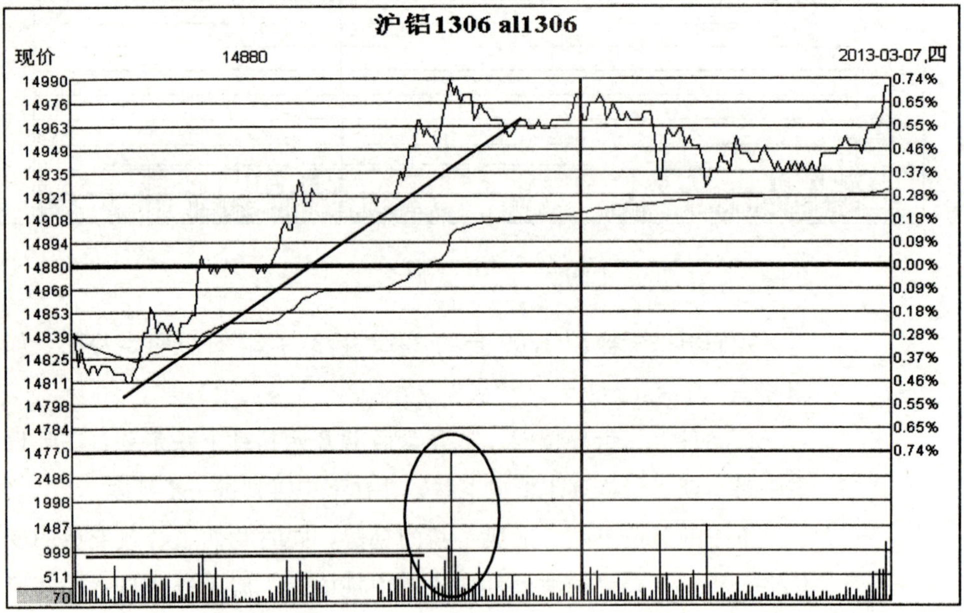

图 22—3

独狼：从技术分析上讲，是这样的。当交易量发成了根本改变后，市场交易环境就有了新的变化，交易对象和交易思路一旦同步改变，那么市场方向往往会发生变化，至少原趋势形态或涨跌节奏会被改变。

如图 22—3 所示的沪铝 1306 合约 2013 年 3 月 7 日走势。

上午开盘后，期货价格稍作整理便展开了逐步上行，在上涨过程中，成交量相对稳定，形成了第一个台阶式上涨走势。随后期货价格再度上行，在第二个台阶处依然能够保持相对稳定的交易量，当突破向上时，我们就有理由判断出后期只要量能继续保持相对稳定，市场环境不发生大的变化，后期有可能继续延续当前上涨的趋势。

蓝天：如果我们能够在上涨的初期就把握住了这个台阶式上涨的走势，提前进行布局，那么对于短线日内投机者来讲，还是不错的。这就是知识的力量，学习才可以让人进步，只有学习才有机会挣钱。呵呵。

独狼：交易量不发生变化，市场的交易者不大面积的更换，参与交易人的思维模式没有大的变化时，短期的走势就不会发生大的变化。

而这些变化都可以通过市场走势反映出来。如图 22—3 中所示，在趋势走到最后时期，交易量突然发生了较大幅度的增加，这时候反映出了交易环境的改变。以前多空双方的资金博弈是相对温和的，多空资金总能够形成一个相对稳定的平衡点，在利多的环境中逐步上行，而在圆圈位置分歧加大，形成了集中换手。

集中换手后，虽然我们不能确定期货价格会百分之百的形成下跌，但是市场环境和资金交易的重新洗牌，会破坏原趋势走势，这也就是前面台阶式上涨的终结点。

蓝天：在趋势形成的初始点把握节奏顺势单向开仓操作，在趋势的终结点离场，这样既能够把握住操作的方向，还能够踏准操作节奏，只要能够顺利掌握操作要点，想要获利则变得如此简单。

老纪点睛

分时形成趋势波动后要把握“三个操作要点”

分时中的趋势波动也是市场资金所遵循的操作节奏，一旦形成就有规律可言，值得从中寻找操作机会。要把握好三个操作要点：

一是交易量的变化，有了明显的高低点走势后，只要成交量不发生非常明显的变化，其趋势一般会得到延续，而且涨跌的幅度会相对固定。

二是波动幅度的变化，当市场环境不发生根本的变化时，趋势一旦形成，就会延续一段时间，并且在交易中延续高低点的波动幅度，直到市场环境发生变化。

三是涨跌速度的变化，只要趋势形成，没有触及到重要支撑和压力位置之前，市场交易环境不发生变化，交易活跃度不发生变化，其涨跌的速度相对会比较稳定，能够得到延续。

交易量不发生变化，市场的交易者不大面积的更换，参与交易人的思维模式没有大的变化时，短期的走势就不会发生大的变化。在趋势形成的初始点把握节奏顺势单向开仓操作，在趋势的终结点离场，这样既能够把握住操作的方向，还能够踏准操作节奏

集中换手后，虽然不能确定期货价格会百分之百的形成下跌，但是市场环境和资金交易的重新洗牌，会破坏原趋势走势。

第23章
缓涨缓跌与快速获利点的把握

网友：通过对分时走势的学习和交流，我对分时走势产生了浓厚的兴趣，通过对分时走势的准确把握，可以大幅提高日内投机交易的获利机会。

老师，今天我们再进行一些分时招式的学习好吗？

独狼：可以的。期货日内投机交易看懂分时走势是非常重要的一课，必须要技术过硬，心理素质过关才行，没有分时走势技术，就无法做好日内投机交易。

网友：我们今天学习什么内容呢？

独狼：今天我们针对缓涨缓跌后的加速走势进行重点探讨，希望能够通过这个技术点，让大家把握住日内中的快速获利机会。

网友：太好了。若能把握住日内快速获利的点，那收益率会很可观的，那我们赶快开始吧。

独狼：如图23－1所示，我们以螺纹钢1305合约2013年1月11日分时走势为例，来探讨一下该技术方法的要点。

当期货价格在分时走势中表现为单一方向的强势或者弱势时，市场的大部分交易者会紧跟趋势，顺势操作。初期，趋势不算太明朗，而市场中交易者的单向思维模式还没有形成，随着大家对单向趋势的逐步认可，而不断地顺势开仓，会推进趋势再度向同方向延续。

如图23－1中方框位置所示，初期空头力量稍占上风，虽然多

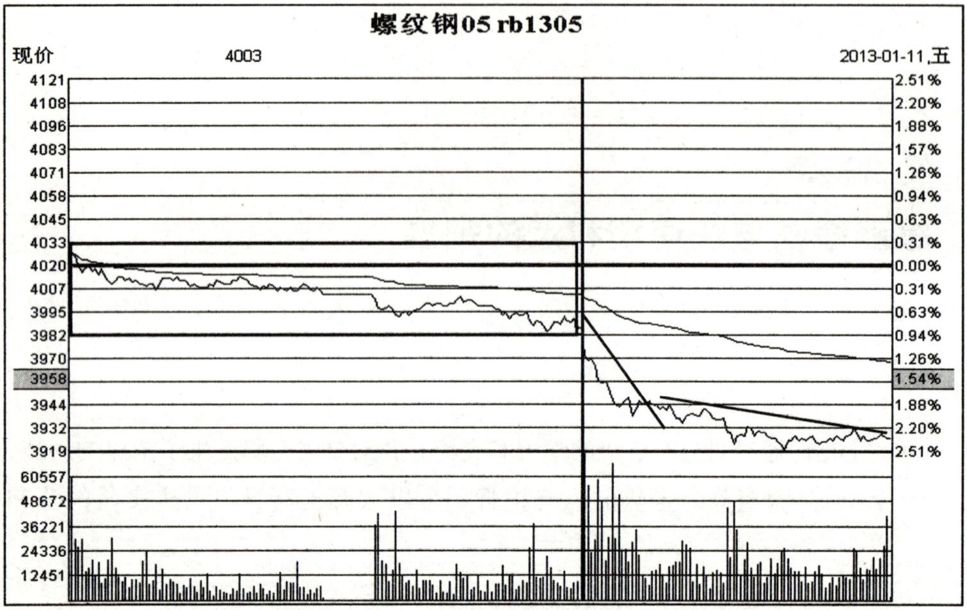

图 23—1

空双方依然对后市有分歧，但是随着顺势操作的交易者不断加入，向下的缓跌趋势逐步形成。当市场中多数交易者认了下跌趋势后，因为下跌的幅度还不是很大，所以随着新的空头不断加入，形成集中的力量爆发引起共鸣，影响期货价格形成快速下跌的走势。

这种变化反映到盘面上就是先是缓慢地下跌走势，在形成共鸣后突然加速快跌。这就如同决堤的大坝，初期是小渗小漏，决堤后会有一个爆发性的冲涌。

网友：在缓跌的趋势形成后，我们就开始关注期货价格的变化，一旦出现快速下跌的征兆，就可以果断开仓，这样就能把握住主跌行情。

独狼：加速的位置一定要有量能的支持，活跃的交易量说明有更多后续资金加入，同时也说明该位置形成的共鸣效应，所以判断是否真正形成加速下跌的初期，必须要看是否有充足的成交量跟随。

网友：用决堤的洪水来形容该种走势确实恰当，而且非常形象，容易记住。你看图 23—1 中的走势，初期缓慢地下跌，就如同有水在向下不断地渗漏，突然一下子冲开了大口子，大量的交易就如同大量的水流冲刷着堤坝快速下跌。

后期，随着交易量的减少，水流也开始减缓，下跌速度再次减缓。水就是成交量，堤坝就是期货价格，用这个方法来理解该种走势还可以吧？

独狼：你的想象力非常丰富，形容的也非常贴切，水就是资金，资金就是水。

网友：明确了开仓位置，那么平仓的位置应该选择在什么地方比较合适呢？

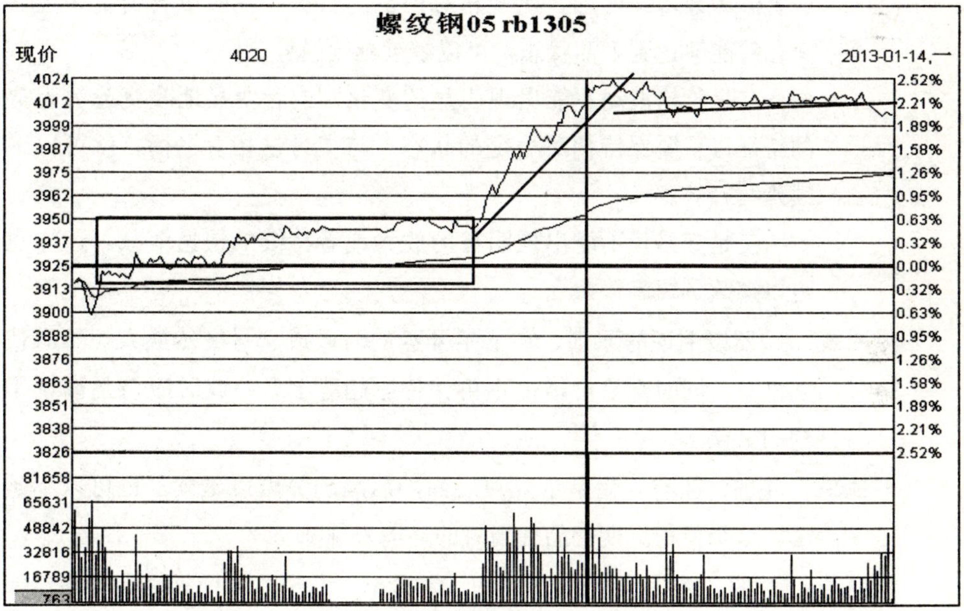

图 23—2

独狼：我们再来看螺纹 1305 合约 2013 年 1 月 14 日的走势，如图 23—2 所示，也就是图 23—1 随后第二个交易日的走势图。

在早盘价格稍作下探后，期货价格开始了一波缓升行情。在方框标注的位置，期货价格保持相对还算稳定的量能，期货价格逐步缓缓地向上走，形成了缓涨行情。

此时行情特征可以定性，需要关注会不会形成共鸣的决堤位置，若出现快速拉升则可以顺势开仓。

网友：在方框位置的末期，期货价格向上突破时，成交量快速放大，期货价格的上涨速度和角度明显增加，同时期货价格的上涨还能够得到延续，所以可以顺势开仓，是这样吧？

独狼：是的。当缓涨后的快速拉升行情展开时，就可以顺势进行开仓的操作。

网友：那么如何判断行情能够走多远呢？

独狼：还是需要关注成交量的变化。一是成交量能够保持相对平稳放大，或者温和地持续增加，或者相对稳定的状态，说明市场资金多空博弈相对能够达到平衡状态，可以继续延续趋势。

二是价格波动不能出现明显的变化，或者明显地改变趋势走势的特征。只要保持相对稳定的状态，与交易量相对平衡，就可以继续延续趋势。

三是交易量不能出现明显的放大或者持续的快速缩减，这样也可以继续延续趋势持仓。

网友：按照以上说的原则，在下午开盘的时候成交量突然放大，然后快速缩小，同时交易价格也不再保持原趋势上升，此时应该是离场平仓的时候了。

独狼：是的。还有，就是主升浪后面的后续趋势可以延续，也可以不延续，这个要根据期货品种当时的环境来判断。

网友：好的。老师你看橡胶 1309 合约 2013 年 3 月 1 日分时走势图，如图 23—3 所示，也属于缓跌后的快速下跌走势吧？

独狼：你根据你的判断，结合我们学习的内容，来分析一下该品种合约的走势特征，并说明一下该如何操作吧。

网友：好的，我试试。

橡胶 1309 合约 2013 年 3 月 1 日开盘后开始下跌，始终保持在分时均价线的下方运行。在初跌中，形成了连续的下跌走势，当初跌趋势形成后，我们可以对其密切关注，形成放量快速下跌的时候，顺势开仓。

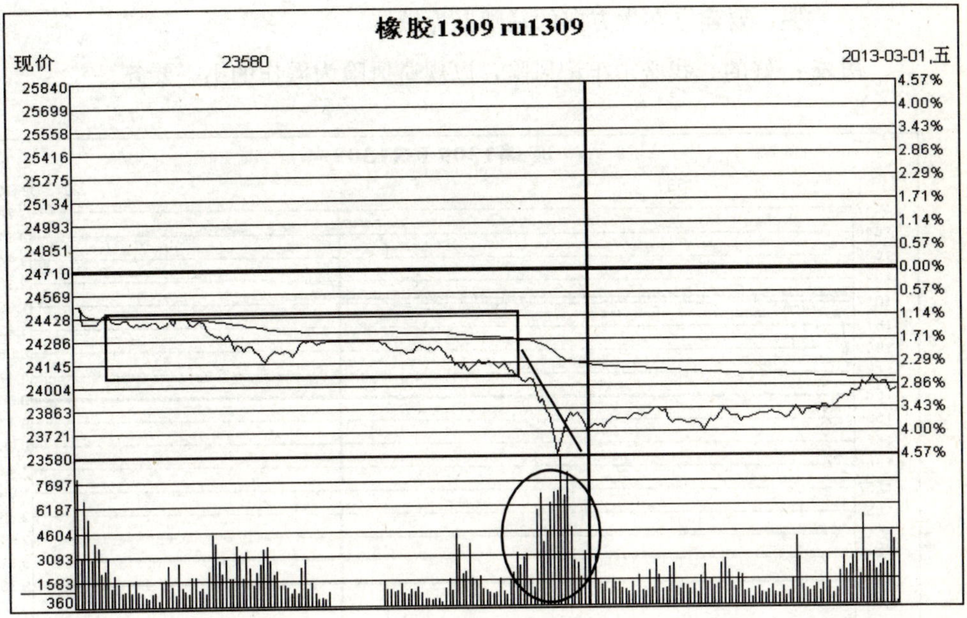

图 23—3

在图 23—3 中我用方框标出了相对的缓跌区间，方框的末期，期货价格快速下跌，同时成交量放大，是一个把握暴利的机会。

当暴跌的后期，期货价格反转，同时成交量也开始减少的时候，就需要平仓了。

独狼：该品种因为在初期下跌的幅度相对较大，后期的暴跌幅度也相对较大，所以需要更加激烈的量能来进行多空充分交易。下跌的低点位置多空双方分歧加大，交易量急剧放大，形成了快速的反弹，反弹后的价格保持了相对稳定，同时成交量也开始逐步趋于平稳。

我们在实盘操作中，看到这种快速下跌走势时，如果能够在第一时间跟上节奏，当然是一个较为理想的操作状态，若没有踏上节奏，一定要放弃机会，不可以贪婪地不计后果的顺势开仓。因为风险毕竟是第一位的，快速下跌后往往也会伴随快速的上涨。

进行该种操作的时候，最好还要结合日 K 线走势，以及大环境的变化，先对趋势和方向有一个大体的判断，所有操作和细节的把握，要建立在大方向的基础上为最佳。

网友：好的。我必须牢记风险，以规避风险为操作的第一要务。

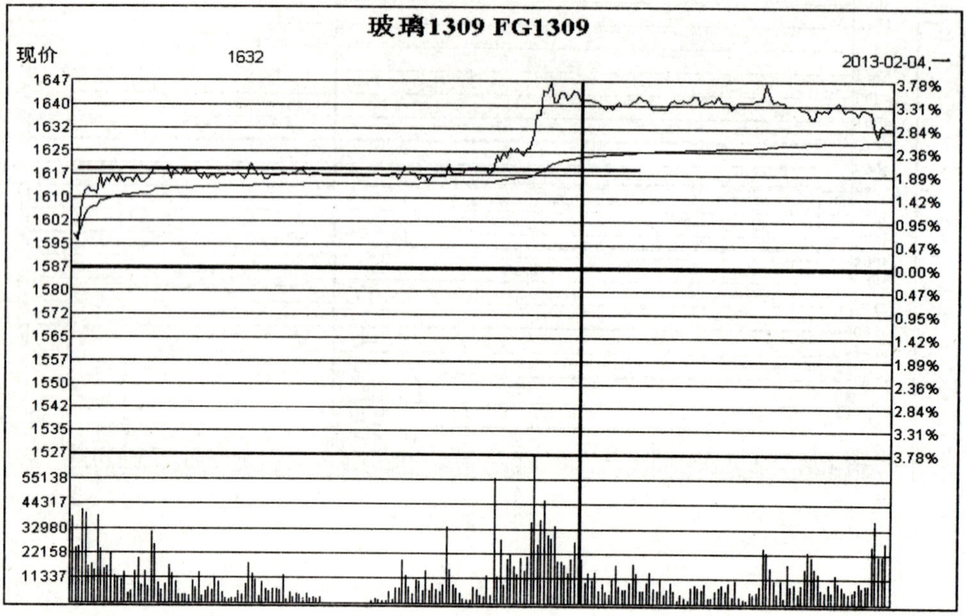

图 23—4

独狼：在实盘操作中，缓涨和缓跌还有其他变形的走势，我们来看玻璃1309 合约 2013 年 2 月 4 日分时走势图，如 23—4 所示。

早盘开盘后，期货价格快速拉升后始终保持在分时均价线的上方运行，此时量能变化是逐步缩减的。该种走势虽然不符合我们前面所说的缓慢上涨走势，但是通过对其他周期 K 线进行综合分析，以及对该品种合约当时所处的环境来综合判断，当前位置属于一个比较明显的技术压力位置，在重要压力位置期货价格能够保持不跌，同时成交量相对平和，也属于缓涨的一种。

网友：也就是说，当我们找不到比较标准的缓涨走势的时候，这种退而求其次的高位横盘不跌也可以作为缓涨的走势，来进行操作？

独狼：有点儿这个意思。但是最主要的是因为缓涨的位置可以是无压力的位置，也可以是有明显的交易者认同的压力位置。

在无压力位置其缓涨的幅度和力度需要打折来分析看待，而有压力的位置需要对缓涨的幅度来加大权重分析，有压力不跌就是一种上涨。

网友：那下跌中也是这样吧？有支撑不涨，也算是缓跌中的一种走势吧？

独狼：是的。期货交易可以做多也可以做空，所以很多技术分析方法，正向考虑可以用在看多上，反向思维就可以拿到做空的技巧上来使用。

当我们发现这种走势时，就可以对其进行重点关注，等待有成交量出现的时候，其走势方向与我们所分析判断的趋势方向相同时，就可以进行同向的操作。

网友：后期在量能不济的时候，我们完成此次交易，只要能够把握好技术要点，实现盈利则变得如此简单。

谢谢老师的交流讲解，以后在实盘操作中遇到这类走势，我又多了一个能够实现快速获利的绝招。

老纪点睛

缓涨缓跌催生的共鸣性涨跌是很好的获利开仓点

缓涨缓跌是一种操作心理共鸣的表现，在缓跌的趋势形成后，我们就开始关注期货价格的变化，一旦出现快速下跌的征兆，就可以果断开仓，这样就能够把握住主跌行情。

加速的位置一定要有量能的支持，活跃的交易量说明有更多后续资金加入，同时也说明该位置形成的共鸣效应，所以判断是否真正形成加速下跌的初期，必须要看是否有充足的成交量跟随。

在持仓过程中要把握三个要点：

一是成交量能够保持相对的平稳放大，或者温和的持续增加，或者相对稳定的状态。

二是价格波动不能出现明显的变化，或者明显地改变趋势走势的特征。

三是交易量不能出现明显的放大或者持续的快速缩减。

在实盘操作中错过机会要放弃，看到这种快速涨跌走势，如果能够在第一时间跟上节奏，当然是一个较为理想的操作状态，若没有踏上节奏，一定要放弃机会，不可以贪婪地不计后果的顺势开仓。

第24章
真突破和假突破的辨别与应对

听风紫云：前面我们学习了突破后的操作方法，通过寻找价格突破来把握行情的启动点。在实盘操作中，我发现掌握好了这个方法，成功率还是比较高的，但是有的时候也会出现伪信号，当突破出现后顺势开仓，有时候并不会出现预期的顺势走势。

面对这种伪信号，我们怎么应对才好呢?

独狼：当然，每一种方法都会有伪信号，都会有一定的成功率，所以无论采用哪种方法，都必须要有相应的纠错措施来进行操作保护。

你还记得我们曾经讲过的，为什么要先求退路而后进吗?

听风紫云：当然记得。就是要运用好止损保护，通过止损来提高操作的成功率，减少分析失误带来的风险。

制订交易计划，就必须要包含如何止损。

独狼：对于突破的真假走势以及如何应对假突破，我们以图24—1豆油1309合约2013年2月28日分时走势为例，来进行详细说明。

如图24—1中所示，在分时走势中，期货价格形成了相对较为单向的下跌趋势走势，并且出现了多次突破技术点，这几个突破技术点都有不同，有的是真突破，有的是假突破，有的是符合突破技术分析条件，却需启动止损保护的位置。

现在将五个比较典型的位置标注出来，你能分别说说看法吗?

听风紫云：当日用圆圈标注的五个突破位置，都形成了突破，但是有的却没有延续行情，顺着突破方向开仓会出现亏损。

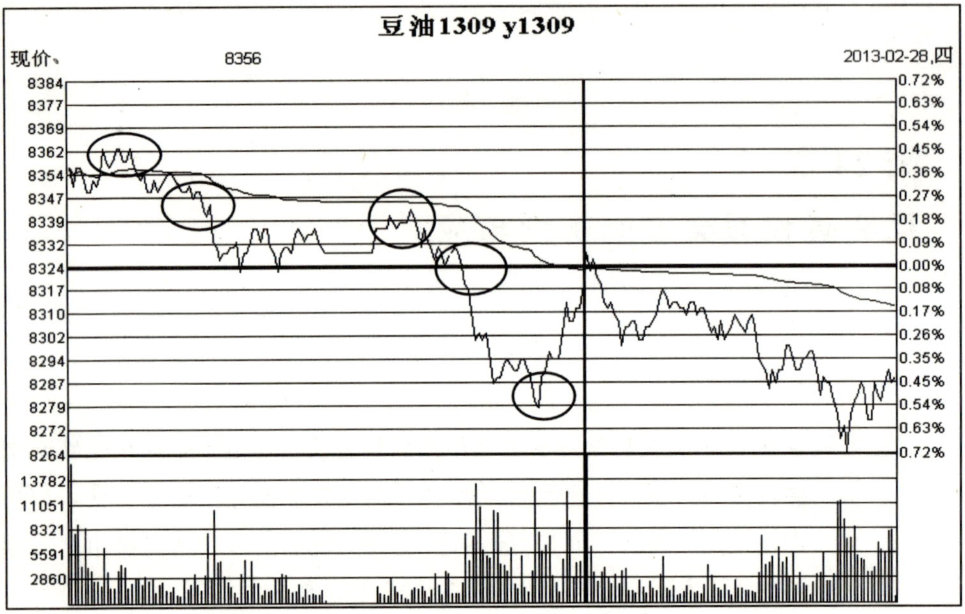

图 24—1

第一个圆圈位置对当日开盘价格的高点形成了突破，随后走出了三重顶后，开始回落，属于一个失败的突破走势。

第二个圆圈位置向下突破了前期调整的低点，因为前面调整低点经过多次的试探没有突破，此次突破后价格形成了持续下跌，顺着突破方向开仓的操作能够获利。

第三个圆圈位置对横盘调整的阶段高点形成了突破，突破后期货价格并没有向上继续延伸，所以顺着突破开仓的操作需要止损。

第四个圆圈位置形成的向下突破走势，是非常漂亮的经典走势。

第五个圆圈位置向下突破被 V 形反转走势打破，突破失败。

独狼：我们再来看豆油 1309 合约 2013 年 2 月 18 日分时走势图，如图 24—2所示。

在当天有几个突破位置，我们不一一点出来，仅将其中的两个假突破位置拿出来进行详细说明。

你能看出来这两个位置的突破有什么共同的特点，与其他突破位置有什么区别吗?

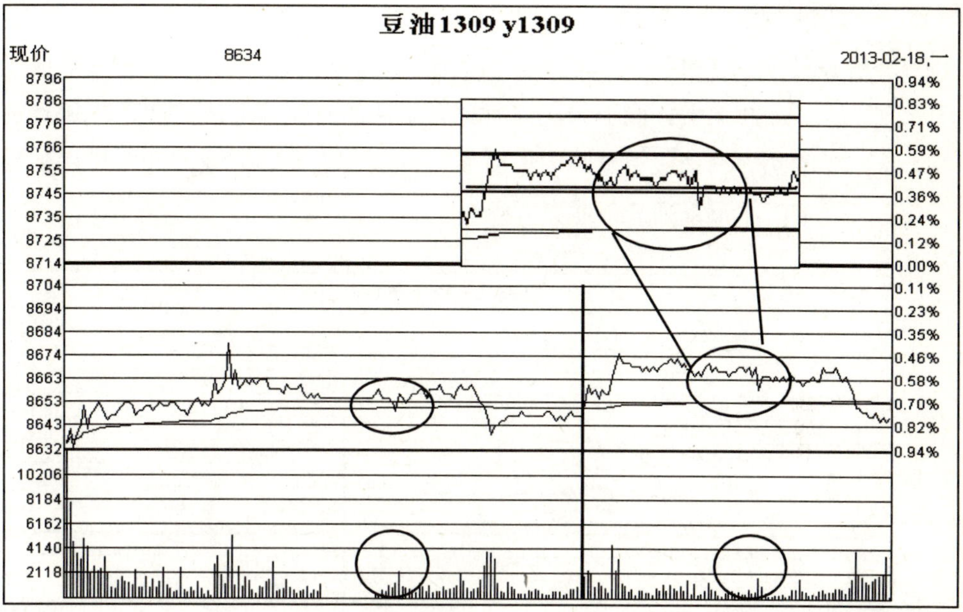

图 24—2

听风紫云：突破时成交量不够，突破后成交量不能延续，这是一个非常成问题的事情。

独狼：非常准确。在这两个位置，虽然是突破走势，但是相对辅助的成交量不够，所以实盘操作中暂时不能着急地顺着突破方向开仓。

成交量反映了市场交易资金的活跃程度，没有了成交量的配合突破的力量也会大打折扣，无论是突破时还是突破后只要有量能积极配合，引发市场中的交易资金顺势操作，才能推动价格向突破的同方向继续延伸。

这两个突破位置之所以容易失败，还有一个重要原因，你找找看。

听风紫云：我看了很久，不是到该如何回答这个问题，请老师说明。

独狼：虽然在这两个位置都形成了向下突破前期横盘价格底部的走势，但是随后而来的是价格与分时均线的密切接触。

突破形成了顺势下跌，而分时均线形成了支撑效应，两个力量相互对立。同时，突破价格和突破分时均价线都需要市场资金的集中交易，而成交量不放大，说明市场交易者的不作为，所以不具备再度下跌的条件。

听风紫云：是啊?! 学了这个忘了那个，看我这记性。一种方法形成了一个作用点，两个方法同时符合条件的时候，形成了两个作用点的合力，当两股力量同向的时候，会形成更大的力量。针对错误的操作，我们如何止损能更好呢?

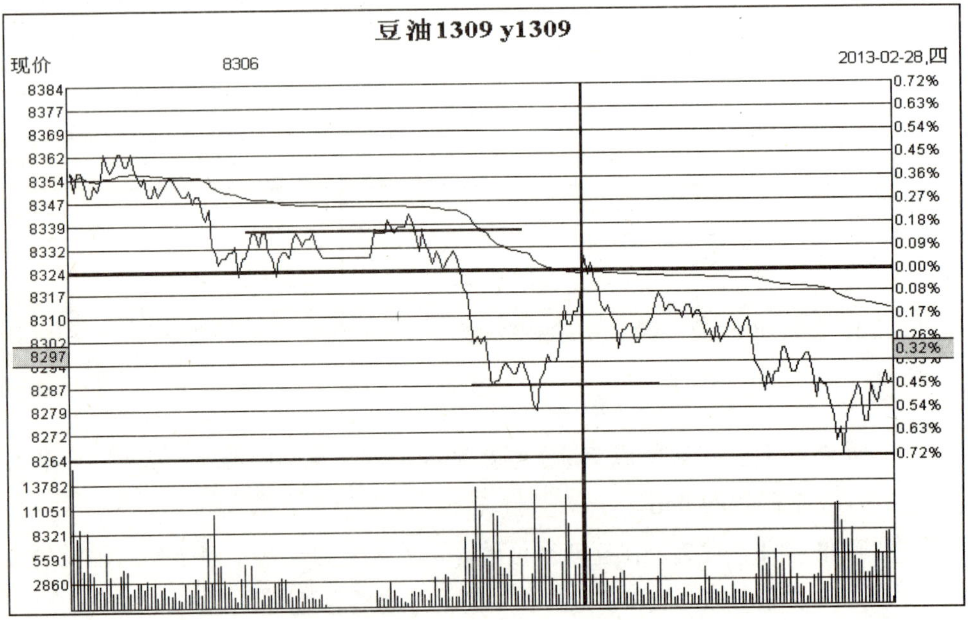

图 24—3

独狼：止损是被动操作，最为简单的办法是采用主动的操作策略，就是条件不成熟不参与的方法。我们再回过头来看看豆油 1309 合约 2013 年 2 月 28 日分时走势图。如图 24—3 所示。

在我们用横线标注的位置，当期货价格形成向上突破前期横盘高点的位置时，成交量当时没有形成放大的走势，随后也没有延续放大，此时最好的操作策略就是放弃这次不太完美的突破，不进行开仓操作，而是进一步观察。

听风紫云：这次突破的不成功，还有一个重要原因，是因为突破的位置随后就是价格与分时均价线的密切接触，没有了成交量的配合，突破分时均价线的难度也是比较大的，所以不能顺着突破方向开仓。

独狼：呵呵。现学现用还是不错的，这也算得上是在学习中的一种及时止损和纠错吧。

当突破形成后，如果开仓了则如何止损呢？

我常用的方法就是突破一旦再次回到原突破颈线，对颈线再次形成反向突破，就必须立即止损。

如第二个突破位置，虽然是有一定的成交量配合，但是前期对做空力量消耗过大，同时突破的时候成交量放大成都不济前面的量能，所以突破的效果不是很好。

无论基于什么原因，假突破或者操作错误引发的开仓，都需要执行止损。

当我们顺着突破方向开仓后，期货价格一旦再次回到原突破颈线，对颈线再次形成反向突破的时候，就执行止损操作。

听风紫云：有了这个止损操作，就算是出现错误的判断，也会将亏损降到最低。

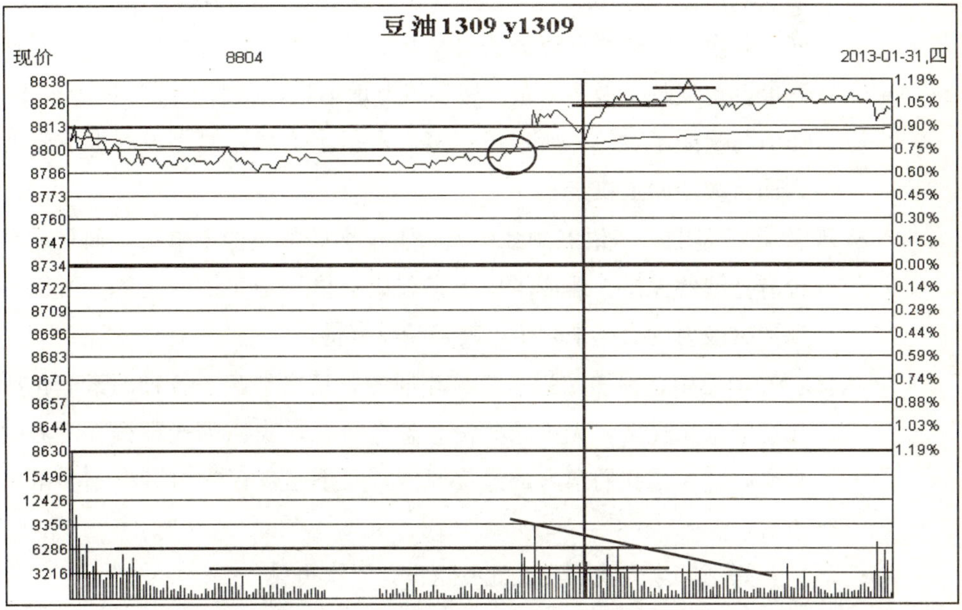

图 24—4

独狼：我们前面说过，突破是一股力量与另外一股力量博弈后，一方占据相对优势的表现，但是这种优势能够保持多久，对后期期价的变化也有着重要的影响。

比如豆油 1309 合约 2013 年 1 月 31 日分时走势图，如图 24－4 所示。在早盘开盘后，期货价格下调后，在分时均价线的下方长时间低位整理，在圆圈的位置形成了第一次突破，然后又形成了第二次，第三次突破。

听风紫云：第一次突破是突破分时均价线以及前面横盘调整的相对高点，第二次突破是突破前期开盘后的绝对高点。

第三次、第四次突破都是对前面短期调整形成的向上突破。

独狼：虽然这几次突破，从分时形态上都是成立的，但是形成突破后，期货价格并没有向上走得很高、很远。

听风紫云：为什么呢？是因为突破的力度、角度不够大吧？

独狼：首先，我们来看几次突破的位置。每一次的突破位置附近都会有一个压力点，也就是说，多方向上攻击需要不断地冲破重重压力，而这些压力位置相距太近，给盘面造成了较大的连续压力。

其次，突破所形成的成交量相对不够大，成交量反映了交易活跃度，也反映了做多力量。做多的力量不足，同时面对的压力较多，压力与量能不对等，所以虽然多头占据了上风，但是没有形成强有力而持续地向上攻击。

听风紫云：是啊，一语点醒梦中人。不仅突破的量能不够大，而且后期没有持续的保持，形成了向上突破成交量逐步萎缩的走势，所以后期的突破力度会越来越小，越来越没力量。

独狼：在学习中，很多知识点都是相通的，只要理解了各种因素变化所传递的信息含义，无论这些信息怎么组合，我们都能理解其走势的含义，这才是我们学习的最终原因，而不是仅仅学习其形态和某个方法。

好了，今天我们先交流到这里，下次再见。

老纪点睛

要学会用交易量配合价格走势来过滤突破中的伪信号

任何技术方法都有失效的时候，突破的走势虽然可以让我们实现快速获利，但是也经常被反向利用，成为造成账户资金缩水的罪魁祸首。

要想辨别真突破和假突破，就必须要关注成交量的变化。在实盘中要想实现价格的突破或者分时均价线的突破，都需要市场资金的集中交易，形成交易放量。而成交量不放大，说明市场交易者的不作为，所以不具备真突破的条件。

虽然突破的位置，价格与分时均价线密切接触，但没有成交量的配合，突破分时均价线的难度也是比较大的，因此不能顺着突破方向开仓。

第 25 章 常规操作技巧的变形与升华

不死鸟．虹： 老师，我们讲过很多基础的知识点，也讨论过一些在基础技巧上的变形和延伸的操作方法，我觉得基础的知识点必须要掌握，而且还要明白其形态的内涵和变化的要点。同时，为了提高操作水平和扩大操作成功率，还必须要掌握一些变形的方法。是这样的吧？

独狼： 你说得很对。有些基础的东西看起来很简单，但是我们不是只学习其形态和走势变化，是需要理解为什么这么走，为什么要这样分析，其背后能够传递出什么信息。

有了扎实的基础后，我们才可以举一反三，才可以随机应变，才可以形成既适合自己操作情况，又能够把握市场机会的好方法、好招式。

不死鸟．虹： 我对一些变形的走势非常感兴趣，能够开阔视野，老师今天能不能再交流一些在基础方法上的变形走势？

独狼： 可以。今天我们学习一种突破与反突破的走势形态，这个形态是建立在突破和分时均线的基础上的一种特殊形态，在实战中比较好用。

我们以图 25－1 白糖 1309 合约 2013 年 2 月 22 日分时走势图为例，来进行说明。

白糖 1309 合约在当日的分时走势图有几个主要特点，我们分别用圆圈的方式进行了标注，其中有成交量的变化，也有分时走势的变化，你能看出其中有什么问题吗？

不死鸟．虹： 先说成交量吧。从标注的方法来看，三个圆圈的位置，第

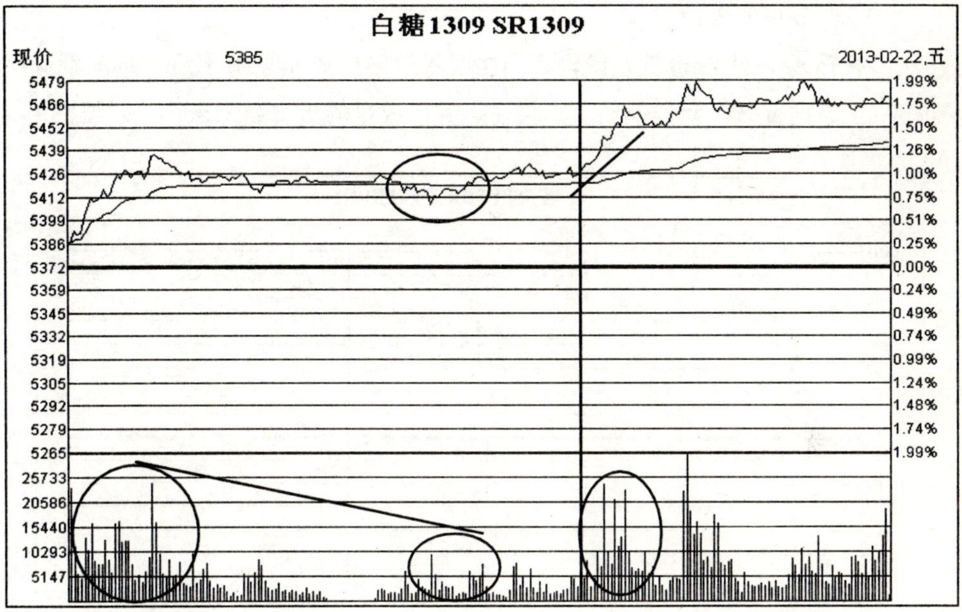

图 25—1

一个位置成交量相对较大，然后第二个圆圈的位置成交量明显不如前面的成交量，最后第三个圆圈的位置形成了放量的走势。

再说分时走势，圆圈的位置先是形成了向下突破分时均价线的走势，然后又再次向上突破了分时均价线。

对了，同时分时走势中在圆圈的位置，本来形成了向下突破的走势，但是没有成功，随后又形成了向上突破的走势，后期引发了一波上涨行情。

独狼：你基本找到了几个技术要点。为什么会出现这种走势呢？我们要寻找怎样的操作信息呢？

我们前面讲过，无量的突破非常容易形成假突破。基于这个技术要点，我们在实盘操作中，可以寻找那些形成了假突破后，再进行修复的技术形态进行重点关注。请注意，这里是要求进行重点关注，而不是开仓操作。

因为出现这种走势的品种，后期只要有成交量的支持，非常容易形成一波可观的行情。我们可以将其总结为：无量潜水后，再次放量的机会点。

不死鸟．虹：也就是说，我们在期货价格形成无量潜水后，再次翻身反向突破，我们就要重点关注，等待放量的机会点来操作。对吧？

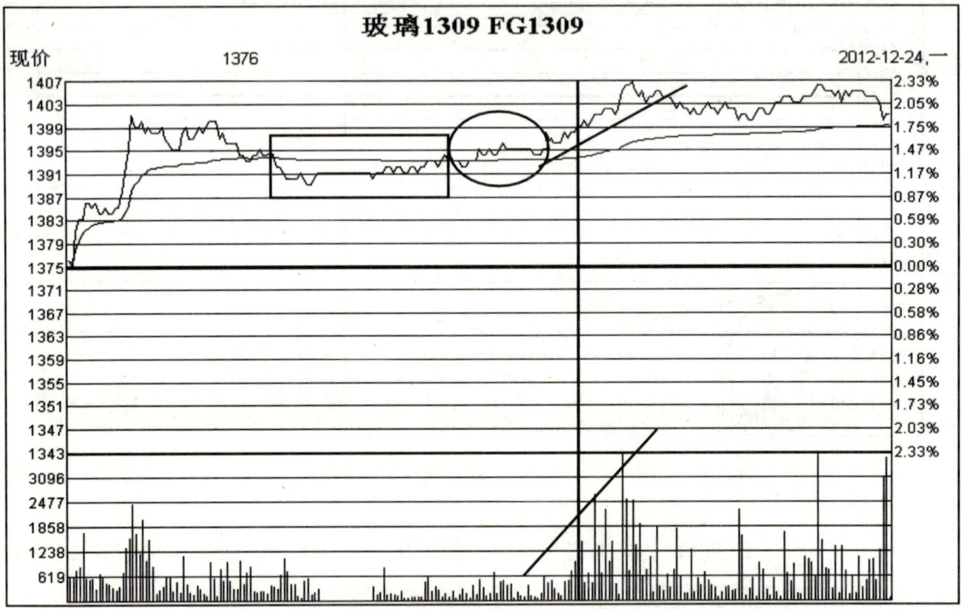

图 25—2

独狼：是的。我们来看玻璃 1309 合约 2012 年 12 月 24 日分时走势图，如图 25—2 所示。

首先，当期货价格向下突破分时均价线的时候，我们要对其突破性质有一个初步的判断，通过综合分析，我们发现，在突破位置，虽然形态上符合价位突破和分时均价线的有效突破，但是当时的成交量确实是比较缩减的，并且随后的成交量也没有形成持续的放大。

通过进一步的跟踪，我们发现，突破后期货价格并没有形成持续的下跌走势，同时成交量也继续保持相对较低的水平，这个突破就值得我们分析了。

在随后的走势中，期货价格能够再次回到突破平台的上方，也就是再次向上突破了分时均价线和相对调整的价格高点，这时候我们就要对该品种进行重点跟踪和关注，若出现再次放量的机会点就可以顺势开仓。

在25—2图中，我们用方框的方式将其标注出来，这个过程就是一个无量的潜水过程，也属于一个蓄势的过程。

不死鸟．虹：在接下来的走势中，我们对其密切关注，也就是在圆圈的位置都是需要关注的位置，随后开始放量向上冲击的时候，就可以顺势开仓了。

独狼：是的。反向突破后我们不能着急操作，因为没有了成交量的配合，很难形成比较有力的走势，如果着急开仓，期货价格出现连续的绕线走势也是一种常规走势，所以我们必须要等待到有明确的操作信号后，再度操作。

不死鸟．虹：等待机会其实也是操作不可缺失的一个过程，这是老师以前说过的话，我觉得非常有道理。

在等待中我们不仅可以拥有操作的主动权，同时也可以规避不可预期的潜在风险。

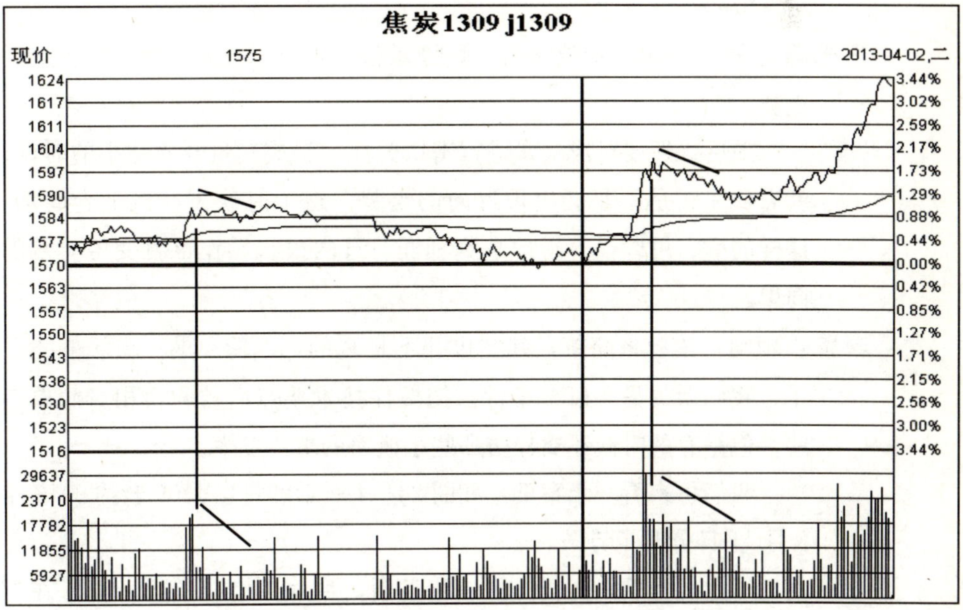

图25—3

独狼：我们再来看看开仓后在什么情况下平仓离场。还是用图例来进行说明。我们来看焦炭 1309 合约 2013 年 4 月 2 日分时走势图，如图 25—3所示。

图 25—3 中有两个相对明显的无量潜水后，再度放量反向突破的走势位置，这两个位置多少也有点儿变形走势，你能看出来有什么变形吗?

不死鸟．虹：前面我们所举的两个例子都是无量潜水后，接下来期货价格形成反向突破后再次蓄势，有一个等待和观察的位置。在等待和观察后，期货价格才再次放量拉升，而焦炭 1309 合约当日的走势是无量潜水后直接开始反向攻击，没有留给我们等待和观察的机会。

独狼：是的。我们之所以等待和观察，是因为成交量没有给予支持，当成交量符合开仓条件的时候，就可以果断地开仓。也就是说，我们等待的是放量的机会点，这个机会点有时候需要等较长时间，有时候很快就会出现，只要出现了，就可以出击。

而出击以后，只要成交量不缩减，我们就可以一直不平仓，坚持到最后。

不死鸟．虹：当成交量放大后，顺势开仓。如图 25—3 中所示焦炭期货走势。

随后，还要对成交量进行密切关注，当成交量开始缩小的时候，就需要注意是不是会出现反向的走势，这个时候再择机平仓离场。这样的话，可以很容易地拿到利润，日内投机操作也就变得非常的简单。

独狼：呵呵，说起来简单，其实也并不是真的那么简单的。市场变化万千，我们做的是大概率事件，把握住技术要点后盈利会相对简单一些，但是有的时候还要提防那些小概率的事件发生。

我们再来看一个案例，如图 25—4 所示的黄豆 1309 合约 2013 年 3 月 11 日分时走势图。

早盘开盘后，期货价格一路下滑，形成了空头趋势，随后在相对低位形成了震荡调整走势。震荡整理后，在不是很明显的成交量

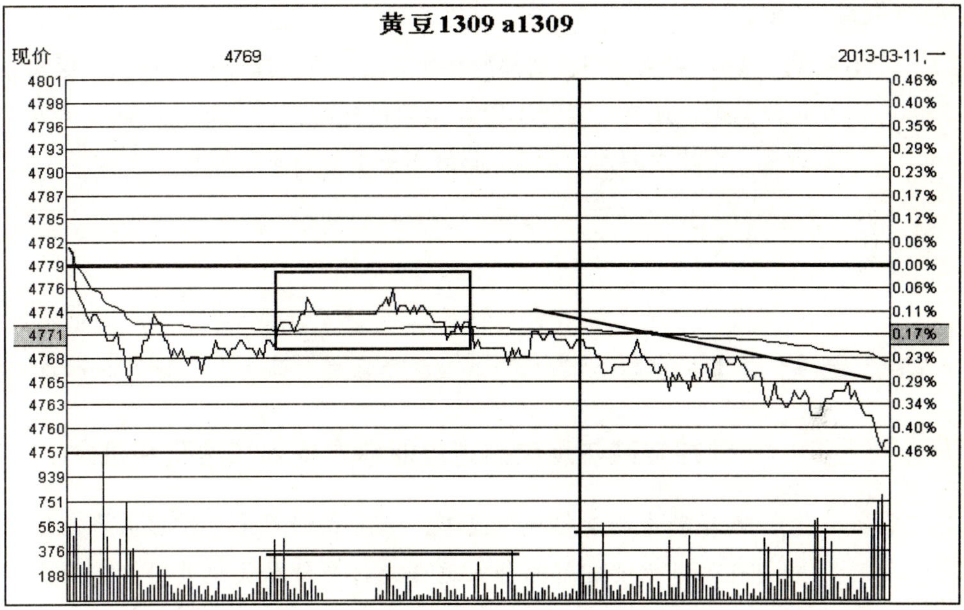

图 25—4

的配合下，虽然期货价格形成了向上的突破，但是力度和幅度以及随后的成交量都没有给予上涨的配合。

面对这种形态，我们应该如何应对呢?

不死鸟．虹：当这种形态出现后，如果当前品种是我们关注的品种，我们可以对其进行重点跟踪。随后只要形成再次的向下突破，并且出现成交量放大的机会点，就可以顺势开仓。

独狼：是这样的。按照本章我们学习的操作要点，一是要跟踪等待；二是要密切关注成交量的变化。

在随后的走势中，果然出现了无量潜水后的再次放量机会，我们可以寻找良好的操作点进行开仓操作。

但是值得注意的是，虽然随后出现了操作机会，却没有出现我们预期的那种快速下跌和大幅度的下跌走势。为什么呢?

还是与成交量有关。下跌过程中虽然相对放量了，但是成交量与前期相比，不够强大，持续性不够好，所以造成了下跌的幅度和力度都不够。成交量是多空双方力量的表现，力量不足，跌幅才不够。

不死鸟．虹：看来任何事情都没有绝对的。实盘操作中，我们不仅要有风险意识，还要有走势不符合预期目标的打折意识。能够从多方面理解一个技术的预后走势，做好多手准备，才是对的。

老纪点睛

跟踪突破与反突破走势能够寻找到快速获利机会

基础的东西看起来很简单，但是我们不是只学习其形态和走势变化，是需要理解为什么这么走，为什么要这样分析，其背后能够传递出什么信息。

无量的突破非常容易形成假突破。基于这个技术要点，我们在实盘操作中，可以寻找那些形成了假突破后，再进行修复的技术形态进行重点关注。

在期货价格形成无量潜水后，再次翻身反向突破，非常有可能出现大机会。面临机会一是要跟踪等待，二是要密切关注成交量的变化。

请注意，这里是要求进行重点关注，而不是开仓操作。

第五篇

实战操作技巧

掌握了一定的技术分析方法后，如何在实盘操作中做到临危不乱、从容应对，不仅需要成熟的交易心态，还需要实用的实战技巧保驾护航。将正确的技巧方法正确地运用到实盘操作中，才是我们实现盈利的根本。

第 26 章

怎样在同板块中寻找最佳操作品种

大白菜：在实盘操作中，经常遇到一种比较气人的现象，在做多的时候，看中了几个品种，经过认真选择后，最终所操作的总是涨的最少的或者跌的最多的。相反做空的时候，对几个目标品种进行进一步选择时，最后所操作的总是跌的最少的或者涨的最快的。

独狼：这种情况是比较尴尬，不过，我们可以采用相对强弱对比的方法选择较为理想的目标品种进行操作。

大白菜：结合近期的走势分析，我觉得能源化工板块有做多的机会，想选择一个较好的品种进行做多。老师能否结合这个板块进行一个详细的说明呢？

独狼：好的。首先我们要建立一个思维，同一个板块的相关品种都具有一定的联动性，也就是说，某个品种大幅上涨以后，将会对相关的品种起到带动的作用，而当某个品种大幅下跌以后，也将会带动关联性较大的品种一起下跌。

当前的期货市场中，能源化工板块中橡胶、燃油、PVC、PTA、L 这几个品种的走势具有高度的相关性。一个品种如果出现大幅涨跌的走势，均会对该板块中其他品种起到带动的作用。

有色金属板块中沪铜、沪锌和沪铝，这三个品种涨跌的相关性非常大。

农产品板块中豆粕、豆一、豆油、棕榈油、菜油这几个品种同样具有高度的相关性。

就当前的能源化工板块，你可以对几个品种进行综合比较，选择目标品种进行操作。

大白菜：我觉得 L 和 PTA 都具有做多的机会，老师觉得选择哪个品种操作会更好呢?

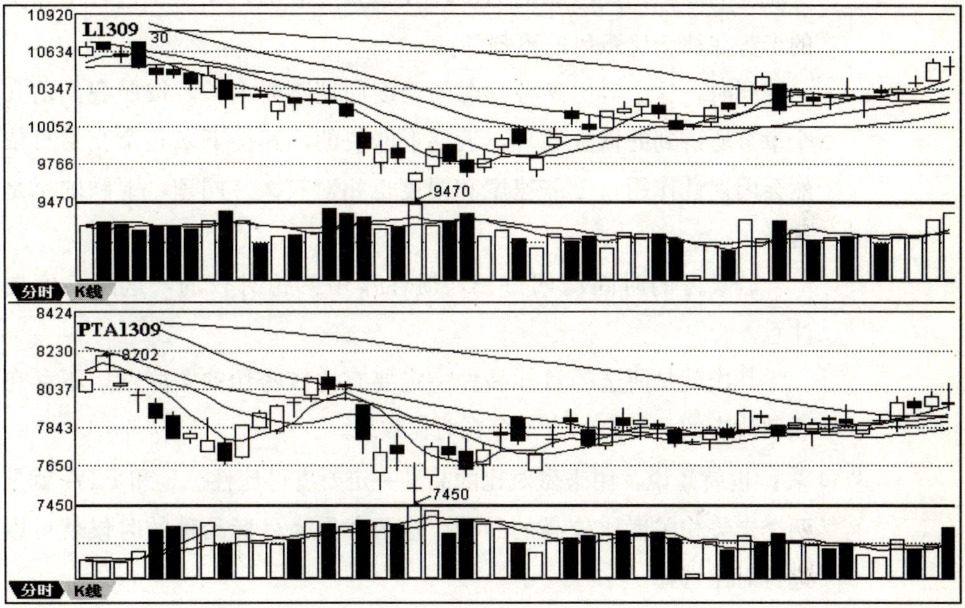

图 26—1

独狼：好。那我们就以 L 和 PTA 为例来进行对比说明。

如图 26—1 所示，为 L1309 和 PTA1309 合约 2013 年 6 月 6 日日 K 线走势。我们对两个品种近期的走势进行比较不难发现，在相对低位止跌回升后，L1309 合约的回升速度和幅度明显要强于 PTA1309 合约。

尤其是近几个交易日，L1309 合约不断攀升，先于 PTA1309 合约突破多条均线的压制。在突破多条均线压制后，L1309 合约的上攻欲望要明显强一些。

在上涨或者下跌的初期，大多数品种的走势会遵循强者恒强、弱者更弱的走势特征，所以我们决定进行做多的时候，理应将

L1309 合约作为目标品种进行重点跟踪。

大白菜：也就是说，几个品种进行做多开仓的时候，要进行一个比较，看谁涨得更好一些，而做空开仓的时候要看谁跌得更凶一些。

独狼：确切地说，是看谁更具有上涨和下跌的潜在动力。同样具有密切关联度的品种，其涨跌的力度往往是相关联的，在涨跌过程中领头的走势往往会比跟风的更强劲。

同时，这个对比参考的时间跨度周期不要太长。按照我们前几个章节所讲到的惯性原理，近期上涨快的，其接下来几个交易日依然会因惯性作用，上涨速度和幅度也相对较大。同理，下跌的也是这样。

若参考的时间周期过长，惯性作用就相对较弱，这点一定要注意。

其次就是所选的目标品种一定要有比较密切的关联性，不存在联动效应的品种之间也不存在对比效果。

大白菜：也就是说，用来做对比的品种一定要有可比性。L 和 PTA 就是两个走势相关度比较高的品种，这两个作为目标品种的时候就可以进行对比选择。

当我们进行了强弱对比后，选择好目标品种是不是就可以直接开仓了？

独狼：因为我们做的大多是短期的投机操作，所以日 K 线的对比是确定大方向，选定目标品种。通过日 K 线决定了操作思路后，需要通过更短周期的走势来确定更佳的操作时机。

如图 26－2 所示，为 L1309 和 PTA1309 合约 2013 年 6 月 7 日分时走势，我们通过前期走势明确了要对 L 的主力合约进行操作后，通过分时走势来进一步地确认其强弱特征和开仓时机。

大白菜：短周期也可以采用强弱对比来进行目标品种的选择，通过分时波动来确定目标品种，然后再选择开仓点。

独狼：是这样的。你能否结合我们以前所交流过的知识点，来对这两个品种进行一次分析？

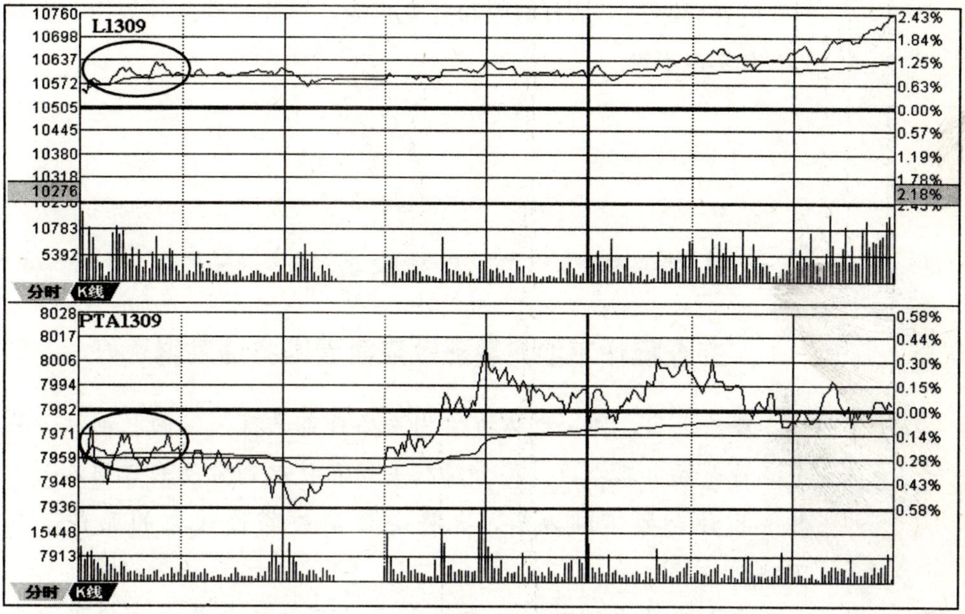

图 26—2

大白菜：好的。L 和 PTA 作为重要的目标品种，早盘就需要被重点关注。首先从开盘看，L 开盘明显要强于 PTA。

开盘后半个小时的走势更是确定当日走势强弱的重要参考，开盘后的 L1309 合约低点不断抬高，向上逐步攀升，期货价格始终位于分时均价线的上方运行；PTA 则不同，虽然其涨跌与 L 同频波动，但是其强度远远落后，形成了高点逐步降低的走势，且不断穿插分时均价线，没有能力站稳均价线的上方。

从早盘的信号中，我们很容易分析出如果做多，L 属于龙头，而 PTA 属于跟风品种。再结合前期的日 K 线走势，做多开仓应该选择 L。

独狼：分时走势再一次验证了日 K 线的分析判断，因此对 L 择机进行做多开仓。通过后期的两个品种的走势来看，L 之所以会持续地比 PTA 上涨得更多，是有一定先兆性的，是有规律可循的。

大白菜：是啊！以前看盘只关注其涨跌，其实，掌握了方法之后，就知道需要看什么，怎样看。方法对了，思路就更清晰了，也明白了其涨跌的背后原来都是有原因和有先兆的，掌握好涨跌的规律，实现盈利其实也不难。

老纪点睛

开仓操作不能只看涨跌还要看谁将涨跌得更好

理论上讲，同一个板块的相关品种都具有一定的联动性，某个品种大幅上涨以后，将会对相关的品种起到带动的作用，而当某个品种大幅下跌以后，也将会带动关联性较大的品种一起下跌。

在上涨或者下跌的初期，大多数品种的走势会遵循强者恒强、弱者更弱的走势特征，几个品种进行做多开仓的时候，要进行一个比较，看谁涨得更好一些，而做空开仓的时候要看谁跌得更凶一些。具有密切关联度的品种其涨跌的力度往往是相关联的，在涨跌过程中领头的走势往往会比跟风的更强劲。

所选的目标品种一定要有比较密切的关联性，不存在联动效应的品种之间也不存在对比效果。

第 27 章
反弹反转与反抽的判断及实战技巧

紫岳： 在实盘操作中，我经常会遇到利润回吐的现象，更有甚者从大幅盈利到亏损，如何才能避免这种现象发生呢?

独狼： 首先要明白一个道理，利润回吐是一种正常现象，要用正确的方法、策略来控制利润回吐的幅度，把可控的利润回吐作为交易的一部分内容，就可以了。

造成利润回吐的原因有很多，技术不成熟、方法不正确、操作思路不对、策略制定有问题、操作心态不好，等等。其中尤其是操作心态不好，贪心且对利润回吐的认识不正确是大多数交易者的通病。

紫岳： 前面我们在心态、策略方面有过这方面的交流，我也正在努力地建立良好的操作心态。要是能在技术分析方面对涨跌的幅度有一个初步的预判，在开仓的时候就能够大概判断出一个波动的目标价位，相应产生利润回吐的幅度就会相对较低了。

独狼： 我们今天重点来交流一下反弹、反转、反抽的波动性质。在进行短期投机交易的时候，如果能够正确判断出来涨跌的性质是反弹、反转还是反抽走势，就相对比较容易确定出相对准确的平仓价位，这样产生利润回吐的幅度就会相对较少，可以大幅提高操作的准确度。

紫岳： 给我的初步印象是反弹的高度和力度较小、反抽的速度和幅度相对较大，而反转行情来临后会产生较长时间的趋势走势。但是确切地说，什么样的走势属于反转，反弹有什么样的走势特征，反抽走势应该如何把握，心里也没有一个标准的答案。

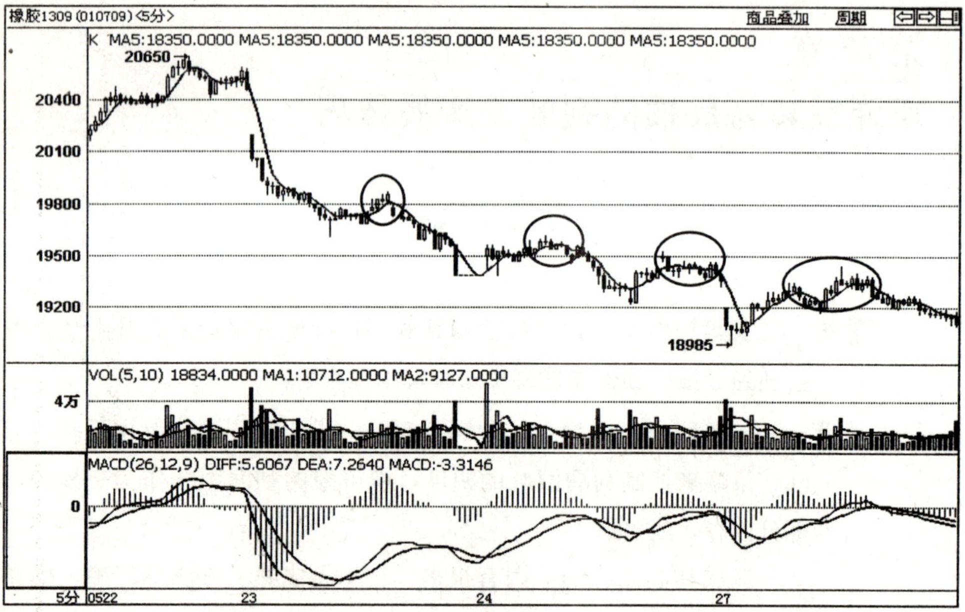

图 27—1

独狼：我们还是以图例来进行说明，如图 27—1 所示，为橡胶 1309 合约 5 分钟 K 线走势图。

该品种从一次强有力的跳空缺口开始，形成了持续的下跌走势。任何下跌都会有或大或小的波动，这次下跌也不例外，在下跌过程中出现过几次价格抬高的走势，我们把这几次比较明显的价格抬高位置用圆圈的方式圈画出来。

我们该如何定义这个走势，这个走势又有什么样的技术特征呢？

紫岳：首先可以确定这几次都不是反转走势，因为后期依然出现了下跌。

独狼：这是我们事后能够看到的，而在波动点，我们当时能够找到的盘面特征是什么呢？

首先，下跌的趋势是比较明显的，每一次的价格抬高都没有能够有效打破其下跌的趋势。

其次，价格抬高位置的上涨力度是不够强的，交易量没有出现特别明显的增大，交易活跃度相对来说比较平稳。

第三，价格只要触及到前期的压力位置，就会出现上涨乏力的现象，这也说明其上涨的潜力不足。

最为关键的一点，是在前期压力位置会形成放量或者缩量后的主动下跌走势。

紫岳：这种走势我们应该确定为反弹走势吧？而且属于那种反弹无力的走势。

独狼：是的。属于标准的反弹走势。

反弹走势的特征是，在下跌过程中由于期货价格的持续下跌而形成的一种自然的反抗性的价格抬高，这种价格抬高走势往往不会得到市场太多资金的认可，所以其上涨的幅度不会太高，经常会达到前期压力位置（如前期高点、前期平台等）会主动止步。

在前期压力位置止步的同时，会伴随着交易量温和放大，但是期货价格不能够形成突破的走势，更有甚者遇到前期压力位置后直接形成交易量缩减的情况。

随之而来的是进一步的下跌，且下跌的力度和幅度会进一步增加。

下跌过程中的反弹走势道理相同，分析方向则相反。

紫岳：如果我们所开仓做多的品种走出了反弹的技术特征，我们就不应该对其上涨幅度预期过高，应该及早离场。

独狼：对于反弹走势预期的高度，一般不要超过前期压力位置，应该采取主动平仓离场的操作策略。

紫岳：好的。这些关键点我都记下来了。

独狼：下面我们再来看看螺纹 1310 合约 5 分钟日 K 线走势图，如图 27－2所示。

你觉得这次的走势应该是反弹、反转还是反抽？

紫岳：价格见底后形成了较长时间的持续上涨，应该属于一个短周期的反转走势，这种走势如果当作反弹来操作的话，将会错过很大一块

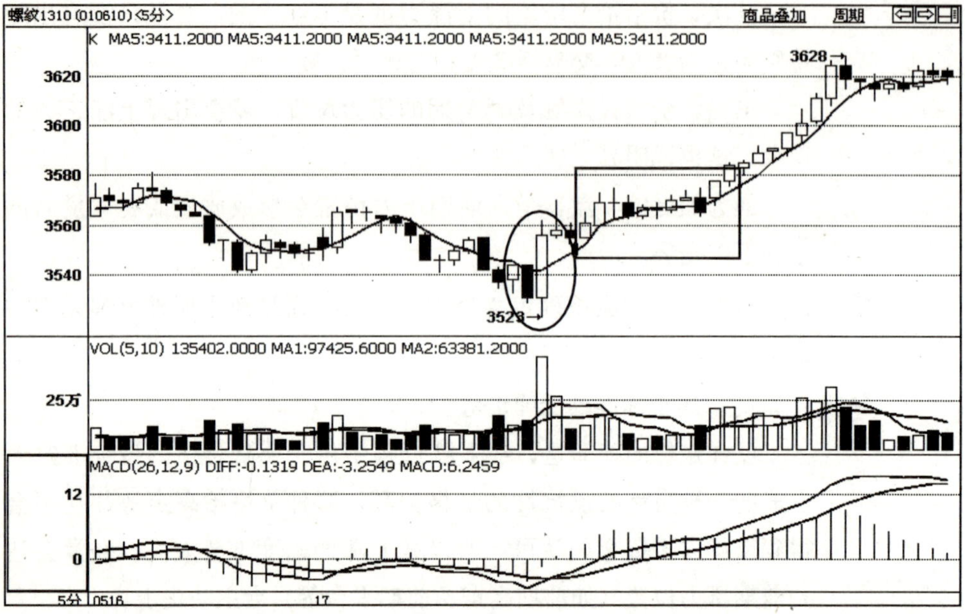

图 27—2

利润的，所以应该属于反转走势。

独狼：是的。反转走势有什么样的技术特征呢？

首先，反转走势一定会有一根或者一组标志性的 K 线组合，所以反转走势的标志性 K 线是其重要的特征。

在本次反转走势中，当期货价格见底的时候，出现了一根较大幅度的阳线直接吞吃了前期多根 K 线，这种较大幅度的快速拉升，同时伴随着交易量的放大走势，就是标准的标志性 K 线。这根 K 线确立了本次的走势会区别于一般的反弹走势，后期出现反转或者强有力反抽的概率较大。

其次，反转走势出现后，当遇到前期压力位置的时候，无论出现放量或者缩量，期货价格都会保持相对稳定的高位，不会出现下跌走势，经过整理后很轻松就会形成突破走势。

第三，反转走势往往伴随着联动品种的同步反转，形成一定的板块效应。

紫岳：反转走势的特征是，有标志性 K 线出现，在遇到前期阻力位置的时候不会立即止步回落，价格相对能够保持稳定，形成突破比较容易，而且板块效应较为明显。

下跌过程中的反转走势道理相同，分析方向则相反。

独狼： 说得很对。当反转的走势特征出现的时候，我们可以参考趋势操作的方法进行持仓，所预期的上涨幅度也会更大一些。

紫岳： 对反转走势我们是不是可以采用被动平仓的方式进行操作？

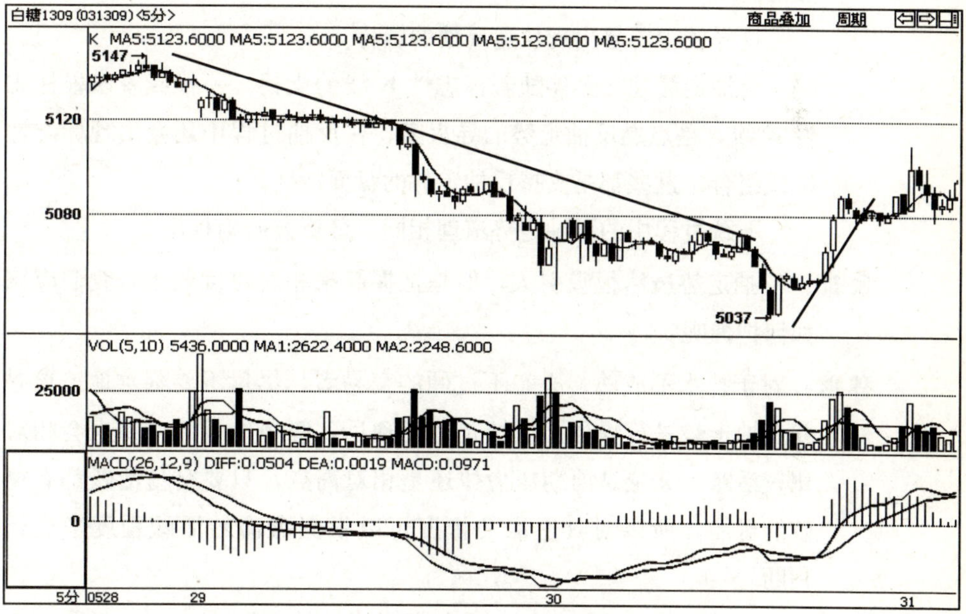

图 27—3

独狼： 是的。我们再来看看反抽的案例。如图 27－3 所示，为白糖 1309 合约 5 分钟 K 线走势。

白糖 1309 合约经过一段时期的下跌，下跌过程中没有出现相对较为明显的反弹，直接触及到了 5037 元的价位，随后在一波快速杀跌过程中，突然反攻向上拉出了连续的阳线。

这种走势显得突然且快速，让做空的交易者措手不及，也不给想做多的交易者太多的思考时间。

紫岳： 反抽的盘面特征就是快、狠，且突然性较强。

独狼：那么如何去把握这种走势呢？

首先，要想确定会出现反抽走势，目标品种必须要经过较大幅度或较为长期的下跌走势，且下跌过程中没有较为明显的反弹过程。

其次，下跌的末期要出现相对的交易空档，市场交易极度不活跃，多空换手不积极。

第三，下跌到后期出现更为有力的下跌，引爆市场激发交易热情。

这样就很容易出现快速反抽的走势。

反抽走势往往会伴随着标志性 K 线的支持，一根或者多根标志性 K 线，是点燃反抽走势的导火索，在反抽过程中还会出现标志性 K 线组合，这些都是支持反抽走势的盘面特征。

下跌过程中的反抽走势道理相同，分析方向则相反。

紫岳：反抽走势虽然很吸引人，但是把握起来相对难度较大，我们应该如何把握呢？

独狼：对于技术不成熟、心态不过硬的交易者，尽量不要刻意地追求寻找反抽走势进行操作。反抽走势出现后，涨势凶猛，交易也会相对比较活跃，无论是前期压力位还是相对高点，只要交易活跃都有突破的可能，所以对其上涨的幅度可以根据盘面的活跃程度来进行判断。

反抽走势的理想高度，是前期形成持续下跌的 30%，极限高点是 50%高度。

紫岳：有了一定的涨幅高度预期，就可以采取主动离场的方式来落袋为安了。

独狼：还有一种走势属于抵抗性质的走势，这种走势经常会出现在趋势形成的时候。如图 27－4 所示，为 PTA1309 合约 5 分钟 K 线走势。

我们用方框的方式将其中一段抵抗性质的走势标示出来，在这段走势中，期货价格保持相对稳定，交易量明显缩小。之所以称之为抵抗性质的走势，是因为当前位置正好处在前期的高点位置，而且是面临突破的几个极限位置，在这个位置上常规情况会出现多空

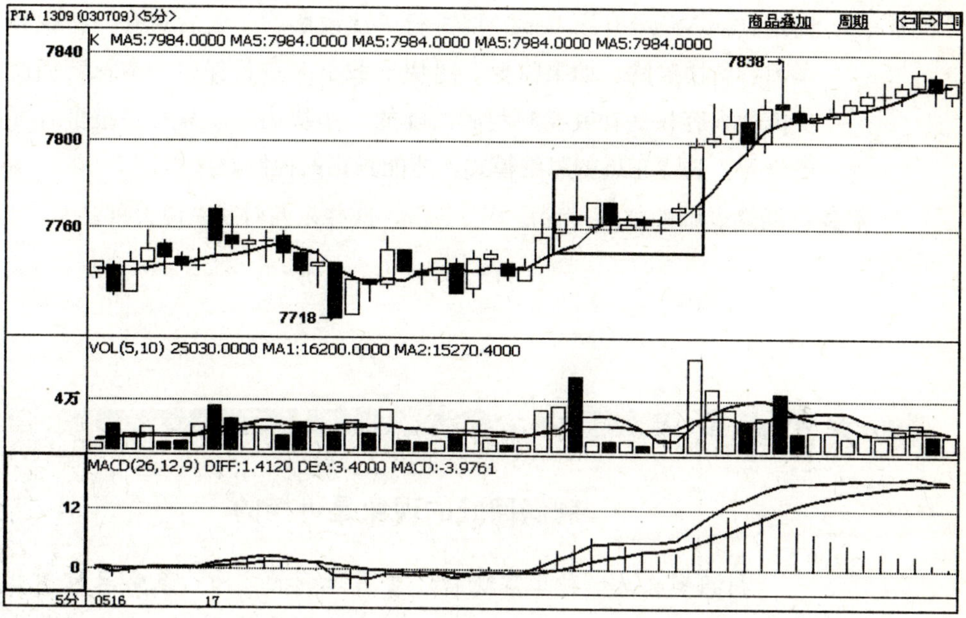

图 27—4

分歧加大的交易盘，诱发更多的交易量或者虽然缩量但是期货价格波动相对较大的走势。

由于抵抗性质的走势出现，导致盘面相对较为平稳，所以可以与一般的涨跌区别对待。

紫岳：出现这类走势的时候，我们应该如何进行操作呢？

独狼：这样的走势如果出现在已经形成趋势特征的途中，往往预示着趋势还会继续延续，如果趋势特征不是很明显的时候，当前最好的应对策略是等待和进一步观察，接下来的走势方向就是下一步期货价格将会持续运行的方向。

紫岳：通过老师的总结，我觉得在实盘操作中遇到抵抗性的走势时，我们可以顺势操作。要开仓时，尽量选择那些反转后趋势改变的品种，不能做反弹和反抽的。

独狼：是的。想要准确地把握好操作时机，不仅要正确认识价格波动的性质，还要有良好的操作策略和心态，在咱们的网站上有一些关于操作策略和心态方面的视频，我想你已经看过了。近期投资时代 168

网站（www. tzsd168. com）要进行一次改版，改版后将有一些视频学习资料被删除，如果需要，尽快下载下来进行保留。本章咱们所交流的内容只是有效控制利润回吐的一小块内容，只有通过多方面的学习，建立正确的思维模式，才能真正的控制好操作。

紫岳：谢谢老师的提醒，我马上去备份，这些东西对我来说太重要了。

老纪点睛

利润回吐的现象是可控的

利润回吐是一种正常现象，要用正确的方法、策略来控制利润回吐的幅度，把可控的利润回吐作为交易的一部分内容，就可以了。

反弹走势的技术特征：

首先，下跌的趋势是比较明显的，每一次的价格抬高都没有能够有效打破其下跌的趋势。

其次，价格抬高位置的上涨力度是不够强的，交易量没有出现特别明显的增大，交易活跃度相对来说比较平稳。

第三，价格只要触及到前期的压力位置，就会出现上涨乏力的现象，上涨潜力不足。

反转走势的技术特征：

首先，反转走势一定会有一根或者一组标志性的K线组合。

其次，反转走势出现后，遇到前期压力位置的时候，无论出现放量或者缩量，期货价格都会保持相对稳定的高位，不会出现下跌走势，经过整理后很轻松就会形成突破走势。

第三，反转走势往往伴随着联动品种的同步反转，形成一定的板块效应。

反抽走势的技术特征：

首先，目标品种必须要经过较大幅度或较为长期的下跌走势，且下跌过程中没有较为明显的反弹过程。

其次，下跌的末期要出现相对的交易空档，市场交易极度不活跃，多空换手不积极。

第三，下跌到后期出现更为有力的下跌，引爆市场激发交易热情。

第 28 章 什么样的获利机会需要放弃

不死鸟．虹：老师，PTA1309 合约的日 K 线突破了 5 日均线的压制，我想择机对其进行做多的日内投机，请给点儿参考意见。

目不丁：能说说你的操作思路吗？为什么决定择机对其进行日内投机的做多操作？

不死鸟．虹：我所坚守的操作原则是，首先日 K 线参考 5 日均线为标准，当 K 线形态在 5 日均线的上方时，只选择机会做多，在 5 日均线的下方时，只在盘中择机做空。

当前，PTA 经过长期的做空后，5 日均线逐步走稳、走平。近几个交易日，成交量开始逐步增加，交易活跃度增加，并且有效地突破了 5 日均线。

上个交易日的突破是有力且有效的，今日虽然有所调整，但是从成交量和 5 日均线的支撑效果来看，还是比较强的。所以，我决定对 PTA 的操作从看空开始转为做多，下一个交易日只要再度向上走，就可以择机开始以做多为主了。

目不丁：你的操作思路比较正确，也比较清晰，但是我们的操作不是需要时时刻刻进行的，有些不太确定的操作可以放弃。仅仅用 5 日均线做参考是可行的，但是再辅助其他的一两个方法做补充，可以大大提高操作的成功率。

在没有形成同步共振的情况下，放弃一些操作虽然等于放弃了一些机会，但是可以让我们的操作更有把握。

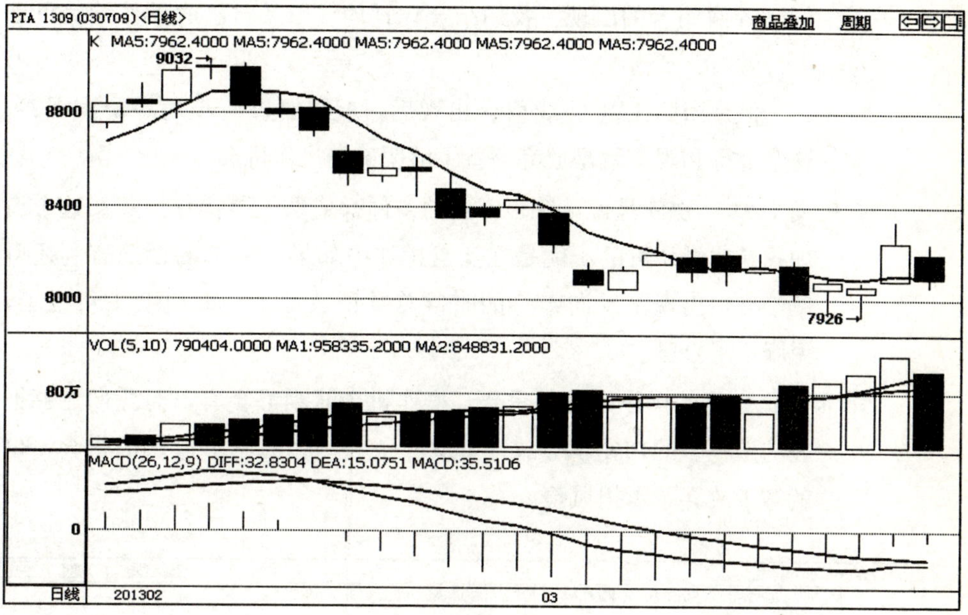

图 28—1

不死鸟．虹：这个位置有什么问题吗？

目不丁：我们来看一下 PTA1309 合约 2013 年 3 月 18 日日线走势，如图 28—1所示。价格处在 5 日均线上方，按照你的操作模式来进行择机日内做多没有任何问题，但要综合分析日 K 线走势组合。

第一组：2 月份开始的下跌走势到 3 月份的止跌逐步走平形成了一组较长期的 K 线组合，这组 K 线组合配合 5 日均线的辅助分析，是止跌企稳后有进一步反弹走势的盘面走势。

第二组：13 日、14 日、15 日（倒数第 2、3、4 根 K 线）K 线是一组组合，双针探底的日 K 线后，伴随着相对较大的阳线有效突破了 5 日均线的压制，支持进一步看多。

第三组：15 日、18 日（最后两个交易日的 K 线）K 线是一组组合，阳线的突破随后并没有形成稳定的上涨或者价格相对高位的站稳，做空力量随之而来。

从这三组 K 线组合中我们得出结论，第一组、第二组的走势是支持做多的，而第三组的走势是暂时不支持做多的，如果没有了第三组 K 线组合的出现，我们结合 5 日均线以及自己的操作策略可以进行做多。

但是当第三组 K 线组合出现后，就需要进一步地等待和观察，这个等待和观察就是放弃一些不够明确的操作机会。

不死鸟．虹： 也就是说，等多方面的条件都成熟了再操作。其实这个道理我是非常认可的，就是在实盘操作中如果与分析的预期有利还可以接受，出现了反向走势的时候总觉得放掉了一些机会太可惜了，说服不了自己。

目不丁： 良好的操作心态很重要，操作机会时刻都会有，而我们能够把握的是不多的，要学会放弃，放弃了一些相对不够成熟的机会，也就等于放弃了承担风险。

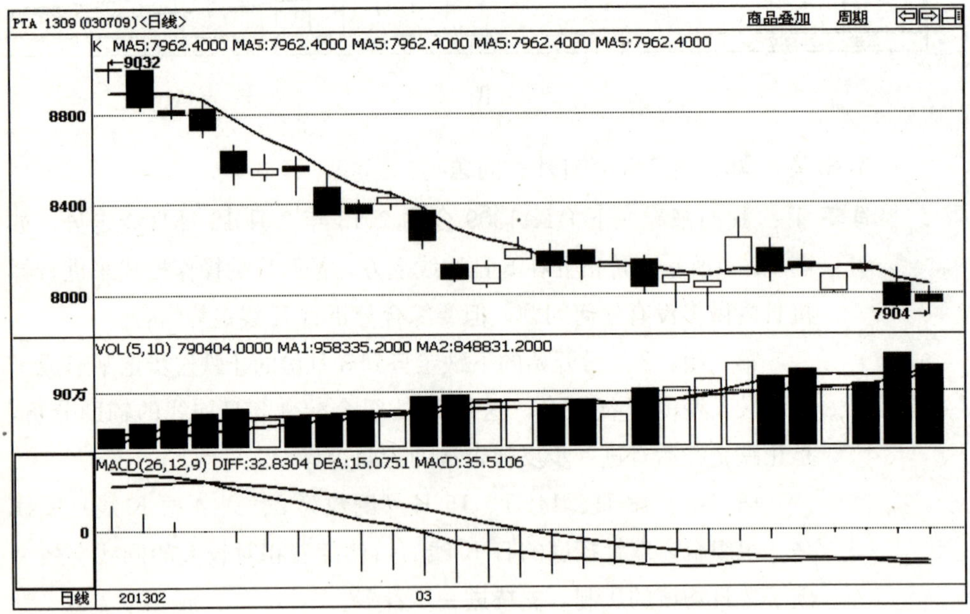

图 28—2

不死鸟．虹： 对 PTA1309 合约进行持续跟踪至 2013 年 3 月 25 日的走势，如图 28—2 所示，日 K 线再次在 5 日均线的下方运行。

面对这种走势，按照我的操作习惯，将不再对其进行做多机会的把握，只要5日均线向下延伸就时刻保持空头思维。

目不丁：思路是对的。在实盘操作中，我们要有一个大的操作思路为基础，在这个基础上再结合几个辅助分析技巧，对大操作思路进一步地完善。

首先，我们坚决不能违反大的操作原则，比如你本次所讲述的以5日均线为重要参考的这个思路，只要准备坚守就不能违反。

其次，在大的操作基础上，可以放弃一些似乎不成熟的操作机会，也就是说，日K线在5日均线上方的时候我们可以择机做多，也可以不做，但是不可以做空。而日K线在5日均线下方的时候，我们可以择机做空，也可以不做，但是不可以做多。

当然，这里所说的以5日均线为参考基础作为大的操作思路，只是诸多操作模式中的一种，每个人都有自己的可操作模式，可以因人而异，但是道理是相同的，操作原则必须要严格遵守。

不死鸟.虹：学会放弃也是实现盈利的一部分，和学会止损以及不逆市操作等是同等重要的。看来做好期货交易，技术、策略、心态哪个都不能少，样样都要过关才行。

目不丁：岂止是期货交易，只要涉及风险投资都是这样，甚至我们日常生活中的任何事情也都是这样。大道至简、悟者天成，看我们平日交流洋洋洒洒几千字，其实只要明白其中的核心道理，就全掌握了。

不死鸟.虹：谢谢老师。生搬硬套、照猫画虎的学习和操作我不要，我争取把老师所讲述的东西全部吃透、消化了，然后变为自己的东西。

老纪点睛

放弃不可控的操作机会是一种优良的交易品质

操作不是需要时时刻刻进行的，有些不太确定的操作可以放弃。实盘操作中用一种分析方法，再辅助其他的一两个方法做补充，可以大大提高操作的成功率。

操作机会时刻都会有，而我们能够把握的是不多的，放弃了一些相对不够成熟的机会，也就等于放弃了承担风险。学会放弃也是实现盈利的一部分，和学会止损以及不逆市操作等是同等重要的。

第 29 章

如何过滤掉涨跌中的干扰信号

蓝天： 老师，我当前持有 PTA1309 合约的空单，仓位进行了有效控制，想持有一段时间。但是，近两日该品种合约有向上反弹的迹象，让我恐慌不安，老师能给一点儿操作建议吗？

目不丁： 既然进行了有效的仓位控制，为什么会恐慌？

蓝天： 当前我做的是空，虽然当前的反弹没有改变下跌的趋势，但是我担心下一步期货价格会继续上涨，要是能够弄清楚反弹的性质就好了。当我们持有一个趋势单的时候，涨跌趋势中的那些反向的干扰信号实在是烦人。

目不丁： 进行趋势操作的时候，涨跌过程中必然会有一些反向的干扰信号影响着我们。若是把涨跌过程中的干扰当作反转来对待了，就会减少利润收益。若是把真正的反向走势当成了涨跌中的干扰来应对，就会造成不必要的损失。

实盘中，面对这些干扰信号，只要操作方法得当，心态正确，就能够变被动为主动。

蓝天： 老师详细说说吧。

目不丁： 好的。我们来用一个历史走势的案例进行详细说明，如图29—1所示，为豆粕 1309 合约日 K 线走势图。

在这个走势图中，豆粕 1390 合约 2013 年 4 月末开始形成了一波长期有效的上涨走势，这个上涨走势持续时间较长，上涨趋势较为明显，如果能够有效把握好，会有非常可观的收益。但是，与所有

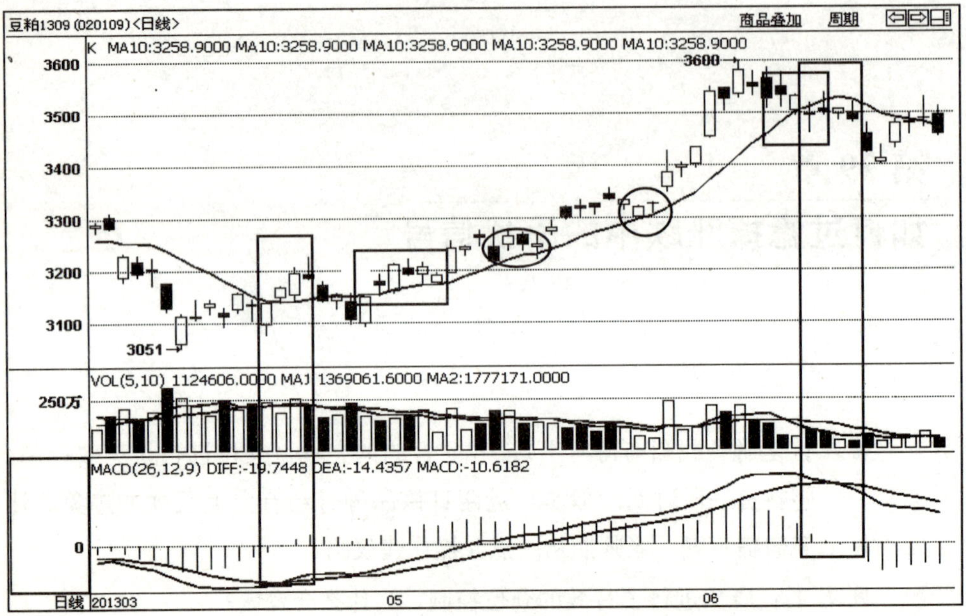

图 29—1

趋势走势相同，在这波上涨走势中包含有很多的小的干扰信号，这些信号有的是横盘的，有的是下跌的，怎样才能在这波上涨行情中实现更好的做多盈利呢?

首先，我们要选择一个合适的操作周期，这个操作周期要与自己的操作模式相匹配，适合自己的操作预期和操作习惯。比如本次我们选择的是以日 K 线为参考，在控制好仓位的情况下，进行大方向的趋势持仓。

其次，要选择一个与周期和自己操作模式相适应的指标或者标尺对涨跌进行监控。比如本次我们选择的是 MACD 指标和 10 日均线指标。

第三，要有成熟的操作理念和严明的操作纪律，这是实现正确操作的关键。

按照这个标准，你能说说在该走势图中，应该会出现怎样的操作结果吗?

蓝天：按照这个标准，严格执行操作纪律会出现什么情况呢?

MACD 指标进行趋势监控：在 4 月末 MACD 指标出现反转的时候开仓做多，直到 6 月 MACD 指标再次反向反转的时候平仓。期间的波动基本上得到了有效的过滤。

10 均线进行趋势监控：虽然有些伪信号，但是基本上也可以在 4 月末到 6 月，把大部分主要行情都把握住，效果也非常不错。期间的干扰波动基本上得到了有效过滤。

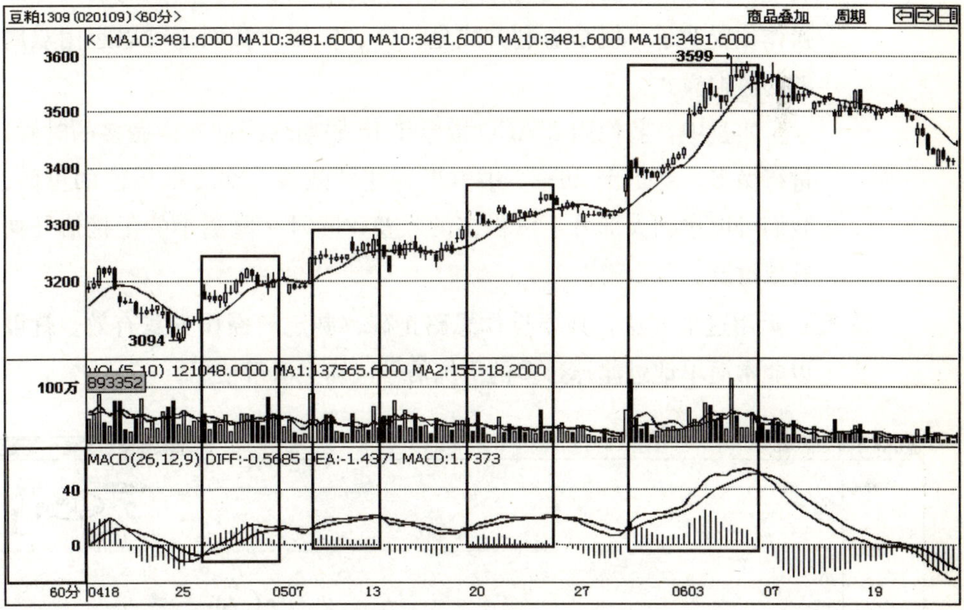

图 29—2

目不丁：我们再来看豆粕 1309 合约 60 分钟走势图，如图 29—2 所示。该图与图 29—1 是同一时期的走势，只是时间周期不同。同样，我们依然运用以上原则，以 MACD 指标和 10 周期均线进行趋势监控，对上涨走势中的干扰信号进行过滤，你再看看是什么情况？

蓝天：变换了周期以后，MACD 指标给出了四次做多信号，同样 10 周期均线也给了四次较为明显的做多信号，两个指标虽然不能完全同步，但是也基本上达到了同步。

若选择 60 分钟 K 线做参考，虽然能够把握到大部分的做多机会，但是有些调整中的干扰信号需要我们进行甄别，不能有效地完全过滤掉。

目不丁：你所说的是只在这波大行情中进行大波段、大趋势的交易模式。若是采用相对小一些的波动，进行相对较小一点的交易模式来考虑的话，反而提升了资金利用率。

周期的选择必须要与操作模式相匹配，对自己持仓的时间要求越短，就越需要运用更短的周期 K 线来分析。变换周期后的具体的操作位置变了，但是盈利方式是一样，实战中我们还可以运用双周期的监控模式。

实盘中，我们用 MACD 指标和 10 周期均线都支持做多的时候，进行做多，就是图 29－2 中方框标注的效果。在方框标注的里面，我们可以拿到大部分上涨做多的收益，同时一些更小的干扰信号被有效过滤。

蓝天：运用这个方法，只要操作思路正确，制定的操作方案有效，就可以非常简单地过滤掉过多的干扰信号，确实值得使用。

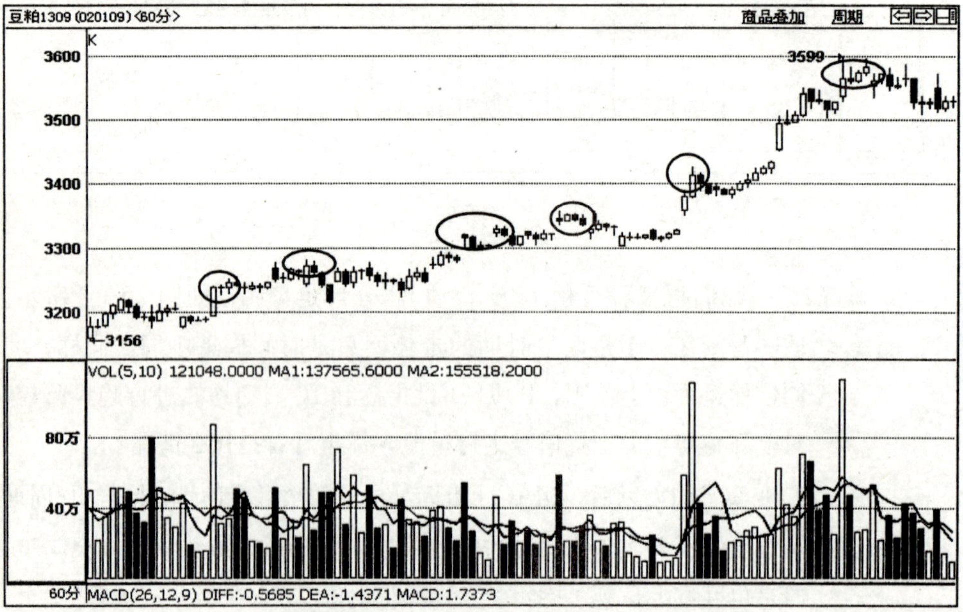

图 29—3

目不丁：其实，过滤干扰信号的过程也是在趋势不被打破之前，坚持持仓的过程。接下来，我们换个角度分析。我们来看一下图 29—3，依然是豆粕 1309 合约 60 分钟走势图。

图中的每一个圆圈的位置是相对高点位置，每一次在相对高点位置价格开始回落的时候，我们就依据高点向下设定好止损价格，只要期货价格不打破这个止损价格，我们就认为当前的波动是正常的，在有效波动范围之内。

通过设定好止损价格进行波动监控，坚持进行做多持仓，也可以过滤掉上涨趋势中很多不符合止损的干扰信号。当然，使用该种方法的时候，止损的幅度设定非常关键，要与所选择的周期密切相关，与个人的操作风格紧密相联。

蓝天：止损幅度设定的不同，也必然会造成每个交易者的交易位置不同，设定怎样的止损幅度更合理呢?

目不丁：设定止损幅度有一定的技巧，但是没有准确的值，需要在实践中根据自己的操作模式进行摸索和调整，最终形成适合自己的一个有效范围。我们要明白一个道理，任何操作的正确与否都是相对的，没有绝对精准的交易，只有相对正确的操作。

关于设定止损幅度，也是一个非常重要的话题，以后有时间再详细交流。

蓝天：好的。用止损价格保护的方法进行波动监控，可以有效规避一些在涨跌过程中那些我们能够接受，且不影响趋势的干扰波动应该是一种被动的操作方法，也属于一种以小换大的买卖。

目不丁：那么我们再来说说主动的规避价格波动风险的操作方法，主动进行仓位管理的方法。我们来看图 29—4，依然是豆粕 1309 合约 60 分钟走势图。

主动进行仓位管理的位置有三个：

一是较为明显的阻力位置。

二是涨跌幅度达到了交易预期目标的位置。

三是预测干扰走势的波动幅度有可能打破预期幅度的位置。

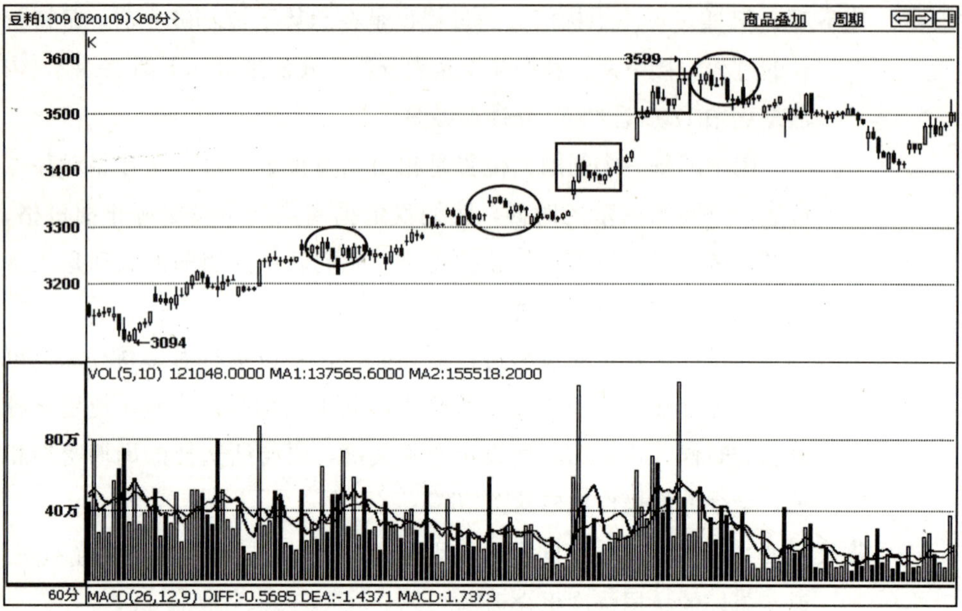

图 29—4

比如图 29—4 中我们用圆圈和方框标注的位置。在这些较为重要的位置，我们可以采取主动的方式对仓位进行控制。仓位的控制其实也是一个交易心理的暗示，可以平和交易心态。对于有的交易者来说，有效的仓位管理是实现盈利必不可少的一部分，是非常重要的。

蓝天：总结老师所说的内容：

一是选择较好的技巧方法，二是要有良好的交易心态，两者都非常重要。以前我总是在找方法，忽略了交易心态的培养，通过交流，我发现技巧方法和交易心态经常是相互融合的，有些交易方法其实就是为了促进交易心态更稳定。而良好的交易心态，是促进成熟的交易技巧有效发挥作用必不可少的保障。

目不丁：你说得很对。主动学习、善于总结是提高交易水平的一个良好品质。

蓝天：呵呵，谢谢老师的表扬，跟老师交流收获很大。

老纪点睛

看住“三个位置”坚守“三个原则”才能把握住大行情

要想过滤掉涨跌中的干扰信号，把握住大行情，必须要坚守三个原则：

首先，我们要选择一个合适的操作周期，这个操作周期要与自己的操作模式相匹配，适合自己的操作预期和操作习惯。

其次，要选择一个与周期和自己操作模式相适应的指标或者标尺对涨跌进行监控。

第三，要有成熟的操作理念和严明的操作纪律，这是实现正确操作的关键。

仓位管理也可以规避掉不可预期的风险，主动进行仓位管理的位置有三个：

一是较为明显的阻力位置。

二是涨跌幅度达到了交易预期目标的位置。

三是预测干扰走势的波动幅度有可能打破预期幅度的位置。

第 30 章

平仓后涨跌方向继续延续的做法

大白菜：老师，我当前持有棕榈 1401 合约的空单，想进行平仓处理，老师能给一点儿参考意见吗？

独狼：老规矩，你先说说你的操作思路是什么？为什么要进行平仓？

大白菜：我当前选择的是较短的投机模式，主要是参考棕榈 5 分钟 K 线进行操作。当前棕榈 1401 合约经过一段下跌后，期货价格开始相对平稳，在 5 分钟 K 线图上形成了一个小平台，估计本轮的下跌将告一段落，所以准备平仓走人。

但是，我又害怕平仓后期货价格会继续下跌，这样我本来持有的空单是可以继续盈利的，却因为提前平仓减少了利润。我知道有这样的想法不太好，但是总是没有充分的操作理由来说服自己，每次进行操作的时候都有些三心二意，意志不坚定。

独狼：呵呵，你知道自己的问题所在还不主动地进行改正，这哪儿能行？

我们先来看棕榈 1401 合约当前 5 分钟 K 线走势，如图 30—1 所示。正如你所说，期货价格经过了一波下跌后开始止跌，按照短线投机的操作模式，可以在价格止跌的时候主动平仓。不过，换一个角度来考虑，若开仓的时候考虑的是短线的趋势操作，那么这波趋势依然没有走完，下跌的大趋势还没有被打破，所以当前的横盘也可以理解为干扰信号，除了平仓还有另外的应对策略。

我不知道你提前制定的操作模式是什么，至于是不是应该平仓，完全取决于你提前制定的操作模式和你当前所遵循的操作系统决定

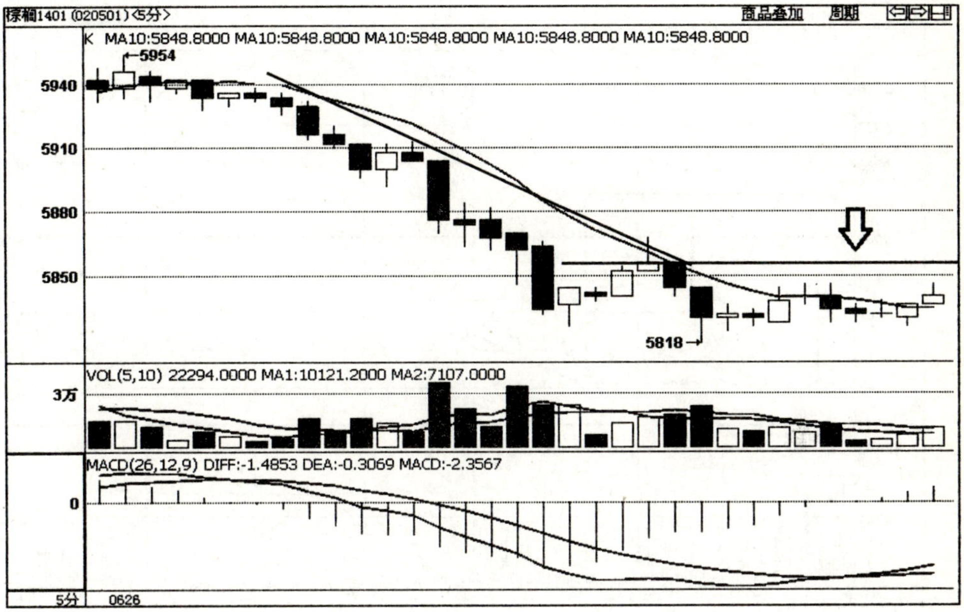

图 30—1

的，只要符合你的操作模式和操作系统，就是正确的，是可以执行的。

大白菜：操作模式和操作系统应该怎样理解？我觉得我理解得还不是很透。

独狼：这个可以参考快枪手老纪出版的《系统、策略与交易》系列书籍，上面对交易系统和操作模式有详细的讲解。概括来讲，当前是否平仓其正确与否没有一个标准的答案，需要因人、因操作系统、因操作模式的不同而异。

当前我们重点来说说你患得患失的交易习惯问题，这个问题不排除，会严重干扰你的执行力，严重影响操作的准确度。

大白菜：是啊！我也觉得这个问题很严重，开仓的时候非常坚决，平仓的时候总是想这想那，操作起来感觉拖泥带水，越是这样越后悔，挣钱了觉得挣得少，亏钱了觉得止损晚，反正就没有痛快和满意的时候。

独狼：首先你要建立一个正确的思维模式。我们来看图 30—2 豆粕 1309

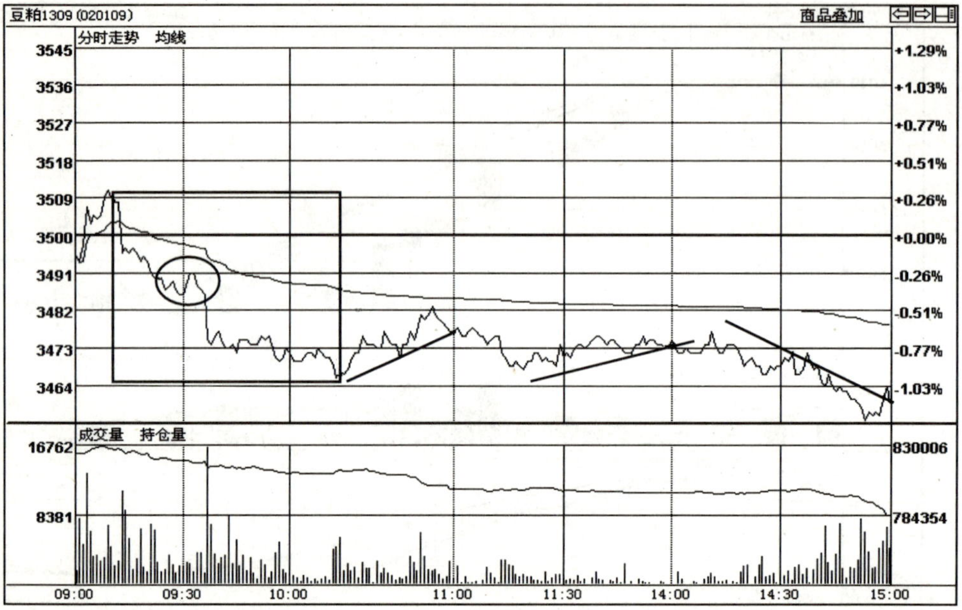

图 30—2

合约分时走势图。

如果进行日内投机操作，我们可以进行多次的开仓和平仓，首先来看大方框圈住的位置。早盘开盘期货价格冲高后开始回落，若我们在回落的初期就进行了做空的开仓，那么最为完美的操作是在 10 点以后最低点进行平仓。

实际操作会是这样吗？其他的操作都不能算正确和完美吗？

不是的。如果无限的追求完美，就不会有任何正确的操作可言。当期货价格从高点开始回落到第一个波动点，也就是圆圈标注的位置时，如果对其进行日内短线投机的平仓，也算是正确的。

本次的平仓是对上次开仓的终结，只要期货价格波动与操作预期基本相同，达到了预期目的，就可以顺利结束此次操作。或者说，期货价格波动与预期不相同，为了有效规避风险而终止当前的持仓，这也是平仓的主要作用。

大白菜：也就是说，平仓是为开仓服务的，与开仓有关系，而与期货价格下一步是否上涨和下跌没有太大关系，所以我们不需要考虑平仓后期货价格下一步是涨还是跌。是需要这样理解吗?

独狼：要想改变患得患失的操作毛病，就必须要建立这样的操作思维来克服心态上的操作问题。在分时图中后面的几次上涨和下跌走势中，我们并不一定能把握所有的涨跌机会，只要能保证每次下单大概率是盈利的就足够了。

大白菜：确实是这样。以前我们总说机会是用来放弃的，一个交易日下来有那么多的机会，我们真正能够做的又能有几个，只要每次操作都能够盈利应该知足的。

呵呵，道理很简单，我也明白，就是做不到啊！

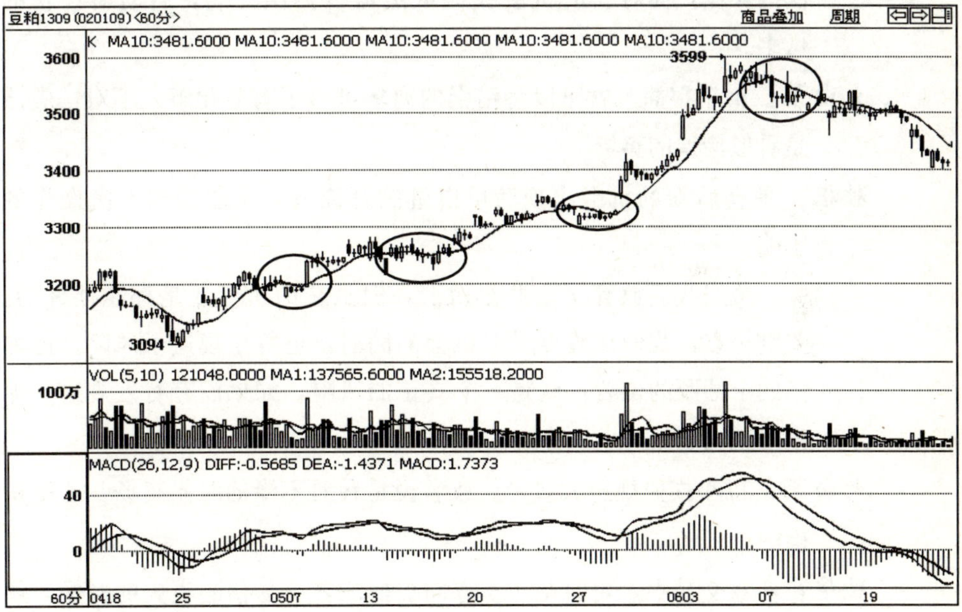

图 30—3

独狼：其实平仓以后并不是放弃了后期所有的利润。比如图 30—3 所示的豆粕 1309 合约 60 分钟 K 线图，实盘中如果我们制定了以 10 日均线为交易依据，当期货价格处在均线的上方的时候进行做多，处在均线的下方时看空不做，那么图示中会出现三次看上去似乎错误的离场信号。

大白菜：似乎错误的离场信号，话外之意好像是说，在跌破均线后离场的这几个位置都是正确的。

独狼：我这里用的是看上去似乎是错误的这个词语，就是想强调从价格上来讲，在前三个圆圈位置离场肯定不占优势，但是从操作上来讲，既然制定了依据均线为参考进行操作，这里的离场就是正确的。

离场后上涨势头没有改变，期货价格再次向上拓展，出现这种做多平仓后，期货价格再上涨怎么办？

很简单，上次的平仓终结了上次的开仓，完成了一次操作。当前期货价格再次上涨，只要符合再次开仓的条件，那么就忘记上一次的操作，面对新的机会我们依然可以再次开仓，启动新一轮的做多。

大白菜：似乎很简单就可以将错误的离场进行了有效化解。不对，应该是看似错误的离场。

独狼：平仓后新的机会出现后可以继续开新仓，不能受到上次操作的影响。

虽然我们放弃了一些小机会，但是总的机会还是都能把握的。关键一点，我们在放弃看似机会的同时，也等于规避了风险。比如第四个圆圈的位置，就是一个真正的风险，如果没有有效规避，那损失就大了。

大白菜：以小损失规避大风险，或者说是在看不懂的时候离场，这是正确的。

独狼：实盘交易中，我们在交易方向摇摆或者交易信心丧失的时候，还可以采用锁仓或者套利的方式进行心理上的安慰，如图 30－4 所示的棕榈 1401 合约 5 分钟 K 线走势。

在期货价格走到相对底部横盘的时候，如图中方框的位置，若不能有效预测后期走势，交易心态摇摆不定的时候，可以进行同品种反向开仓的方式进行锁仓，或者进行套利操作减少操作风险。

这里需要重点强调的一点是，反向锁仓只是针对那些操作心态不好的投资者，进行心理按摩的一种操作方法，当新的机会再次来

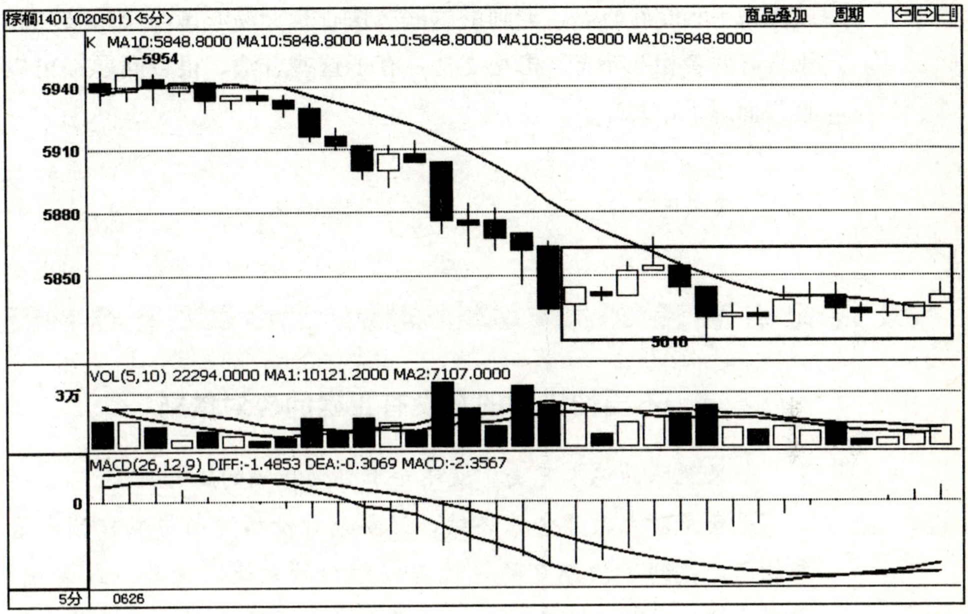

图 30—4

临的时候，可以平掉不利单，持有有利单。而套利也是一种用来减少操作风险的有效手段，需要有一定的套利操作能力。对于短线投机交易者，也属于一种退而求其次的心理按摩操作方法。

大白菜：我们用哪种套利模式比较好呢？

独狼：套利交易是在买入（或卖出）某一种期货合约的同时，卖出（或买入）相关的另一种期货合约，并在某个时间同时将两种合约对冲平仓的交易方式。我们用跨期套利或跨品种套利进行适度锁仓就可以，跨品种套利一定要选择相关联的品种，等到机会成熟的时候，再平掉不利单。

套利虽然在本质上也是期货市场上的一种投机，但与一般单方面的投机交易相比，套利交易具有风险小的特点，这样的投机和套利交易相结合的操作，虽然存在一定心理暗示的成分，但是确实可以让让一些操作心态急躁的交易者，在投机操作过程中交易心态更稳定。

大白菜：呵呵，谢谢老师。我这样的人就需要一些“自欺欺人”的心理按摩来平和交易心态，老师的这些方法正是交易心态与交易技巧相融合，两者相互补充、相互支持，有了这些方法，很多问题都可以迎刃而解了，太好了。

老纪点睛

不要怕错怕的是没有正确的应对措施

如果无限的追求完美，就不会有任何正确的操作可言。

平仓是对上次开仓的终结，只要期货价格波动与操作预期基本相同，达到了预期目的，就可以顺利结束此次操作。或者说，期货价格波动与预期不相同，为了有效规避风险而终止当前的持仓，这也是平仓的主要作用。

平仓是为开仓服务的，与开仓有关系，而与期货价格下一步是否上涨和下跌没有太大关系，所以我们不需要考虑平仓后，期货价格下一步是涨还是跌。

上次的平仓终结了上次的开仓，完成了一次操作。当前期货价格再次上涨，只要符合再次开仓的条件，那么就忘记上一次的操作，面对新的机会我们依然可以再次开仓，启动新一轮的做多。

反向锁仓只是针对那些操作心态不好的投资者，进行心理按摩的一种操作方法，当新的机会再次来临的时候，可以平掉不利单，持有有利单。而套利也是一种用来减少操作风险的有效手段，需要有一定的套利操作能力。对于短线投机交易者，也属于一种退而求其次的心理按摩操作方法。

第31章
如何把握技术分析的关键位置

紫岳： 我觉得做短线投机交易虽然很刺激，但是很累，需要注意力高度集中，盘面的变化要随时关注。为什么感觉老师做得似乎很轻松，交易时间还可以抽出空闲与我们聊天儿，你是怎么做到的?

目不丁： 首先是经过长期的积累，交易思路相对清晰以后就可以排除很多的干扰信号，很多的交易模式已经形成固化，在等待的过程中就不需要过多的思考，那么交易起来就相对会比较轻松些。

其次，需要把握关键的交易位置，在关键位置才进行分析和决策，其他时间大部分是等待，所以没必要在等待的时候过多地死盯盘面变化，这样有了良好的交易心态后，交易时间也会相对轻松了许多。

我见过有些交易者，每天死盯盘面连上厕所都要跑着去，这样就不值得了。

紫岳： 呵呵，就像说我一样，我一会儿不看盘就觉得心里没底。

老师所说的关键交易位置是指怎样的位置?能够具体化吗?

目不丁： 关键交易位置分很多种，比如形态反向关键点、标志性K线位置、交易心理共振点等。今天我们讲一讲最为常用的一种模式，超越位置的参考分析。

我们先来看第一种超越位置：交易量的超越位置分析。如图31－1所示，为棕榈1401合约3分钟走势。

在实盘交易中，交易量会不断地变化，往往关键的交易位置会

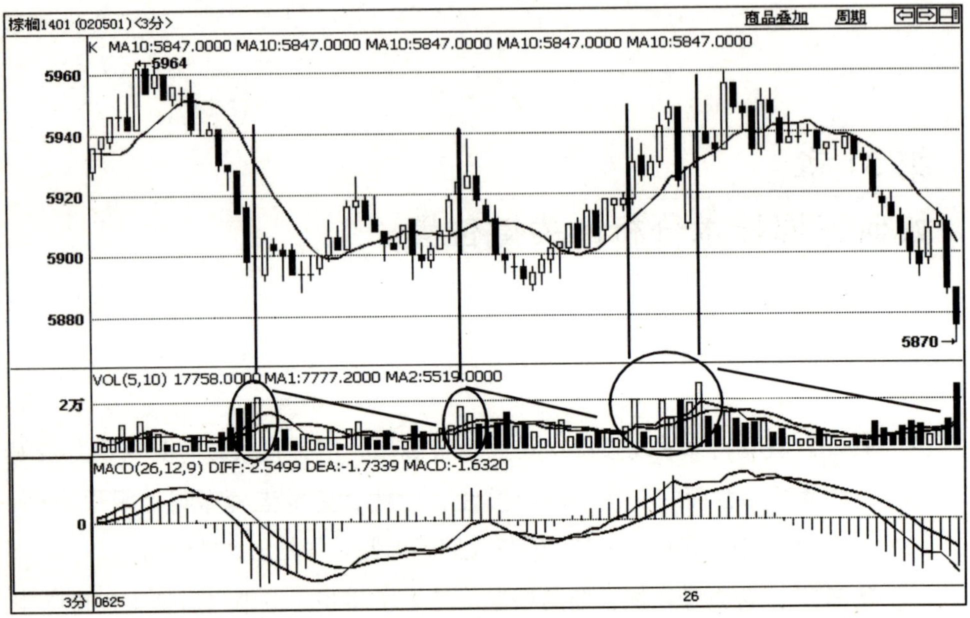

图 31—1

出现明显的多空分歧，或者集中的买盘或者卖盘单向出现，反映在盘面上就会形成较为明显的交易量放大的痕迹。所以，交易量放大的位置就是一个非常关键的分析位置，对后期期货价格、交易量变化的影响都有着重要的意义。

实盘中，我们要重视这些位置，比如图中用圆圈圈出的几个相对重要的交易量放大的位置，都是分析的重要参考点。

当一个新的交易集中释放位置出现后，后期的走势分析都要围绕着这个位置展开，无论是价格突破，还是形态变化，只要量能保持明显少于这个位置的时候，都要针对这个位置进行分析。

紫岳：也就是说，一个交易量高点出现后，在没有新的相对高点出现超越前期高点之前，就不需要变换分析思路。图中第一个交易量高点出现后，后期的分析都要结合这个高点进行。第二个圆圈位置出现高点后，后期价格变化的相对分析就要从第一个圆圈位置转到第二个位置，第三个圆圈位置的出现则让分析参考点再次转移。

目不丁：是这样的。交易量的超越让分析参考点发生变化，交易量超越的时候，也是出现重要分析位置的时候，需要结合盘面变化重点分析。这样，其他的中间过程就会变得相对简单，让我们的操作变得相对轻松。

紫岳：除了交易量出现超越，要重点关注外，还有别的需要重点关注的位置吗？

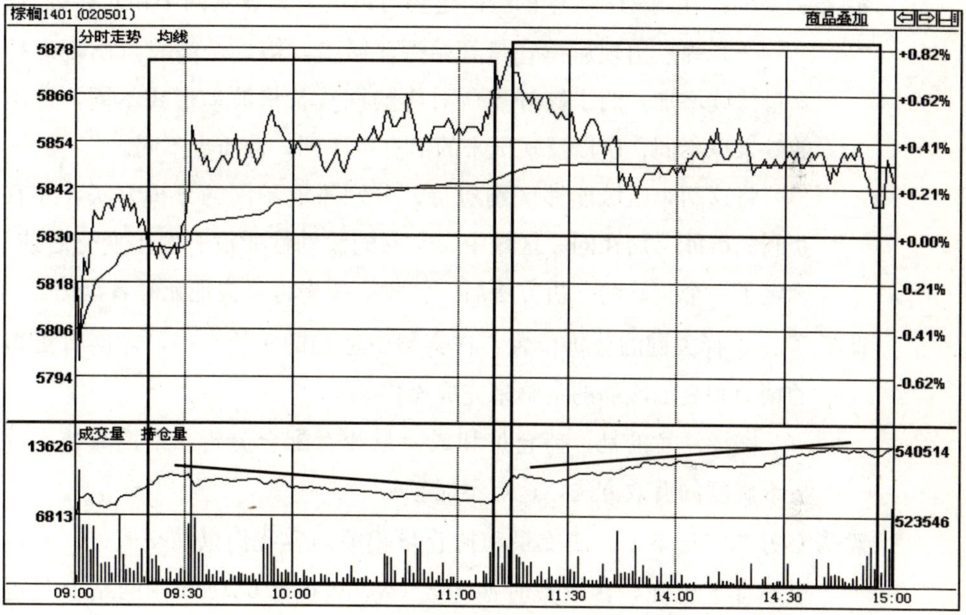

图 31—2

目不丁：与股票不同，期货交易我们还要密切关注持仓量的变化对期货价格的影响。如图 31—2 所示的棕榈 1401 合约分时走势图，我们可以从中看到持仓量变化对期货价格走势的影响。

也就是第二种超越位置：持仓量的超越位置分析。

期货市场中，持仓量是买入或卖出的头寸在未了结平仓前的总和，通过分析持仓量的变化，可以分析市场多空力量的大小、变化以及多空力量更新状况，所以非常重要。

如果总持仓一路增长，表明多空双方都在开仓，市场交易者对该合约的兴趣在增长，越来越多的资金在涌入该合约交易中；相反，当总持仓一路减少，表明多空双方都在平仓出局，交易者对该合约的兴趣在退潮。

而在持仓量相对顶峰的位置，也是市场交易最为活跃，多空双方主动开仓达到极限的位置，其意义比较重要，所以要进行重点分析。

紫岳：是的。在图 31－2 中的分时走势可以明显地看到两个相对高峰点，第一个高峰点出现后持仓量开始逐步减少，第二个高峰点出现后持仓量持续增加，两个高峰点所对应的期货价格波动形式不同，走出的效果也不同，所以反映出来的信息也不同，性质也不同。

将这两个区域能够区别对待，分别采取不同的分析方法，才有获利的可能。而在同一区域中，交易的波动性质没有发生变化之前，确定了一个正确的分析方法后，就没必要患得患失地死盯着盘面。

目不丁：选择关键的分析位置，在交易中适当的解放自己，才能有更多的精力和更加冷静的头脑来完成操作。

需要注意的是，持仓量和成交量相互配合分析，是提高技术分析准确度的有效方法，这点不能忽略了。

紫岳：好的，记下了。成交量和持仓量相关内容我们以前交流过，我这里还有笔记呢，在投资时代 168（www.tzsd168.com）网站上我也看过，回去我再复习复习，加深记忆。

目不丁：下面我们来看看第三种超越位置：形态关键点的超越位置分析。如图 31－3 所示，为棕榈 1401 合约 3 分钟 K 线走势图。

所谓点有很多种，比如常用的头肩形态、W 形态、锥形等。如果对这些形态的本质不能做到完全理解时，也可以简单地运用前期相对高低点位置进行参考。也就是说，当期货价格突破了前期的相对高低点位置的时候，就是需要重点结合持仓量、成交量以及价格变化进行技术分析的位置。

紫岳：图 31－3 中棕榈 1401 合约中，每一次的相对高低点向右延伸，就形成了对后期价格影响的相对关键位置，在这个关键位置期货价格都有所反映。

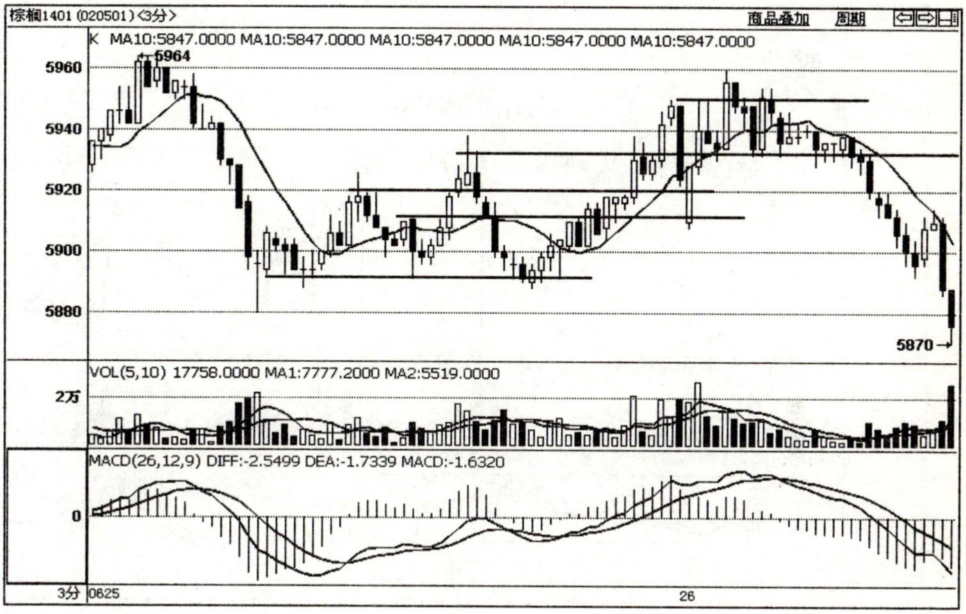

图 31—3

当期货价格波动到这些关键位置的时候，我们对其进行重点分析，看透其波动的本质，就比较容易预测后期期货价格波动的方向了。

目不丁：是的。在期货价格没有达到或者超越这些关键位置的时候，往往都是一种价格趋势延续的走势，这也符合了我们以前所讲过的惯性原理。而在这些关键位置，是否能够真正的形成价格超越，超越的方式是怎样的，量能变化如何，市场多空博弈的性质等等，都是重要信息，对后期期货价格走势有着重要影响。

紫岳：价格超越比较容易理解，往往在超越的时候也是新一轮行情展开或者结束的位置，也就是我们常说的创新高或者创新低的时候，往往会引发市场多空交易热情。

当然，如果结合形态，在形态的关键点上进行重点解读，效果会更加明显。

目不丁：下面我们来看看第四种超越位置：重要指标的超越位置分析。

如图 31—4 所示，为棕榈 1401 合约 3 分钟 K 线走势图。

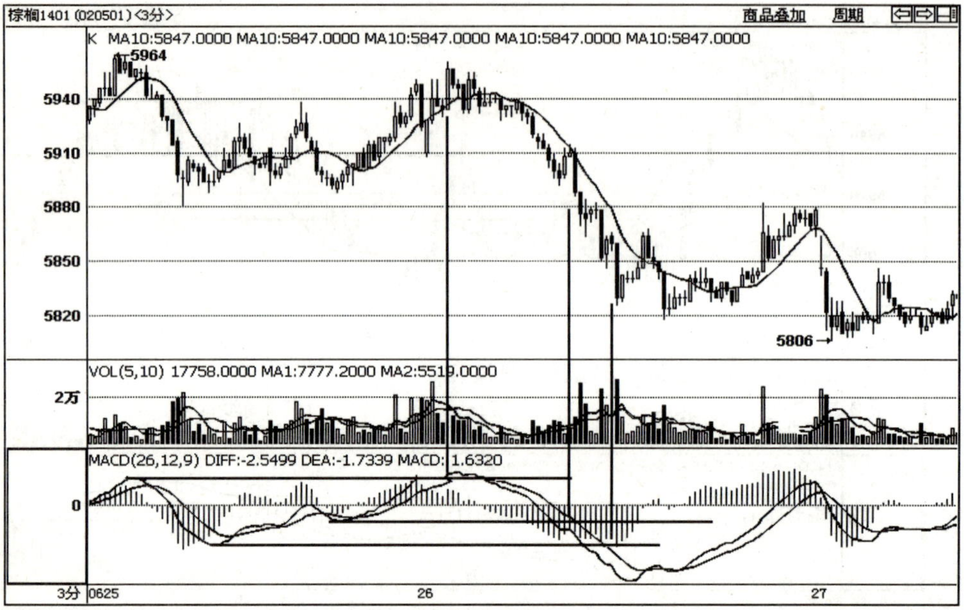

图 31—4

实盘操作中，每个交易者都会有属于自己的参考指标，当这个指标的相对重要或者极限信号被超越的时候，就必须要进行重点分析，看是什么原因引发的超越，什么原因引起的指标极限变化。

比如图 31—4 中，我们用常用的 MACD 指标来做解读。第一种超越是金叉、死叉的快慢指标之间的相互超越；第二种超越是前期指标相对高低点的超越；第三种超越是指标趋势快慢或者涨跌速度、角度的超越。

本次我们以指标前期相对高低点的超越为例进行重点说明，其道理是互通的。通过图示基本上可以一目了然了。

紫岳：找到分析的关键位置和关键因素后，我发现期货价格的波动确实是有一定的规律和可预测性。

图 31—4 中第一个 MACD 指标达到前期相对高点位置的时候，相对应的是期货价格也达到相对高点的位置。在这个位置进行重点分析，成交量虽然放大但是没有保持持续放大，期货价格没有再次形成向上的突破，之后形成了一个价格反转点。

在第二个前期波动的相对高低点位置，对期货价格也形成了重要的影响，虽然没有形成转折，但是影响效果也是明显的。

第三个前期 MACD 指标波动的低点，阻止了期货价格的快速下跌，这个位置也是一个重要的分析位置。

通过老师的点拨，把握住了需要重点分析的关键位置后，其他位置从概率上讲，大部分都是一种趋势和惯性的延续。看来，方法不对累死人，方法对了真的会事半功倍啊！

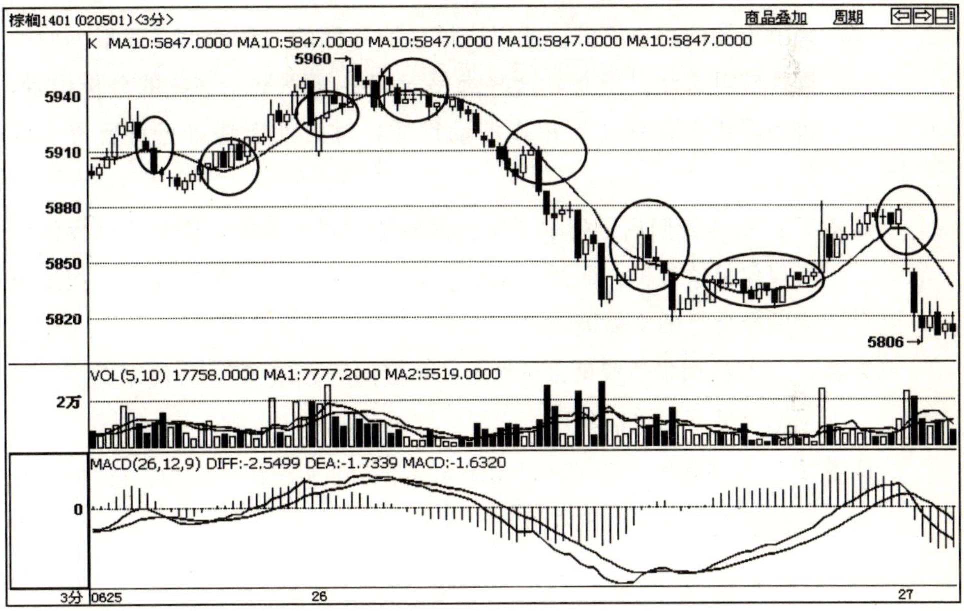

图 31—5

目不丁：呵呵，是这样的。下面我们来看第五种超越位置：重要参考趋势（或交易模式）的超越位置分析。如图 31—5 所示，为棕榈 1401 合约 3 分钟 K 线走势图。

当趋势发生变化的时候，也是期货价格波动惯性发生改变的时候，惯性发生变化的背后语言是市场交易的多空形势发生了变化。看多的交易者和看空的交易比例只要发生严重变化，就会对后期市场走势产生重要影响，所以，这样的位置必须要重点关注。

图 31—5 中我们选择了经常使用，并且在交流中经常谈到的一个代表性的参考指标——10 周期均线指标，且依然用这个我们熟悉的方法来进行抛砖引玉的分析。

你先来说说所能看到的和所理解的东西。

紫岳： 图 31—5 中用圆圈位置标出了所有价格超越 10 周期均线的位置，在这些超越的位置，有形成真正的压力和支撑的位置，有突破后再反向突破的位置，也有突破后趋势改变的位置。

每个位置的走势不同，形态不同，量价配合不同，所能反映出来的市场信息也不同，所以应该采取不同的分析策略，采取不同的操作应对方法。但是，这些都是我们必须要重点关注的分析位置，也是需要在这些位置根据波动性质，对后期走势进行重要参考的时候。

目不丁： 虽然我们只是列举了这五种超越位置的分析，但是实际操作中不仅仅是这五种，通过方法的引导希望大家能够举一反三，找到更为适合自己的交易模式。

紫岳： 这五种超越位置可以总结为“关键位置五超越”，方法不在多，必须理解透了，灵活应用才能够发挥效果，谢谢老师。

目不丁： 不必客气。希望通过交流大家都能够实现快乐交易、持续盈利，希望这个交流平台能够给大家带来帮助。

老纪点睛

用“五超越”分析模式实现技术分析的升华和解放

把握关键的交易位置，在关键位置才进行分析和决策，其他时间大部分是等待，所以没必要在等待的时候过多地死盯盘面变化，这样有了良好的交易心态后，交易时间也会相对轻松了许多。

第一种超越位置：交易量的超越位置分析。

一个交易量高点出现后，在没有新的相对高点出现超越前期高点之前，就不需要变换分析思路。

第二种超越位置：持仓量的超越位置分析。

持仓量相对顶峰的位置，也是市场交易最为活跃，多空双方主动开仓达到极限的位置，其意义比较重要。

第三种超越位置：形态关键点的超越位置分析。

当期货价格波动到这些关键位置的时候，我们对其进行重点分析，看透其波动的本质，就比较容易预测后期期货价格波动的方向。

第四种超越位置：重要指标的超越位置分析。

当这个指标的相对重要或者极限信号被超越的时候，就必须要进行重点分析，看是什么原因引发的超越，什么原因引起的指标极限变化。

第五种超越位置：重要参考趋势（或交易模式）的超越位置分析。

看多的交易者和看空的交易比例只要发生严重变化，就会对后期市场走势产生重要影响，所以，这样的位置必须要重点关注。

附　录

要做一名理性的交易者

老纪：要想实现稳定持续的盈利，就必须要有一套适合自己的操作系统，结合成功率较高的方法技巧，辅以成熟的交易策略，理性地完成每一次交易，形成一个完整且合理的闭环。

笔者向广大读者朋友们推荐由地震出版社出版的《系统、策略与交易》系列书籍，书中围绕系统、策略与交易的关系，融合股票投资中如何把握买点、如何正确持股、如何准确卖出离场以及操作理念、实战经验等内容，所介绍的方法简单明了、通俗易懂、贴近实战，让读者朋友能够在最短的时间里充分理解系统、策略与交易的关系。

虽然《系统、策略与交易》一书以股票交易为背景，但是其中的交易理念、技巧方法以及操作思路与期货是相通的，需要大家静下心来认真地阅读，领略风险投资中的奥妙，形成成熟、理性的操作理念，快速建立一套属于自己的操作系统。

下面摘录了《系统、策略与交易》系列书中部分理念与心态方面的章节，希望对大家有所帮助。

非知之艰，行之唯艰。我们真的了解自己吗？了解这个市场吗？真的能够理智地按照所学知识进行实盘操作吗？常怀敬畏之心，常思我行之过，刚性执行操作纪律，不断完善操作系统，是不断走向投资巅峰，实现持续盈利的根本。

1. 你迈出了盈利的第一步吗？

大道至简，知易行难。

大道至简。越是简单的，越是有效，越是长久。假如我们觉得某件事情很复杂，做得很艰难，只能说明我们没有找对做事方法。自然中如此，生活中如此，股市中也是如此。

宇宙中的事物千奇百怪，无奇不有，但无一例外都是由质子、中子、电子组成，或是由质子、中子、电子产生。

人生说来不过两个字，生与死，可其中的故事却是复杂的。

股市中的真谛是高抛低吸，但多少算高，何时是低？又有多少人将高抛低吸做成了低抛高吸哪？

本书介绍了不少的操作方法和一些操作理念，有些读者看起来可能觉得有些简单，似乎不少东西都是大家知道的，或者说是曾经不屑一顾的。你能做得到吗？就拿止损来说，你能严格按照提前制订的止损价格来止损吗？如果你能做到这一点，恭喜你，从今以后你的操作里面就永远不会存在套牢的情况了。

为什么道理很简单，而很多投资者都做不到呢？

因为：知易行难。人最根本的弱点是贪婪与恐惧。贪婪会让我们贪图眼前享受和利益，也可以让我们空想不切实际的回报，而忘记之前理性制订的操作计划和遵循的操作系统。恐惧则使自己患得患失，丧失坚持走下去的信心，过早出局。

在股票市场，资金是你自己的，计划是你自己制订的，操作也是你自己执行的。没有人约束你，没有人强迫你，也没有人去考核你。唯有账户能给你善意的或恶意的回报。你可以随意地改变自己曾经制订的计划，随意拒绝自己当前不想做的事情，享受眼前的解脱与快感。只要当前我愿意，稍不留神一个严密的操作计划便被打破。

面临的压力、自己的胆量、良好的心态，甚至于面子、心情等等因素都会影响一个不成熟的投资者的操作。一个堪称完美的操作系统，不一定适合每个人；一个能够持续盈利的买卖操作方法，不一定每一个投资者都能用来实现盈利。

巴菲特的方法大家都知道吧？我是不用，因为不适合我。适合你吗？他的方法是错误的吗？他的方法不能够实现持续盈利吗？

在合适的时间，合适的价位，做该做的事情。这是我所认同的操作。要让行为成为一种习惯，要让执行成为一种态度。不要让一时的涨涨跌跌蒙蔽了双眼看不清前方的路，不要让一时的得失影响了心态，乱了自己的阵脚。

在股市我们要做的就是战胜自己，执行纪律。建立自己的操作系统，执行自己提前制订好的操作计划，这些是股市盈利操作的第一步。对，必须要做到的第一步，如果你连这一步都做不到，那么请你远离股市。

克服心魔，执行纪律是实现路线的唯一保证，铁的纪律必须执行！

你迈出了这个能够实现持续盈利的第一步了吗？

2. 你能预测未来吗？

很多人都想成为一名能够预测外来的先知，在股票市场上如果能提前知道市场下一步的走势，哪怕是提前一个交易日，甚至是T+0市场上的几分钟，便可以让自己的资产迅速膨胀，直至成为世界上最富有的人。

许多投资者把技术分析当作是能够预测股价下一步走势的神奇法宝，总是在寻找一种能够预测股价下一步波动方向的必然规律。

实际上这种技巧是不存在的。

不要否认你有寻找这种必然规律的想法，也许你现在经过市场的磨炼成熟了，能够正确认知这一问题，但是曾经几乎所有投资者在自己初入风险投资市场时，都会经历这一过程，痴迷地幻想过，寻找过。

明天大盘会涨还是会跌？

会涨多少点？

这个位置能止跌吗？

股价能一路涨到××元吗？

您是专家，您应该知道能涨到什么价位的？

昨天电视上的哪个专家说了能涨到××点，放心持有吧！

你有过类似这样的问题和想法吗？想得到一个准确的答案吗？

如果有，非常抱歉地告诉你，你的思路还有些不成熟，对股票市场的认知度还不够。

明天大盘会涨还是会跌？

抱歉，不知道。

会涨多少点？

这个更不知道了。我们所能知道的只是按照历史经验，按照技术分析，按照我们所能掌握和了解到的信息来评估这个市场，上涨（下跌）的概率大于下跌（上涨）的概率有多少。

我们还可以看出下一步市场上有可能存在的抛盘压力或者多头的买盘大约有多少，但是我们无法得知这些抛盘或这买盘会不会突然因为某种原因改变想法。

这个位置能止跌吗？

抱歉，不知道。

我们所能知道的是在这个位置会不会有更多的主动买盘。如果主动性买盘能出来，或者主动性抛压盘能够快速减少，就可以止跌。而究竟会出现什么情况哪？预测不了，只能从下一步盘面中、股价波动中、成交量的变化中来寻找蛛丝马迹，通过我们所能掌握的信息来判断当前发生了什么，市场是怎么变化的，主力机构或者广大投资者在做着怎样的动作。

股价能一路涨到××元吗？

抱歉，真的不知道。

从技术分析角度看，我们只知道该股的当前表现出锁仓较好，能够一路消化抛压，步步为营地稳步上涨，能达到××元的概率较大。但是，会不会出现个类似“5.30”印花税上调的利空，或者持有该股的主力机构突然需要套现资金不计成本地抛售筹码，我们是不知的。

从基本面上看，我们只是知道按照当前该股的内在价值定价在××元比较相对合理，而能否得到市场的认可，该企业今后的经营发展会不会突然发生变化，我们不敢乱下结论。

经济危机能不能出现，影响究竟有多大？让专业人士去分析吧，让经济学家们去费那脑筋吧。

关键是这些学家们就一定能说的准吗？而你够专业吗？

一辆飞奔在京沈高速公路上的汽车，我们可以根据它的方向判断出它去北京的可能性较大。根据它的车速可以分析出，晚上 7 点以前到达的概率非常高。但是，我们不能肯定这辆车不会在中途下高速掉头返回沈阳，家里一个重要的电话就可以改变车里人的行程。

生活是这样，股市何尝不是这样。

我们预测不了未来，我们不能够 100％的准确判断出下一时间点的股价波动方向，但是我们可以找出应对的措施。

所以一旦有了买入动作以后，必需配以相应的应对措施来为正确的持有筹码来保驾护航。

股票操作的成功之路是什么？

是在合适的时间、合适的价位，做合适的动作。

根据总结的历史经验，结合一些成功的操作方法，按照自己的操作系统和操作模式，向着一个概率较高的预期，做该做的动作。只要坚持下去，就一定能够实现持续盈利。

3. 关于止损的心理障碍

止损的关键，是要相信自己的计划和操作系统，不要受眼前的涨跌所影响。

记得有一次一个朋友让我替他的股票把脉，我给他制订了一个严密的操作计划，市场如何变化，该股如何变化，应该如何应对，一一写在了纸上。

过了些时日，朋友又来找我重新制订操作计划，因为卖出条件已经触动很久了，而他没有执行。

问其原因，答：当时股价变化太快，你说的那个点位一下子就过去了，没来得及执行。

不能说别的，只能怪自己没给朋友讲清楚。

在我们制订操作计划的时候经常会这样说：当股价跌破 7 元的时候止损出局。也就是说，7 元只是一个你操作的临界点，7 元上方你所要做的事情就是持有股票，而 7 元下方，你要做的事情就是想办法卖出持有的股票。并非说跌破7元的一瞬间，必须以6.99、6.98元的价格卖出股票。

破位就是破位，无论是在什么环境下，采用什么方式破的。就算股价瞬间打到6.5元的位置，已经是有效跌破7元的止损价了，已经触动了你的止损条件，你所要做的事情就是卖出。

无条件卖出或者找机会卖出（因个人操作风格和操作系统而定）都可取。总之，只要股价在7元以下，你们满脑子只有一个念头，我要卖出这只股票。

7元这个价格就如同一个国界，7元上方你依然在中国，也许在上海、也许在深圳，但是你在自己的国家。而股价跌破7元后，你已经出国了，无论是在日本还是在越南，你要做的事情就是尽快地离开这个国家，回到中国，回到自己的家乡。

股价所处在的位置决定了应该采取的行动，止损价或我们操作系统中制定的条件价位是一个测量的标尺。

有的朋友在实盘操作中，当股价跌到止损价位时，总会找这样那样的理由来安慰自己。

刚到止损价位，他会觉得跌得还不够坚决，大盘还有进一步反弹的机会，所以还想再观察一下，看是否可以再回到止损价格的上方。

等股价快速跌穿止损价，他又想等待股价有一个小幅反弹，到止损价格附近后再进行卖出，这样账户亏损可以相对少一些。

等股价真的跌破止损后再次回抽时，有的投资者又觉得股价开始反弹了，不想卖出。

当股价快速下跌，破了止损价位打到了一个有效支撑位置时，有的投资者又开始幻想着，这个支撑位置是否会对股价形成支撑，形成一个见底的走势。

我们不敢说股价跌破了止损价位后就一定会再次下跌，也不知道个股跌破止损价格后，会不会就此止跌回升。但是，我们知道，股价有效跌破我们提前制定的止损位，就说明前期的操作是有问题的，是错误的，应该对全面的错误买入进行及时的纠错。

止损不是因为对后市不看好而进行的卖出操作，而是对前面的操作进行终止。

当股价跌破止损价格后，唯一要做的事情就是离场。

4. 永不套牢的秘密

套牢对于股票投资者来说，是一个非常痛苦的字眼。

什么是套牢？

就是你买入股票的时候预期股价要上涨，结果股价一路下跌，亏损较大，跌到你失去了信心，没有了解决的办法，将股票扔在那里不愿意再看，随波逐流。

笔者认为，套牢分为两种：一种是心理的套牢；一种是价格的套牢。

当股票的跌幅远远大于投资者的预期，投资者心理不能承受其下跌的压力，从开始的关注到最后的漠视，对股价能够再次上涨到买入价位，形成解套完全失去了信心，不再采取任何措施进行补救。这种套牢称之为心理的套牢。

当股票的跌幅远远大于投资者的预期，下跌的幅度之大，在投资者能够接受的操作周期内，将不会再有上涨解套的机会。这种套牢称之为价格套牢。

无论是哪种套牢，其最后结果都是难有补救的措施，或者补救也会付出较大的代价。

在实盘操作中，如何能够避免出现套牢现象呢？

其实很简单，只要我们的操作，永远处在可控范围内即可。永远不要让自己持有的股票跌幅超过预期，永远不要等到对手中股票失去了操作的信心时才意识到亏损。

想让自己手中的股票永远处在可控范围，最有效的方法就是坚定地设置并严格地执行止损。在买入股票的时候，提前制定相应的止损价格，只要能够做到止损坚决，那么本次操作的最大亏损幅度是已知的。只要这个亏损幅度是投资者可以接受的，本次的买入就可以进行。

短线3%、中线8%、长线12%的跌幅止损，每个人的投资习惯和能够接受亏损的幅度是控制套牢的最低防线。只要不让持有的股票跌幅超过可承受的心理预期，在可控范围之内进行止损，就永远不会出现套牢的尴尬局面。

同时，我们既可以使用逐步加仓买入的方法和逐步减仓离场的仓位管理方法，辅助投资者远离套牢，也可以使用前面章节中所讲到的永不亏损的持股方式，进行变形，辅助投资系统，形成永不套牢的操作。

永不套牢的密码就是：在可控且可以接受的亏损范围内设定止损，并坚决执行。

5. 机会是用来放弃的

“机不可失，时不再来”这句话在很多地方都是非常适用的，但是笔者认为，放在股票投资市场，并不一定适用。

反而笔者认为在股票市场“机会是用来放弃的”。

我们每天都面临着投资机会，时时刻刻都有上涨的股票，随时都有快速拉升的股票。如果只是单纯地看机会的话，那么，每一个拉升都是短线机会，每一次下跌都是中线机会，每一次的价值低估都是长线机会。

当前股市，几乎每天都有涨停板的股票，那些难道不是当日的操作机会吗？你想把握住每天都有的涨停机会吗？但，事实上几乎我们每天都在错过这些机会。

千万不要对这些机会表示可惜，因为对于股票市场来说，机会是用来放弃的，我们要做的是把握住在自己操作系统中可以把握的机会，成熟的操作系统所能够把握的成功概率较大的操作时机。不是见到上涨就惋惜，见到涨停就羡慕，那些不一定是我们必须要追求的利润。

当我们发现一只较好的股票，准备制订操作计划进行买入，若还有其他的条件不够成熟，对该股没有足够的把握，就不应该冒险行事，成熟的投资者此时就会放弃这个操作机会。

当我们放弃了这个操作机会，虽然不能够实现盈利，但是我们却可以确保账户不会出现亏损。一个没有了亏损的账户，就算操作的次数减少了，盈利的幅度减少了，也是会出现持续的盈利走势的。

当我们放弃了这个操作机会，若后期股价展开了上涨，虽然没有进行买入操作，错过了盈利机会，但是也不值得可惜。就如同我们在赌场下赌注，我们不可能对每一个台面上的赢输都进行下注，就当别人开局的时候，我们去喝了一杯茶。

市场的机会无时不在，能够看到容易，但是做能够把握住的机会很难。

6. 每一次的操作都是错误的

有很多投资者害怕在股票投资中犯错误，买的时候怕买了不涨，卖的时候怕卖出后上涨，空仓的时候害怕踏空，满仓的时候害怕出现利空。

其实，这种害怕错误的心理是最大的错误，因为在股票市场，我们无时无刻都在犯错。

买入时是错误的，卖出时是错误的，空仓是在犯错，满仓同样是在犯错。

为什么都是错的呢?

因为，我们这里所指的这个错误是相对与完美状态而言的错误。

当我们以一个相对较低的价格买入股票，那么会有更低的价格出现时，就不够完美。买入后出现了等待后的上涨，就浪费了时间，显得不够完美。就算是买入后立即拉升，但是我们买入的这只股票是不是市场中拉升最快的股票?若不是，就不够完美。所以，无论怎么买，买在什么时间，什么价格，都是错误的，因为总有比这个操作更加完美的操作我们没有做。

当我们卖出一只股票，是不是在上涨的最后时刻，卖到了最高价格呢?如果不是，那么就不够完美。假若真的卖在了上涨的最后时刻的最高价格，那么依然是不够完美，因为在最后的上涨时刻，若与市场中其他股票进行对比，也许换股到一只拉升更加有力的股票，那么就更完美了。所以，无论如何卖出，总有比这个操作更加完美的操作，是相当于神一样的操作。

在下跌市道中空仓，应该是对的吧?若执迷不悟地追求完美，那么这个操作也是错误的。市场中几乎每天都有上涨的股票，在下跌市道中错过了这些操作机会，是不是不够完美？不够完美，没有把资金的利用率提高到极致，那么就是在犯错。

大盘暴涨，我们满仓持股，是相对比较正确的操作。但是，你追求完美吗？若现持有的一只股票涨停，然后卖出转战到另外一只没有拉升的股票，再等到其涨停后次日离场，是不是更加完美呢？这还不够完美，还有更加完美的操作，只要你敢想。

姑且不追求如此完美的操作，相信很多投资者在买入股票的时候都想买在低位，而卖出时想卖在高位。但是我们知道，一天大量的成交中，能够在最低和最高价位成交的就那么几笔，甚至就一笔单的成交，能以当日最低价或最高价成交，是可遇而不可求的。

要有一颗平常心，我们是普通的投资者，我们要做的事情是把握能够把握的事情，让账户相对的保持持续盈利就可以。

首先不能追求极限，正确认识市场的机会，正确看待市场的波动和涨跌，敢于且愿意放弃自己没有把握的机会，做稳妥的事情。

其次是要能够正确认识错误，不怕犯错，重点是在进行每一次操作前都能够预估出若出现错误造成的损失是多少，并且制定严格的纠错策略并严格执行。

第三要善于总结，做相对比较正确的决策，做大概率事件，勇于放弃小概率事件的预期，做相对正确的事情。

别人做风险投资，也许会一日千里，我们坚持务实，只要方向对了，慢慢地增值也是增值，几何增长的魅力才是最大的。

其实我们进入股票市场就是错误的，同样，不进入股票市场也是错误的。这就看你如何认知了。

7. 如何提高操作的成功率

提高操作成功率的方法很多，从技术操作角度来讲，最有效的方法无非是采用共振的操作方法。

我们知道，任何一个技术条件成立的时候，都不能够确保其操作的成功率100%。从理论上讲，只要操作成功率大于53%，这个方法就可用，用大量的操作堆积出来账户盈利。

但是，实盘中，各种因素和环境较为复杂，仅仅53%的概率是不够的，所以我们极力的追求和寻找那些概率更大的方法。提升单个指标、K线形态、操作环境对个股的走势判断准确度，难度是很大的。这时候，我们就可以采用多个指标、方法共振的分析技巧，通过多指标共振，提升操作的成功率。

多指标共振也是有技巧的。

首先，需要选用的几个指标能够形成互补效应，取长补短形成共振。趋势指标与量价指标相配合

其次，多指标要建立在同一操作思路中，追涨与低吸、激进与保守所选用的指标尽量不要共同使用。

第三，可以选用不同周期的指标共振，但是其周期间隔不可过长。3～5日的超级短线交易指标与1～2年的长线持股指标发生共振，不会有任何作用。

提高操作成功率的另一个方法，是尽可能地做有把握的事情，尽量地少冒险操作。

首先，要选对市场。只有选对了市场才能够使操作事半功倍。在不同的市场环境中，需要用不同的操作方法，前面我们在介绍每一种操作技巧的时候，都强调了所适用的市场环境，这点大家一定要重视。

其次，要尽可能的顺势而为。当大环境向好的时候，大部分的股票都会形成上涨走势，此时做多盈利的概率将大大提升。在形成下降趋势时，持币看空将是上策。

第三，要形成自己独有的操作风格，熟练掌握，并且吃透几种固有的操作方法，通过不断地积累经验，完善系统提升操作成功率。

第四，要尽可能地放弃没有把握的入场机会。当我们三心二意对当前市场感觉不是很好的时候，可以选择放弃机会。当我们连续操作不顺，判断屡屡出现错误时，就必须要等待和休息，不能准确踏对市场节拍，就是方法和策略没有与市场形成共振，必须要进行休息和调整。

第五，要尽可能地规避不可预期的风险。当未来走势看不清时，

尽可能地远离市场，虽然有可能错过机会，但是也最大限度地规避了风险，操作次数虽然少了，但是成功率将被大幅提升。

其实，提升操作成功率的方法很多，这里所提内容仅仅是冰山一角，有一个良好的操作系统，只要我们在实战中不断总结完善，能够形成健康的操作心态，就可以逐步地提升操作成功率。

8. 测量你的操作能打几分

在实盘操作中，有的投资者面临多只股票都看好，不知道该选择哪一只进行操作。有时候觉得可以进行买入，而没有十足的把握，总是三心二意，犹豫不决。

针对这个问题，也有一个解决的方法，采用打分的方式量化目标股，选择得分较高的股票买入，或者在评分达到一定标准后才可以进行买入操作。

当然，这个量化打分的方式仅是一个参考，是一种让自己的操作更机械、更理性的策略而已。

我们可以建立如下评分标准：

(1) 当前市场环境是否适合做多（多头气势市场 3 分，多空平衡市场 1 分，空头气盛市场—1 分）；

(2) 个股所选用的操作方法与当前市场环境适应度（适应 3 分，不相关 1 分，不适应—1 分）；

(3) 当前目标个股所选用的方法是否是自己熟悉且多次使用，成功率较高的方法（是 2 分，不是 1 分）；

(4) 个股多因素分析是否有共振现象发生（5 共振 3 分，3 共振 2 分，2 共振 1 分）；

(5) 个股是否处在适合做多的趋势之中（是 3 分，趋势不明 1 分，下降趋势没有改变—1 分）；

(6) 个股是否是市场当前热点板块（是 2 分，预期是 1 分，不是 0 分）；

(7) 个股交易量是否活跃而适中（是 3 分，相对是 1 分，不是 0 分）。

……

这里我们仅仅指出了几个常见的评分标准，评分标准不是唯一固定的，根据自己所建立的操作系统和操作性格，不断地调整和完善自己的评分标准，最终形成一套属于自己固定的标准。

实盘操作中，我们要根据自己的评分标准，量化目标股是否可以入场，对自己的操作进行辅助指导。

通过总分相加，得到目标股票最终分数，形成固定习惯。当分数小于一定数值时，坚决不做，当分数达到一定数值后，才可以择优操作。

为了进一步完善自己的操作系统，在买入前，可以对目标股票进行综合打分，操作完成后，结合个股后期走势，再进行二次评分。

经过一个时期的磨合、完善、补充、调整，最后形成固有的评分标准，并将其个性化。这样可以让我们养成理性的操作思维模式，同时也可以提升操作的准确度。

当然，我们还要正确地认识到，任何打分标准所测评出的目标股票分值都是相对的，而非绝对的准确，仅对操作起到相对的辅助指导作用。

实盘中分值高的股票不涨，分值低的股票快速拉升的现象也都是正常现象，只要分值测量相对准确，具有参考价值就可以。通过分值测评，让我们养成一种善于总结，乐于吸取教训，不断完善提高的好习惯。

后 记

学习让我们不断进步

众网友：目不丁（独狼）老师是我们非常喜欢和崇拜的一名好老师，他总是不惜牺牲个人时间与我们共同交流，让我们受益匪浅。通过他的言传身教，有的网友改变了错误的交易习惯，有的网友明白了技术分析的要点所在，而且他不仅仅是进行理论说教，还带我们在实战中体会如何进行交易，我们真心地感谢老师的付出。

在大家的共同努力下，我们将老师与我们交流的一部分笔记整理出来，希望能够帮助更多的期货交易爱好者。同时，希望广大读者朋友们加入我们这个大集体，共同学习、讨论，一起提高交易水平，让我们携手共同步入期货的盈利时代。

jacky：我是一名风险投资的失败者，从 2005 年开始投资股票就一直亏损，从未有过盈利。2009 年听朋友说期货交易比较公平，没有人坐庄，同时可以做空、做多盈利，涨跌都有机会。于是我将此作为翻盘的希望，立即在期货交易所开了户。

当刚开始进行期货交易的时候，感觉的确比股票好玩多了，但是时间稍久一些后就发现，期货的风险比股票还大，亏钱更容易、更快。在短短一年的时间里，我的账户缩水达到了 80%，让我一度沮丧和懊恼。

一个偶然的机会，认识了目不丁老师，在与他的交流中，他严厉地批评了我的错误心态，否定了我毫无计划的操作风格。随后老师深入浅出地讲解他的交易经验，从交易心态的培养，到交易模型的建立，到技术方法的解读，毫不吝啬地指导帮我建立起了阳光的交易心态。

现在我已经能够依靠自己的力量实现持续的盈利了，曾创下连续 35 笔操作不亏损的个人最好记录，我觉得以前的亏损都不是事，早晚会赚回来的。再次感谢老师！

蓝天：能够有幸参与学习笔记的整理工作，非常高兴。通过学习笔记的整理，让我再次复习了 K 线、分时等操作技法。在与老师的交流中，让我受益匪浅，对我以后的操作有非常大的帮助，操作思路也更加清晰了。

由于水平有限，与老师交流的时候，没想到编著成册的事情，所以当时问的问题有些随意，如有不到之处请大家原谅。同时，感谢老纪老师的把关和修改。

不死鸟．虹：独狼和老纪是我非常佩服的短线操作高手，他们的操作思路和风格让我着迷。在老师的帮助下，现在我也小有成就，在一些 QQ 群中，有一些网友也会尊称我为老师。其实我心里明白，我哪里算得上是老师，能够如此有信心地进行投机交易，并且保持较高的成功率，都是独狼、老纪等老师的帮助和教导的结果。

不过，我也非常欣慰，最起码我入了门，可以从一个难缠的学生到一个能够独立战斗的交易者，我非常高兴。

大白菜：第一次知道独狼老师，是在 QQ 群中。在一个期货交易的 QQ 群中，当我提出了一个观点后，有一名网友与我针锋相对进行了反驳，虽然当时我嘴上不服气，但是心里默默赞许。这位网友所阐述的理论观点确实非常有道理，有一些理念上的东西非常有说服力。

后期经过了解，我才知道这位网友所说的这些知识点大多是通过投资时代 168 网站的一个论坛上看到的，有很多操作理念是通过与网站上的独狼老师交流所获取的。随后我也登录了该网站，网站上的交流内容及视频课件让我眼前一亮，当天就连续看了个通宵，感觉非常有帮助。

从此以后就慢慢地与独狼老师进行交流，交易水平不断提高，短线投机操作理顺后，就如同机器人一样机械地下单，实现快乐交易真的不难。非常感谢老纪、独狼、投资家、心魔等多名老师对我的帮助，真心地感谢您们。